東京モンスターランド

実験アングラ・サブカルの日々

榎本了壱

晶文社

装丁／本表紙・扉・挿画＝榎本了壱
デザイン＝村上史麻（アタマトテ・インターナショナル）
カバー写真提供＝テラヤマ・ワールド

東京モンスターランド

実験アングラ・サブカルの日々

目次

◎目次

20世紀モンスターサミット

そのときあの人とこんな話をした

PARODY
TENJO-SAJIKI
AVANT-GARDE
SUBCULTURE
SOGETSU
UNDERGROUND
BIKKURI-HOUSE
PARCO

パビリオン 1

少年詩人群像館

二科展と同人誌『かいぶつ』

転身ゲームの始まりは熊本先生の一言だった

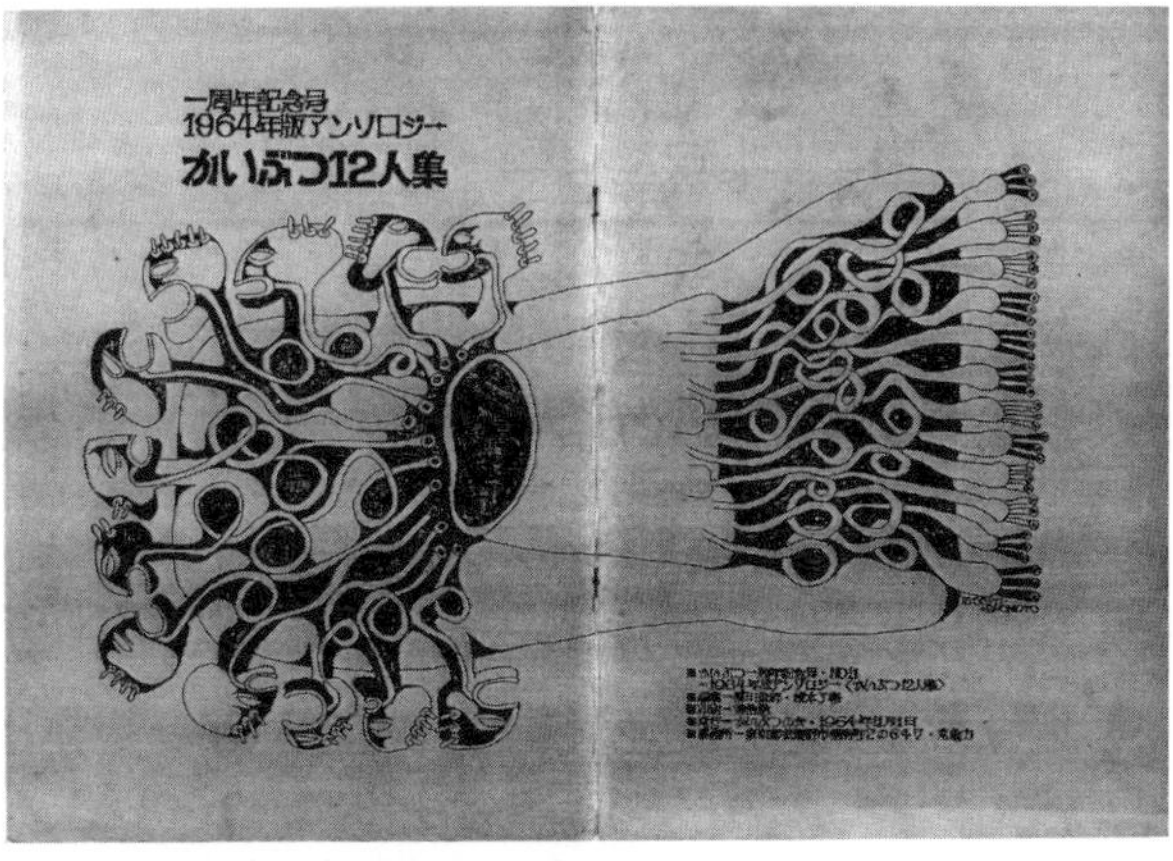

『かいぶつ12人集』（1964） 表紙イラスト＝榎本了壱

新しい家々に囲まれて、置き忘れられたような小麦畑が、それでも青臭い匂いをたててザワザワと揺れ、小さな隊列を組むトウモロコシ軍団は黄金の房毛を輝かせる。竹柵にからみつくトマトといえば、線香花火の火の玉のようにほてっていた。

東京郊外の吉祥寺は、古い五日市街道と新しい水道道路沿いに散在する商店、閑静な屋敷の並ぶ道筋と、大きな農家に続く静かな森山のささやかな田園風景が、一九五〇年代になって急速に新興住宅地に変わろうとしていた夏。あたりは蝉の声ばかりが、耳鳴りのように青空にしみ込んでいく昼下がりだった。

家の門を入ると右手は、正方形のすりガラスを幾枚もはめ込んだ広い北窓のアトリエで、白いペンキを塗ったモダンな外壁沿いの路地の先に玄関がある。天井の高い空間には季節はずれの黒い大きなガスストーブがドンとあって、壁のあちこちにキャンバスが立てかけられ、イーゼルには描きかけの絵がかかっている。油絵の具の匂いのするまるで異郷のようなアトリエの、南側に広がるベランダの強い日差しの中で私たちは遊んでいた。

小学一年、まるでハリウッド映画の女優のように若くて美しい担任の熊本初子先生のお宅に、クラスメイトと遊びに行った夏休みの日のことだ。先生のご主人は絵描きで、のちにお茶の水女子大の教授になる熊本高工氏。アトリエのなかを物珍しげに覗き込んでいる私に、初子先生は微笑みながら「えのもとくんは絵がおじょうずだからね」と声をかけてくれた。このアトリエの住人の初子先生にそう言われたものだから、恥じらいながらもその一言に、私は体がすくむような励ましと喜びとを感じた。それは私が美術に進みたいと思った最初の衝動、大人の自分を夢見た初めての一瞬、それが私というすべての、発端だったように思う。夏の盛りの幼い原風景のなかに、私という発端は隠れていた。転身ゲーム一番目のターゲットは「画家」。

小学校を卒業するとき、麦笛を吹く少年の横顔を描いて、全校の卒業文集の表紙に採用され、誌名も私の提案した『むぎぶえ』と決まる。私は自慢だった。ところが当時の簡易印刷は職工が原画をなぞり版下を作るというもので、仕上がりはほとんど私の絵ではないような劣悪なものになってしまった。私は治りかけた喘息の発作が再発しそうなほど憤慨し、悄然とした。と同時に大人のいい加減さ、不誠実さを見てしまったような思い、大人に対する不遜な対抗心、自我とうぬぼれの萌芽が始まる。私のなかには今でも、大人はダメだというピーターパン・シンドローム的な退嬰思考がどこかにある。

中学に入って最初の企ては、私が小学生のときに直せなかった左利きを矯正することだった。授業中のノートは右手でともかくなぐり書き、家に帰ってから左手で、色鉛筆などを使って丁寧に清書する。すると担任の園田美男先生が私のノートを各クラスに持ち回って紹介された。私には、もしかして左利きという以外に、人とは違う才能があるのだろうか。デザイン力という潜在資源が人にあるとすれば、そのようなものが私には多少埋蔵されていたのかもしれない。

その園田先生の母校、慶應義塾大学の大学祭に連れていかれ、影絵劇『マッチ売りの少女』を観る。私は早速、園田先生が指導している人形劇部に入部し、浜田広介の『泣いた赤おに』という影絵の背景ロールなどを作り、演じたりした。慶應で観た影絵劇の見よう見真似だったけれど。しかし左手の矯正は、結局失敗してしまった。二番目の転身ターゲットは「影絵師」。

中学一年では図書委員になった。担当の本棚に、未來社刊の『日本の民話』という三〇巻ほどのシリーズ本があり、それを読んでいくうちに、地方独特の幻想世界にのめり込み、自分なりの「方言辞典」をまとめたり、民話風な童話を幾篇か書きはじめた。それが偶然にも、長兄の知人で、人形劇団「太郎座」を組織し、民話採集家として『日本の民話』にも関わっていた瀬川拓男氏の目にとまり、誉められる。この人は童話作家・松谷みよ子さんのだんな様でもあった。うれしかった。私が文章を書くことのトレーニングはこんな具合に始まっていたのである。三番目「民俗学者」。四番目が「童話作家」。それから「劇作家」「演出家」「役者」、なんとなく「挿画家」。

高校（都立神代高校）でも、演劇部と美術部をまたにかけ、自作自演のSF芝居を発表したり、二科展の商業美術部門（グラフィックデザイン）では十六歳、十七歳と連続入選する。授賞パーティの席で審査員の先生が学生服姿の私に年齢を訊き、「こりゃ最年少入選だぞ」と言った。まわりがどよめいたように思えた。私がアート・コンペティションのプロデュースを長くするようになるのも、このときの歓喜が源泉となっているのは間違いない。これがきっかけで、角川書店が発行する『短歌』の編集長をしていた高校の古文の教師・片山貞美先生に頼まれて、半年ほどの間、目次や本文、一冊まるごと挿画を描き、月五千円の原稿料を手にする。送られてくる現金書留の封筒には「榎本了壱先生」と上書きされている。十六歳の私は有頂天だった。

九番目で「詩人」になりたいと思った。でも、生活、できるのだろうか。

「君が榎本か?」小さなその人は言った。「ええ」、その態度の大きさに圧倒されて応える。「君に絵を描いてもらいたいんだが」そう言いながら凛々しい顔をしたその人は、薄っぺらな小冊子を私の鼻先へ押し付けた。濃緑の字で「地殻」と刷ってあり、あとは文字ばかりだ。地学の雑誌かと思った。「黒川俊郎、これが私の詩」、笑うと八重歯が光った。「先月九州から転校してきた。これは秋吉久紀夫氏が主宰している詩誌で結構評価も高い。でも東京で同世代の詩誌を作りたいと思っている。その表紙に君の絵を採用したい」私の頭のなかでは「詩誌」が「獅子」に聞こえて混乱した。「ライオン」を作ろうというその人はまたニコッと笑った。涼しい目をしていた。高二のときだった。

少しして、彼のクラスを訪ねると、黒川などという学生はいないと言う。風の又三郎にでも遭遇したような思いだ。「先月九州から転校してきた人ですけど」と言うと、「それならマルガメだ」ライオンを作るマルガメ氏。彼は丸亀敏邦といった。「黒川俊郎」はペンネームだった。黒川紀章と谷川俊太郎を合わせたようなカッコ良さだ。

「よう、榎本。表紙はやってくれるね」言われて私は、「表紙の絵はいいんですが、詩も書いてるんです」「ふん、どんな詩だ」彼は私の手元を見ながら目を細めて笑う。

空っぽの電車の中には
オレが一人きりで座っている
なにひとつ音が無い
プラスティックの白い吊り革が100余り
風が吹くと　一つだけが揺れる
揺れた吊り革を見ていたら
いつのまにか　人が首をつっこんでぶるさがっている
又　風が吹くと　一つだけ揺れる
揺れた吊り革には　人が首をつっていた

しばらくたって　１００余りの吊り革には
すべて人が首をくくった

オレはポケットから木琴の棒をひっぱり出して
つるさがった人の背中をたたいて
クワイ河マーチと
アメリカンパトロールの演奏をした
すると　首をつった奴らが
一斉に拍手をしはじめた
オレはひどくあわてた

それからというものは
いつも
からっぽの電車に乗る

「一人きりの電車」（一九六三年）

「うん、なるほど」マルガメ氏は、そう言っただけだった。私たちは誌名を『かいぶつ』と名づけ、仲間を募った。この誌名は数年後に、寺山修司が企画したアンダーグラウンド・ニュースペーパーの紙名『MONSTER GROUND』に名を預け、その後一九七八年にパルコ出版から『ビックリハウス』の姉妹誌『小説怪物』として復活する。さらには三十五年ほどもたって、ふたたび黒川俊郎の起案で『かいぶつ句集』となって転生することになる。

しかしどうして当初、誌名を『かいぶつ』にし、その後もこのネーミングにこだわり続けたのだろうか。それはあきらかに、私たちには対抗しようのない能力とエネルギーとを持った生き物への畏怖や羨望であったことは間違いない。やがて私はその予告どおり、小さなかいぶつ、巨きなかいぶつたちと出会い始めることになる。

一九六三年十一月『かいぶつ』創刊。図書室の謄写版を借りて刷った一〇〇部は完売した。仲間はすぐに十数名になったが、同じクラスの赤羽良剛も入った。彼はリクルートに入社し、リクルート事件の直前まで一線で活躍した人である。当時は身体が細かったが柔道部にいて、日活の赤木圭一郎と詩人・立原道造の熱烈なファンで、不良っぽさが女子学生に人気だった。彼はすぐに「松本團」という筆名を使い、ソネット（十四行詩）をよく書くようになる。

ほかに、早稲田大学露文科のたけのけんじや、同じくのちに日テレで『11PM』や、国会でもその猥褻さが問題になった『海賊チャンネル』などのディレクターをやる盛岡純一郎（矢野義幸)、國學院大學から岩下瓢太が加わっていた。豊多摩高校から児玉よた六(茂美)も入った。これが明晰で弁も立ち、染五郎(現・松本幸四郎)みたいな色男で女性にとてももてた。恵泉女子高から目の大きな飯島美樹子(のちに女子美大教授)、猫のように美人の松野智子、映画監督・豊田四郎の娘でチャーミングな豊田百合子、大人の色気を持った山下圭子の四人の女性も加わる。それぞれに、早稲田、明治、女子美、武蔵美に進学する。

同神代高校から、のちに東京藝大を出て、エディトリアルデザイナーとして異才を発揮する一年後輩の羽良多平吉(原田平吉)も入る。同じく一年後輩で剣道部の美少年剣士、高橋三千綱が入会を希望していたが、結局、彼は自ら対抗して同人誌『純情』を四巻まで発行している。さすがに人気作家になる片鱗を顕しているといえるだろう。

私たちは『かいぶつ』ができると、吉祥寺の名店会館(現・東急百貨店)の裏にある「エコー」という喫茶店に集まった。奥では若き日の倉本聰がテレビドラマの台本をよく書いていた。講評会が終わると、井の頭公園に下りる坂の途中の焼き鳥屋「いせや」分店に行き、飲む。そんなことが大人になったみたいで楽しかった。みんな結構本気に詩人だった。また、村田正夫や加賀谷春雄たちで組織された『潮流詩派』や『地下水道』といった詩誌からも誘われて作品を送り、講評会に出かけたりもした。

しかし当時の私の最も信頼する批評家は、小学校からの友人、西村道一だった。彼は都立西高、

二科展商業美術部門入選作品
『たむとんごうのたび』（1963）（16 歳）

武蔵野市立第三小学校卒業文集『むぎぶえ』（1959）
表紙イラスト＝榎本了壱（12 歳）

高校時代から書いていた和綴じ製本の小説
左から『王国の臣民』『虹の絵』『廃園』『遊戯の終焉』

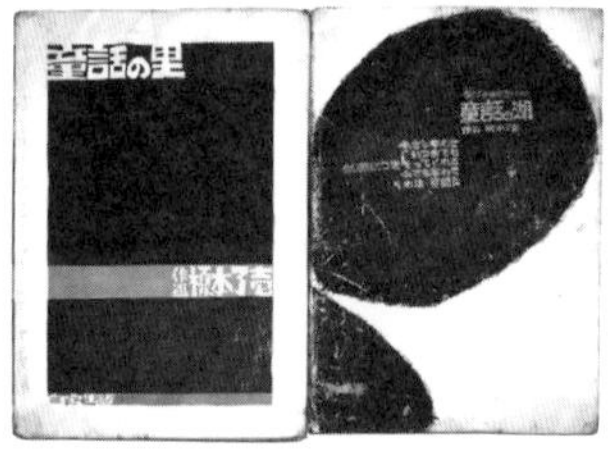

高校時代から書いた童話集『童話の里』『童話の湖』

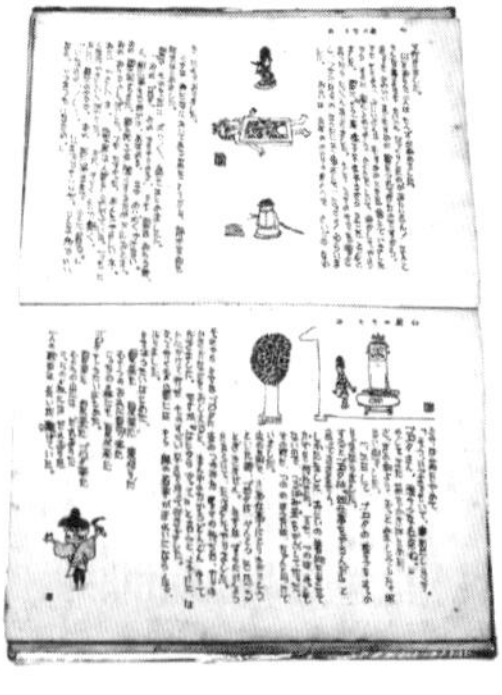

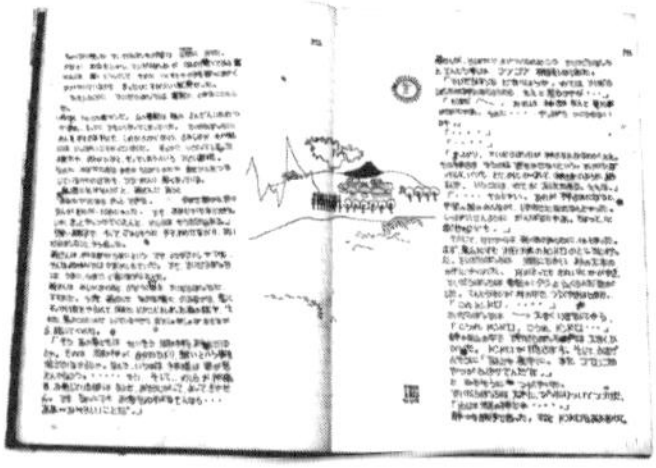

『童話の里』（左）、『童話の湖』（右）手書きのページ

『モンスターグラウンド』創刊号（1970） 表紙＝野田哲也

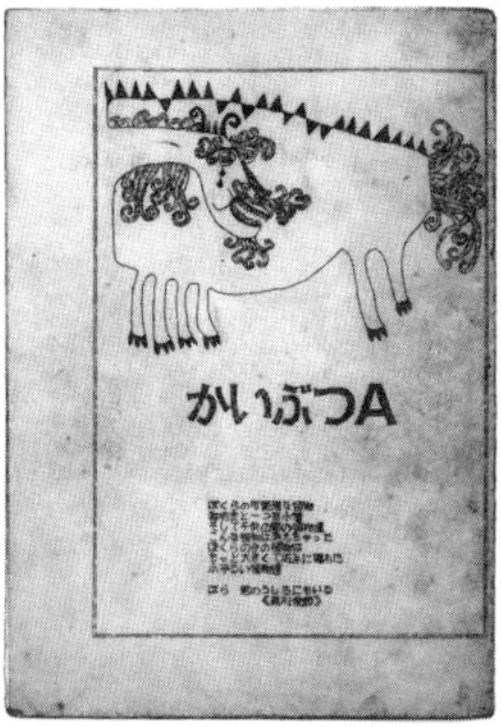

同人誌『かいぶつ』創刊号（1963）
表紙イラスト＝榎本了壱（16 歳）

『かいぶつ句集』創刊号（2001） 表紙＝石黒亜矢子

『小説怪物』創刊号（1978）
表紙＝ペーター佐藤

『BLUE BIBLE』（1967） 製作＝榎本了壱（20 歳）

東大と進み、茨城大学の教授になり東大でも講義を持ち、道元の研究をすることになる秀才である。太宰治も中勘助も、高校時代に彼から薦められて読み、傾倒した。『かいぶつ』が出来ると彼の家に持っていき、批評を聞いた。それはいつも手厳しかったが、聞かないとなぜか心が落ち着かない。西村君が一時住んでいた井の頭公園の近くの家は、山本有三が住んでいた家（現在、山本有三記念館になっているものとは別）だったという。入るとすぐ左手に洋間のアトリエがあり、西村君は奥の離れ、二間続きの茶室を陣取っていた。

一九九九年、水戸芸術館の「日本ゼロ年」展（椹木野衣《さわらぎのい》・企画）を見に行ったとき、水戸に引っ越していた西村君に会った。「井の頭公園の家を引っ越すとき、あなたが部屋を仕切っていた大きな襖二枚に、絵を描いたの、覚えている？」と訊かれた。そういえばと思い出したら、「確か、まだ家にある」と言った。中学の同級生同士で結婚した登志子奥さんと三人で呑んだ。西村君は胃を切ったあとで猪口を持つ手が震えていた。翌年、五十代半ばの若さで、わが親愛なるかいぶつは逝ってしまった。

あるとき、『かいぶつ』のアンソロジーを作ろうということになり、井の頭公園駅にほど近い孔版印刷所の左さんに印刷をお願いした。予算の関係からガリ切りは私がして、刷るのだけ頼むことにする。パソコンが普及した今では、若い世代の人には考えられないことだろうが、その頃のガリ版印刷といえば、学校の試験の答案用紙から、学生運動のアジビラまで、簡易な印刷を一手に引き受けていたメディアだったのである。崩れそうな一軒家がその印刷工場になっていて、いかにも左翼の機関紙を刷っているような怪しい工房だった。夫婦二人でやっていたが、そこで私は面つぶしの技術、インキの溶き方など、謄写版印刷の一からをその左さんから学ぶことになる。やがてその成果は『BLUE BIBLE』という、大学の課題に提出したガリ版絵本に結晶し、当時助教授だった粟津潔に認められるところとなるのだが。

詩誌作りでは確か、飯田橋あたりの専門店でプロ用謄写版機も買った。紙はいつも京橋の洋紙屋に行き、特殊紙をばら買いして、すぐそばの製本屋で断裁してもらう。どちらのお店、工場にも、紙粉の独特の匂いがした。受験を控えたその時期でも、詩誌作りに楽しく熱中していた。

十番目は「同人誌編集者」。十一番目「孔版印刷技師」。やがて「襖絵師」か。もう数えることはやめよう。私は怪人二十面相ではない。しかし十代のこの時期に、その後の私が広角的マルチプルに生きてしまう、転身ゲーム的な軌跡の雛型がもうあるのだ。とは申せ、例えばファミリービデオくらい他人に興味を持たれないものもないけれど、それを承知で私事を語り出したいと思う。それは結果として、私が出逢った私にとってはかいぶつのような存在たちが、ときには乳をくれ、ときには崖に追い込むほどに強迫し、励まし、育て、競争してくれたことで今のささやかな私があると思えば、私という体験が、それらのかいぶつたちの物語にもなるだろうと、自らを励まして先を続けることにする。

一年先輩の黒川俊郎ことマルガメさんは武蔵野美術大学に入学し、翌年私も同じ大学の同じ専攻、商業デザイン科（現・視覚伝達デザイン科）に入ることになる。『かいぶつ』は三年ほど続き、二十一号で終刊する。（そうそう、マルガメさんは現在、武蔵美校友会の副会長として活躍している。）

少年時代のある時期、かいぶつの幻影に捉えられていた私が、メガロポリス東京の、先端カルチャーの坩堝の中で、さまざまなモンスター達と出会い、かかわりながら、私もまた一匹のトカゲほどのモンスターのようになって生きていくことになる。いやもちろん、私はモンスターではない。けれども私の中には、このモンスターランドの従業員みたいにして生きるために必要な擬態能力、生命維持装置でも潜在的に植え付けられていたのだろうか。いずれにしても、ときにアドベンチャーゲームのようにスリリングに、ときに安手のソープドラマのように滑稽に、私はこのテーマパークのように奇妙で興奮気味なモンスターランドの時空を駆け巡ることになる。

パビリオン 2

デザイン黎明館

粟津潔と『いちご白書』の季節

憧れのデザイナーとの遭遇
そして世界中の大学が燃えた

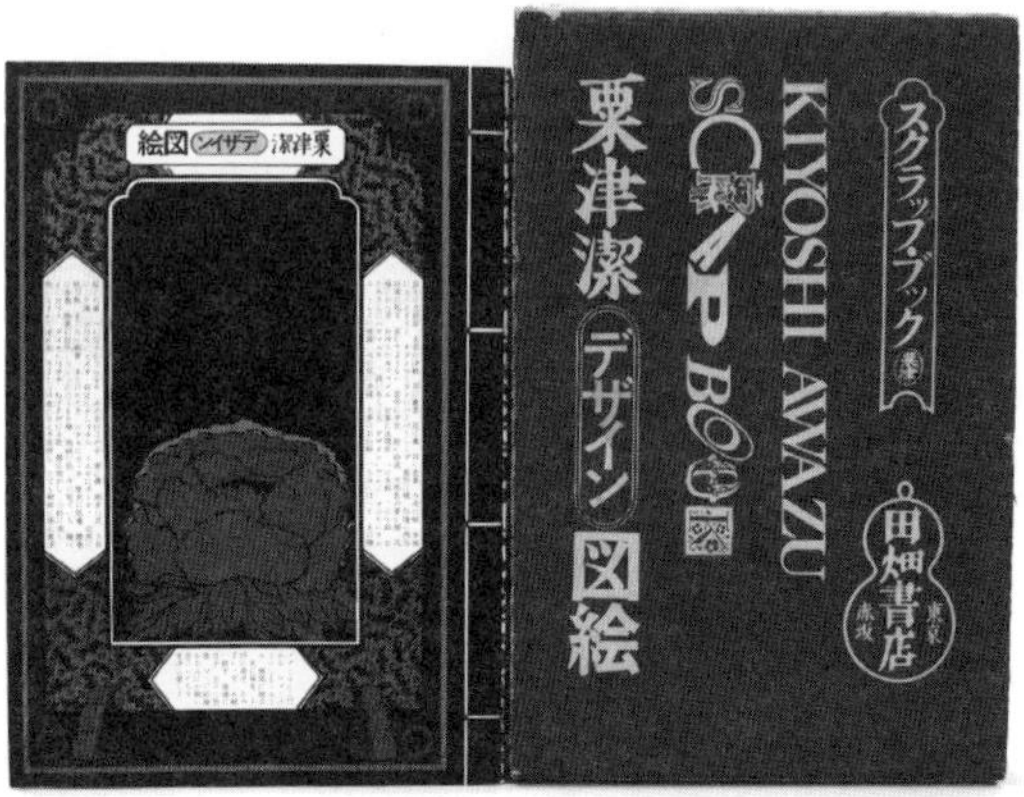

『粟津潔デザイン図絵』(1970)　装丁＝渋川育由・榎本了壱

私たちが詩誌『かいぶつ』を始めた一九六三年頃、詩の雑誌は三誌ほどあった。すべての線を定規で引いたような装飾的な真鍋博の表紙の『現代詩手帖』、目次の構成とイラストが粟津潔、巻頭言のイラストがユーモラスな和田誠の『現代詩』、繊細でエロティックなペン画を描く宇野亜喜良の表紙の『詩学』などだ。どれもが新進気鋭の人気イラストレーターたちであったが、なかでも私は、表現が実験的でヒューマンな筆のタッチの粟津潔が好きだった。その頃の私は詩誌を見ても、ついつい絵のほうに目がいってしまう。

マルガメさんが行ったことで、私も武蔵美を志望校のひとつにした。私は吉祥寺にあった武蔵美本校近くの中学に通っていたから、美校生たちの気ままな学校生活をよく知っていた。私はそれに一度も憧れを感じたことはなかった。依然として第一志望は藝大である。高三の夏になると、予備校に通っていない私は、ともかく武蔵美の夏期講習を受けることにした。会場の鷹の台校は、広い敷地に立つコンクリ打ち放しの斬新な校舎で私を圧倒する。しかも最初の講習のガイダンスに登場したのが、憧れのデザイナー粟津潔だったのである。

彼はまだ三十代半ば、講師から、助教授になったばかりの頃だったと思う。白っぽい麻のジャケットをザックリ羽織り、小柄だががっしりと立っている。亀のような変わった顔をしている人だと思った。私は大きな教室の後ろのほうからその人を見ていた。そののち現在に至るまで、私が今でも唯一「先生」と呼ぶ粟津潔との出会いだった。

生徒には浪人や予備校に通う人も多く、さすがにデッサンはうまい。それに話を聞いていると、藝大は背景までを描き込み、多摩美は精密に、武蔵美は全体感を捉える描き方だ、などと言っている。私のデッサンは都立神代高校の美術教師・妹尾寿信先生指導の日展系、フランス擬古典派風の古臭いものだった。藝大風、武蔵美風、二つの表現方法を習得する必要が出てきた。不安になった。デザインの演習になると教室には粟津潔が入ってきた。課題を説明すると精力的に教室を回り、生徒に声をかける。私には色のことか、塗り方のことで誉めてくれた。私は俄然勇気づいた。粟津潔は講習が終わると颯爽とフォルクスワーゲン・ビートルに乗り、鷹の台の砂塵を巻き上げながら隣接する朝鮮大学の方角へ消えていく。西部劇のシェーンみたいなカッコ良さだった。

一九六四年四月、私は藝大を落ち、マルガメさんのいる武蔵美に入った。しかも同じ商業デザイン科（現・視覚伝達デザイン科）だった。先生にはもちろん、粟津潔がいた。この入学はしかし私の人生にとって決定的な出来事となる。浪人して、万が一にも藝大に入り、そのまま粟津潔に出会っていなかったら、私の人生は今とは決定的に変わっていたはずである。それほど粟津先生には多大な影響を受け、貴重な薫陶を受け、何度もチャンスをいただいた。寺山修司や萩原朔美との出会いも、先生がきっかけだった。そしてその後の萩原との仕事でも、さまざまなかたちでバックアップしてもらうことになる。

入学するとすぐに私はクリクリまなこのチャーミングな、しかもけっこうグラマーな野呂さんと一緒にクラス委員にさせられた。野呂さんは私と一緒の左利きで「ギッチョン」と呼ばれるようになり、私は「組長」と呼ばれる（大学のクラスメイトは今でも私をそう呼ぶ）ことになる。なにかヤクザの親分にでもさせられた心境だった。二人で自治会の会合に出た。私たちはいつも退屈で、議案の刷られた紙に悪戯描きをしあい、突っつきあい、クスクス笑いあった。家も近かったのでよく遊びに行った。野呂さんはお気に入りの王子型のボーイフレンドがいたけれど、誰にも優しく平等に楽しく付き合ってくれた。私たちは、のちに粟津潔のアシスタントになるシブちゃん（渋川育由）と、そのガールフレンドで、リクルートの『住宅情報』初代編集長になるヨシコさん（鈴木嘉子、のちに渡辺姓）の四人でよく遊んだ。

粟津先生の授業といえば、その頃自分が装丁した分厚い『谷川俊太郎詩集』（思潮社）を持ってきて生徒に朗読させ、そのイメージをイラストにするようなことをやらせた。朗読はたいてい演劇部にいたヨシコさんがやった。大阪出身でちょっと関西訛りがあった。私は著名な詩人と付き合いのある先生が羨ましかった。二年のときの課題にB２の用紙で絵本を造るというのがあった。私は縦一七五ミリ、横六〇ミリ、三二ページをパラパラ長く折り込んだ全長一九二センチの経本仕立て、『BLUE BIBLE（THE ACME）』というイスラミック・アートふうな絵本を造った。ACMEとはもとより絶頂感のことである。結末はソドムの地に住む両性具有のアクメ（絶頂感）のペニスを、ゴモラの地に住むエレクション（勃起）という男がちょん切るという面白残虐物語。例によって孔版職人の左さん直伝の謄写版で、黒の羊皮紙の上に銀のインキで刷り上げた。これを先生はとても評価してくれた。この『BLUE BIBLE』は二五部を刷り、友人などに分けたが、一万円の値段をつけたら何部かが売れた。西荻窪の駅前の飲み屋街にあった、お母さんと美人姉妹のお店「軽井沢」では、家族が協力して客に押し売りしてくれた。そのお金で私は何十杯ものジントニックを呑むことができた。

しかしだんだんと学生運動が激しくなり、キャンパスにヘルメット姿の学生が増えだした頃、先生は突然、大学を辞めてしまった。教壇に立てばそれだけで体制の人間とされてしまうような当時の風潮に断を決したのだろう。リベラルであることを栗津潔は何よりも優先する。一九六九年、日宣美（日本宣伝美術協会）が、革デ同（革命的デザイナー同盟）や美共闘といったグループに粉砕されたときも、いち早く日宣美の解散を提唱したようだった。しかしそれによって若いデザイナーたちがスターになるジャンピング・ボードを失ったことも事実だ。時の若者は何かと権威や体制に盾をつく。カウンターカルチャーはヒステリックに既成概念を壊そうとした。それはやがて世界的な流行病になる。『いちご白書』の季節の始まりだった。

学生時代にすでに一九六八年創刊の『季刊フィルム』や、天井桟敷館の内外装の仕事で先生の手伝いをしていた私を、周囲の人はそのまま粟津潔のアシスタントとして働くのだろうと思っていたようだ。しかし結果は博報堂に就職が決まっていたシブちゃんが、そっちを蹴って粟津デザイン研究室に入る。私は就職せずに鎌倉の稲村ヶ崎にある崖の上の一軒屋に下宿し、文章を書いてみたいと思っていた。今でいうれっきとしたフリーターである。

一九七〇年に先生が作品集を出すことになった。『粟津潔デザイン図絵』(田畑書店)である。その編集とデザインの作業に加わることになり、原宿のマンションの一室にある事務所に通うことになった。作品集の中身は、グラフィックにとどまらず、建築、都市、環境と際限を知らず広がっている。しかし私は先生のやった装丁本の、アルフレッド・ジャリの『ユビュ王』、アンドレ・ブルトンの『ナジャ』、ロートレアモンの『マルドロールの歌』、『ロートレアモン全集』、大江健三郎の『万延元年のフットボール』などに影響されて育ってきた。そんな本を装丁していることだけでも凄いと思っていた。作品集の作業の途中で事務所には建築家の黒川紀章や、映画監督の篠田正浩といった人が、次々と訪ねてくるのには驚いた。

私たちは夜になると、表参道と明治通りの交差点にあった焼肉屋「八角亭」で、上等な肉をたらふくいただき、コーヒーを飲み、深夜からビリヤードをして、なんということか、それからみんなで先生のビートルに乗り込み、グルグルと東京中を走り回って家まで送ってもらった。仕事をしているのか、遊んでいるのかわからないような楽しさのなかにいた。三三ミリという分厚い作品集の束見本を手にしたときの先生について、私は作品集の「あとがき」の最後にこう記している。
――夏。夾竹桃の桃色鮮やかな――夏。八角亭の焼肉の煙の――夏。先生の好きなベッツィ&クリスの唄う〈夏よ、おまえは〉が街々に流れ出した――夏。束見本を前にして先生は蝙蝠を見ているように瞬時を沈黙された。(作品集の表紙は、蝙蝠の絵で飾られている。さらに二〇〇六年にこの本は復刻され、ふたたび「あとがき」を書くことになる。)

こんなこともあった。一九八七年、玉川学園に引っ越して四年目、現在の事務所アタマトテ・インターナショナルを立ち上げて二年目の五月五日こどもの日、家の小さな庭で粟津先生のご一家(八重子夫人と、長男のケンさん)をお呼びして、バーベキュー料理をすることになった。先生は生田(よみうりランド)に住まわれていたから遠くない。どうせならと、アシスタントをしていたシブちゃん(渋川育由)、川村易夫妻、大日本印刷に勤めていた加儀行正夫妻と二人の子供(聡子と善行)、それに直前に会って「来てください」と誘ったアラーキー(荒木経惟)と奥様の陽子さんはアシスタント付きで、豪徳寺からやってきてくれた。荒木さんがいると俄然パーティが楽しくなるからだ。わが家も長男・彩希(五歳)、弐輝・起良の双子(二歳)、おっと、わが妻・清子も。子供たちは奇才・石井和紘のポストモダン建築を遊園地のように堪能して遊び回る。アラーキーのカメラが子供たちを追う。なんと楽しいこどもの日だったろう。

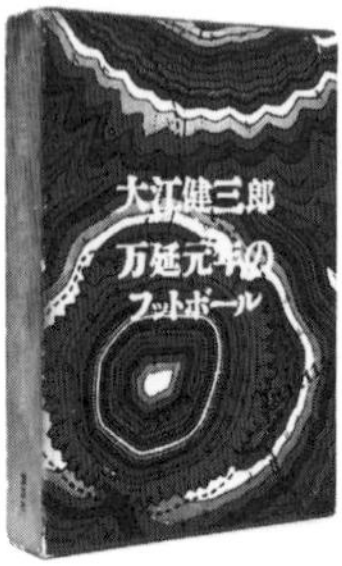

大江健三郎『万延元年のフットボール』
(1967)　装丁＝粟津潔

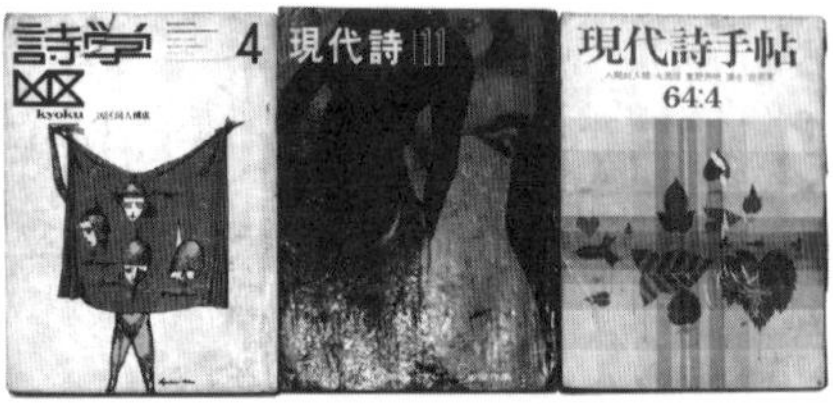

1960年代中頃の現代詩の雑誌　左から『詩学』『現代詩』『現代詩手帖』

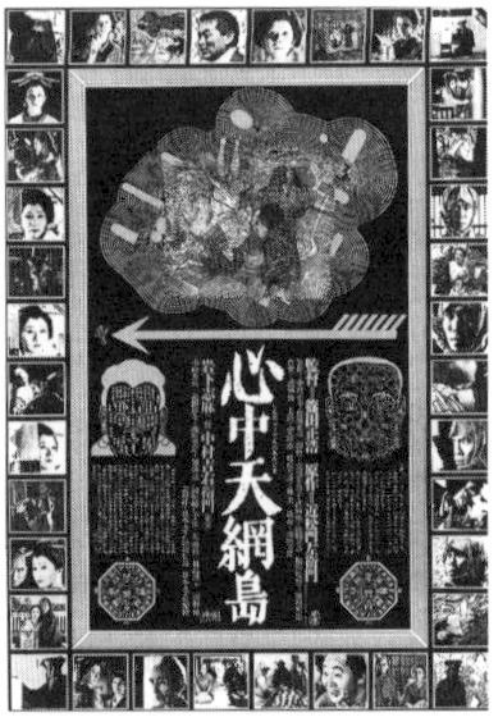

篠田正浩監督『心中天網島』ポスター
(1969) デザイン＝粟津潔

寺山修司作品『犬神』ポスター (1969)
デザイン＝粟津潔

粟津潔と榎本了壱
「粟津潔デザイン曼荼羅」展 (凸版印刷博物館、2006)で

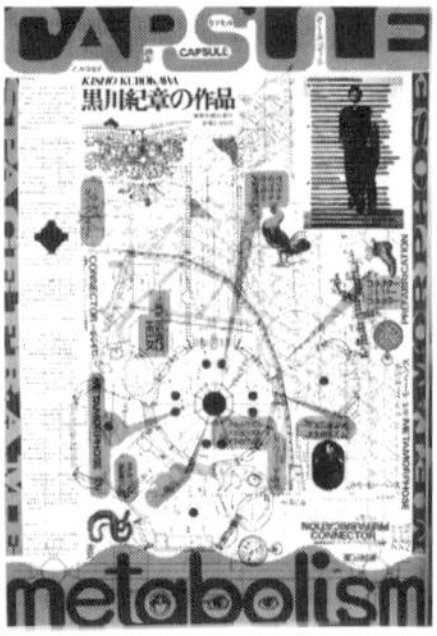

『黒川紀章の作品』装丁 (1970)
デザイン＝粟津潔

玉川学園の家（1987） 設計＝石井和紘 撮影＝荒木経惟

玉川学園の家でのバーベキューパーティ（1987） サングラスの人がアラーキー、左へ加儀行正、渋川育由、粟津潔、加儀聡子・善行、榎本了壱と長男彩希、その後ろ、荒木陽子夫人、川村易夫妻、その前、妻清子と双子弐輝・起良、粟津ケン、粟津八重子夫人、加儀郁子夫人

その後先生とは、座談、対談、インタビュー、トークをしたり、あるいは紹介文、評論文も沢山書かせてもらうことになる。なかでも自分が気に入っているのは、一九九四年、ggg（ギンザ・グラフィック・ギャラリー）から出た小冊子『粟津潔』（世界のグラフックデザイン11）に書かせてもらった一文である。

——遊びのような実験、ロジカルなゲームの発見、方法を法則とする経験、限りない造形への冒険。しかし考えてみると、ずうっとそうしてきた。そう生きてきたように思う。三文判や初号活字を押す、ついには指紋を押しまくる、原始印刷の実験の実践。印象の印、印刷の印だから、これがまさに印プレッション。指紋の波状は地図の等高線への興味へと移行した。線列な地球を鮮烈な表情に塗り分けた線セーション。いつしかそれもフリーハンドの歪みを孕んだ平行線へと変容する。それも際限なくメタメタに描くからメタモルフォーゼ。実験の実権を握る実験王だ。サイケデリックな鳥を描きだせば憑かれたように鳥ばかり、あるいは亀の日々。黄色い牛となれば牛ばかりを反芻する半世紀の反省記。いや反省などとんでもない。発想の浮かぶ艇から艇への八艘とび。懲りないタフさ、停まることを知らない好奇心。執拗に、屈託なく、こだわりながら、わだかまらない。それなのに少しも矛盾を孕まないアンビバレンツ。奇跡のような精神をしている。

——ウイスキーを炭酸で割ったのがハイボール、焼酎を割るとチューハイ。俵万智の短歌『嫁さんになれよ』だなんてカンチューハイ二本で言ってしまっていいの」で大騒ぎになる。最近では、サントリーから泡の出るチューハイAWA'S（アワーズ）が出た。缶チューハイの名前にまでなってしまったアワーズ先生。けれどもアワズ先生はお酒に弱い。弱いからといって酒席が嫌いなわけじゃない。とてもゴキゲンに付き合う。

スキーも、ゴルフも、インストラクターの資格もあれば、プロ並みにうまいという。残念ながら一緒にやったことがないので本当のところは分からない。後年、名門ゴルフ場の会員になったり、スキーでは百メートルほども滑落して怪我をしているくらいだから、やっぱり凄いのだと思う。私がスキーを始めたての頃、「これがクリスチャニア、こうするのがボーゲンね！」と、ポーズをとって教えてくれた。ほんとに先生なのである。

アワズ先生は歌が好きだ。最初に先生が好きだと知った歌が、ベッツィ&クリスの『白い色は恋人の色』（作詞・北山修／作曲・加藤和彦）。このことは『栗津潔デザイン図絵』（一九七〇年・田畑書店）の「あとがき」にも書いた。ロマンチックなフォークソングである。その次は、西田佐知子の『アカシヤの雨が止む時』（作詞・水木かおる／作曲・藤原秀行）だった。「この歌は革命的な歌だね」と言い訳しながら歌った。一九八七年日本文化デザイン会議が開催された長野でのことである。後にも先にも、先生とカラオケをやったのはこれ一度きり。何でもできる先生だが、歌はうまくなかった。でも、ゴキゲンに熱唱した。

ある会議の日、アワズ先生はいつになくソワソワしていた。会議の後に食事が用意されていたが、「いやねえ、約束があるんだな」と、ポケットから折りたたんだ紙を取り出し、「ホテルの部屋番号教えられてね、ハハハ」迷惑そうな、でもちょっとゴキゲンそうな複雑な笑い方をして退席された。ほんとかよ、でも先生にもそんなことってあるかもしれないと、私は考えた。その後しばらく先生のことが気になって食事が進まなかった。先生は、女性に弱い。だから絶対エロティックな付き合い方はしない、と思う。でも、少し迷っていた。誘惑されかけていたのかもしれない。しかし私に、ホテルで待っている女性がいることを教えたのは、それはきっと部屋には行かない決意のようにも思えた。ちょっと寂しく、「会わずに愛して」であったのだろう。(〇七年『粟津潔——荒野のグラフィズム』フィルムアート社　加筆)

出会いから四十数年、私が遭遇した最初のビカビカのモンスターが粟津潔だった。その輝かしい粟津潔は凸版印刷の印刷博物館初代館長になり、甲骨文字や、岩に彫りこんだロックアートを世界中取材したりしていたが、二〇〇四年頃から徐々に、認知障害の症状が現れてコミュニケーションがとりにくい状態になり、二〇〇六年の印刷博物館での個展に現れたのを最後に、人前に出なくなってしまった。二十世紀のデザインの巨大なかいぶつが岩戸の奥で、無為に息をひそめているのを想像すると、その岩を打ち砕きたい思いである。

パビリオン 3

絶世女流詩人館

吉原幸子と『粘液質王国』

原宿隠田に住む
絶世の女流詩人に会いに行った

榎本了壱詩集『粘液質王国』（1964） 装丁＝榎本了壱

——小ちゃくなりたいよう！
——小ちゃくなりたいよう！

「Ｉ喪失」より

その人は『幼年連禱』（思潮社、一九六五年）という詩集のなかでそう叫んでいた。

大きくなって
小さかったことのいみを知ったとき
わたしは〝えうねん〟を
ふたたび　もった
こんどこそ　ほんたうに
はじめて　もった

「I喪失ではなく」より

その人は「幼年」を「えうねん」と記し、「本当」を「ほんたう」と書いた。旧かな使いの表記なら当然のことなのだが、その人だけの特別なもののように読めた。この詩に触れたとき、私はどうしてもこの詩人に、私の詩を読んでもらいたいと思った。詩というのは誰かに読まれるために書いている、それも特定の限られた人に向かって書く。私がマルガメさんに詩誌の表紙の絵を頼まれたとき、「詩を書きたい」と言ったのも、すでにそのとき特定の人に向かって私は詩を書いていたからだ。当時東映のニューフェイスで人気の出ていた本間千代子の妹、順子さんの十四歳の誕生プレゼントに、ずいぶん時間をかけて手作りの詩集を贈ったりしていた。おそらく中身は甘ったるいデレデレの抒情詩だったにちがいないが、手元には一篇も残っていない。話はそれるが、本間家の長女は作曲家の冨田勲氏と結婚し、その長男として生まれたのが、現在慶応義塾大学の先端生命科学研究所所長の冨田勝教授である。ずいぶんたって、彼と「日本文化デザイン会議」で一緒になったとき、そのことを話したら、「叔母は元気ですよ」と言った。それからすぐ順子さんから電話が入ったが、私が不在で結局話ができないままである。

室生犀星詩人賞（六五年）を受賞していた『幼年連禱』を読んだ直後の『かいぶつ』一九号が、

私の特集号だった。私はそのなかで〈大きくなった幼年のあなたへ〉という副題で、「わるい子だったボクの履歴書」という散文詩を書く。子供の頃の思い出を何でも売ってくれる駄菓子屋「ふしぎ屋さん」の話だ。私は「大きくなった幼年のあなた」に向かって書いた。もちろんその人こそ『幼年連禱』の詩人、吉原幸子だった。その少しあと、吉原さんが『現代詩』かなにかの詩誌月評の中で私に密かに返事を送ってくれた。

——Eさんはその雑誌（『かいぶつ』）に、彼の早熟さと才気をあらわす数篇の詩と、にも拘らず非常にうつくしい小児病的散文をのせていた。

吉原さんが私を名指しせず、「Eさん」と書いたのは、幼年の秘密を共有した共犯者だったからにちがいない。私を社会にさらしてはいけない脆い生き物のように扱ってくれたのだと独り合点した。（その後、吉原さんは自分のことを「S」と表記したノートを書いていることを知る。そういう書き方を好んだのだ。）その頃私は詩集を作る計画を立てていた。ランボオや、ロートレアモンのような早熟な少年詩人に憧れていたものだから、二十歳前にはどうしても詩集を出したい。こうした早熟願望が私にはあった。十九歳になっていた。吉原さんに会いたいと思った。詩集の後書きを書いてもらうのはこの人しかいなかった。

連絡をとると、私の詩を覚えていて簡単に会う約束をしてくれる。訪ねると、原宿の隠田にある瀟洒なマンションだ。秘書兼お手伝いの詩人のTさんに、大きなソファセットのある客間に通される。どういうわけかソファの上には、薄いブルーの水玉模様のブラジャーが脱ぎ捨ててある。ハッとした。吉原さんは白のコットンシャツの襟を立て、腕まくりのジーンズ姿で出てくる。夏だった。すぐにブラジャーに気がつくと、さっと取って片付けた。「見たな！」といった目をして、それから笑った。聡明で鋭利、俊敏さがキラッとする。美しかった。大きな瞳、きりっとした眉、ノーブルな鼻、ちょっと大きめな口元、長身のスマートな肢体、ボーイッシュな短い髪、お嬢様が不良ぶっているような、育ちの良さがすぐにわかった。（三十三、四歳だったはずである。）長い指に挟んだ煙草の煙に目をしばたかせながら、「それで？」というように、覗き込むように私を見た。

後書きには、先ほどの月評を引用しながらその出会いをこのように書いてくれている。

――彼がやって来て十五冊の肉筆の「詩集」をどさりと私の目の前に置き、そしていった。「どうしてわかりましたか。ぼくほんとに、小児ぜんそくだったんです。」（中略）しかし私が〈早熟〉と云ったのは、今考えると不正確なことばだった。十五才で二十才分のことをするのが早熟だとしたら、そんな時間の先取りは大したことではない。彼はその意味では決して早熟ではないのだろう。彼は大人ぶるよりむしろコドモぶる。背伸びの代わりに、意識的に背をちぢめてみせる。たとえば、一人称をボクと片かなで書きながら、それが時には自嘲的でさえあるほどに。

そうなのかと思った。今でもそうした性向は私を大いに支配していて、ネバーランドの住人たちのように、いつまでも子供でいたいピーターパン・シンドロームを自分のどこかに感じることがある。

吉原さんはそれから、原稿を取りにいったときや、校正を見せにいったとき、出来上がった詩集を届けにいったときと、その都度呑みに連れていってくれた。そうそう、私は身体も小さいし、分厚い近眼鏡をかけた青白い、自信過剰のどちらかというと扱いにくい少年だった。しかしそれすらも、大人の吉原さんにとっては他愛のないガキに見えたのだろう。その頃、赤坂プリンスホテルの旧館、白亜の洋館の一室に、ネイビークラブという旧海軍の親睦クラブがあって、吉原さんはそこの事務局長をしていた。マネージャーというか、ママのようなものである。

十時頃までは、食事をいただいたり勝手に呑ませてもらって時間をつぶすと、そのあと二次会、三次会へと新宿あたりに繰り出す。その時間になると吉原さんのまわりには個性的な女性が三、四人集まっている。酔うとやたらにフランス語で話す人。美人だけど化粧も性格もきつい人。吉原さんはやたらに女性にもてた。姉御のようにみんなが一目置いていた。『ぢぇが』という詩誌を主宰していて、山口洋子、吉行理恵、村松英子、山本道子、渋沢道子といった錚々たる同人を擁していた。吉原さんは東大仏文科在学中に演劇研究部に所属し、のちに劇団四季の女優になったほどの人だから、ピアノバアなどに行けば、エディット・ピアフのように煙草

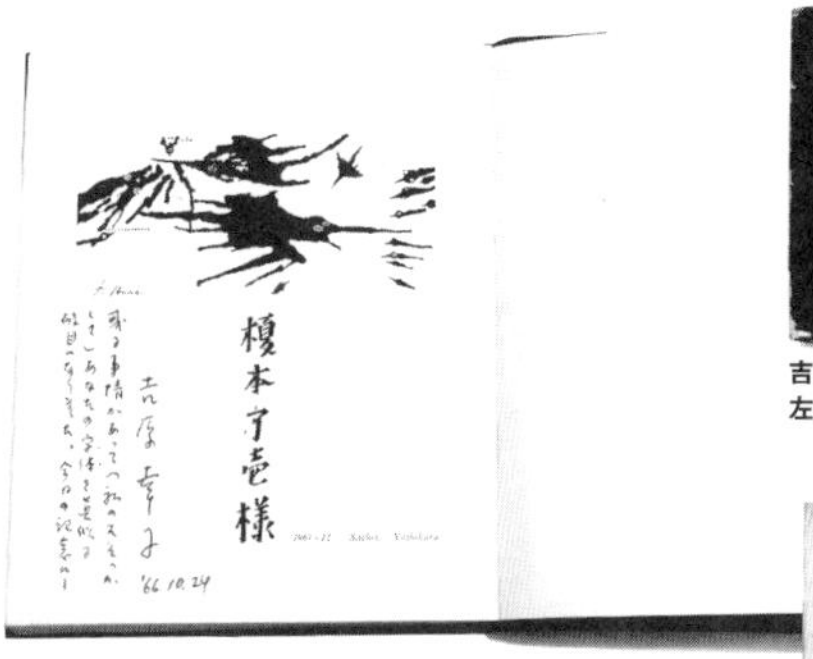

『夏の墓』にサインをいただく
名前を書き間違えて明朝体の太字になった言い訳を書いている

吉原幸子詩集
左から『幼年連祷』(1965)『夏の墓』(1964)

『詩学』の「うぇが特集」(1969) と
吉原さんからいただいた『うぇが』(1964)

『現代詩手帖』吉原幸子追悼号 (2003)

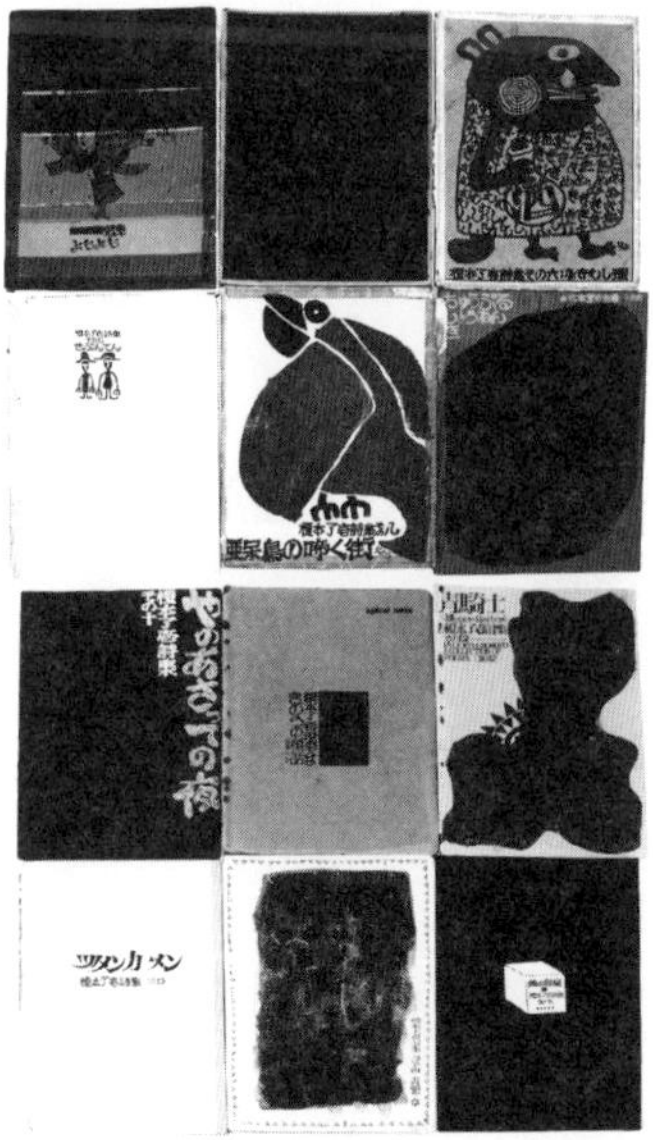

手書き詩集　左上から『よちよち』『紫の雲』『なきむし狸』
『せぶんてん』『阿呆鳥の啼く街』『ちゅうぷるしょうねんき』
『やのあさってのよる』『きのうの童話(メルヘン)』『青騎士』
『ツタンカーメン』『青蛇』『鏡に部屋』

高校から大学にかけて書いていた日記集

片手にシャンソンを歌う。呑み疲れると椅子に凭れてくったりと寝入った。私は、深夜に及ぶわが心のスーパースターの行状を、固唾をのんで見つめていた。

私は詩集の題名を『粘液質王国』とした。ロートレアモンの『マルドロールの歌』のなかに「生き血を吸う蛭の兄弟がゆっくりとした足どりで森の中をあるいていた」と、「もの想う束の間にも、怒りの王国のかずかずをこえて、歌はどこへいってしまったのか……」（栗田勇訳・現代思想社・一九六〇年）というフレーズがあり、そこからインスパイアされたものだった。

本の体裁が正方形なのにも理由がある。吉原さんの家を訪ねたとき、「こんな本がお好きでしょ」と言って見せられたのが、佐藤春夫の『F・O・U』という奇妙な小説の初版本だった。創作版画時代の鬼才、谷中安規の絵がふんだんに入ったその本に私は圧倒された。その本が正方形だった。私は密かに吉原さんとの思い出に詩集の体裁を正方形に決めた。

その頃吉原さんは、いかにも明治の女といったしっかりとした上品なお母さんと、四、五歳になる息子のJ君とで住んでいた。すでに離婚していた。J君は『幼年連禱』の中にもしばしば登場してくる。詩集ができ上がって吉原さんの家にお礼に行くと、「良かったわね」と、にこにこ喜んでくれた。「でも、もう跋文は書かないことにするわ、大変だから」と、言った。なにか私はとても申し訳ない気持ちになった。そこにJ君が部屋に入ってきた。「これね、このお兄さんの書いた詩集なの。面白いわよ」と言って朗読を始める。

ボクはオヘソの唄をかいた
オヘソをかきながらかいた
するとオシリがかゆくなったので
オシリをかきながらかいた
するとオシリの唄ができた

ボクはむかしの唄をうたった
エリコがグリコをキリコロし
ポリコのトリコになっちゃった
ボクはもう一つのむかしの唄をうたった
ミッチャン　ミチミチ　ウンコタレテー

『七つの幼な唄』より一九六六年

J君は大はしゃぎして聞いてくれた。処女出版のうれしいお祝いだった。

それから吉原さんは、ダンスの台本や演出を手がけるようになり、ときどき劇場でお会いするようになる。会うたびに吉原さんは絶世の人だった。詩集上梓から二十数年後の一九九一年、雑誌『Bacchus』（TBSブリタニカ）に「BACCHUS GALLERY」と題して、ちょっと変わった画家たちの話を連載していた。私は谷中安規のことがどうしても書きたくて、思いきって吉原さんに、『F・O・U』をもう一度見せていただけないかと電話でお願いしてみた。数日後、吉原さんから「実家のあった百人町のほうに引っ越したりして、本が見つからないの、ごめんなさい」という返事があった。平坦な力のない、大儀そうな声だった。室生犀星詩人賞（六四年）、高見順賞（七四年）受賞。そして第三回萩原朔太郎賞（九四年）を受賞した当時、すでに闘病していたようだったが、その後、また、詩を書いているという話を新聞か何かで読んだ。そして二〇〇二年十一月二十八日、うつくしい言葉のかいぶつは静かに詩の海に帰っていった。追悼の書籍に、母の介護を語るJ君のすっかり成人した姿があった。

パビリオン 4

草月前衛芸術館

草月会館半地下の五月革命

前衛の拠点草月アートセンターと鎌倉純情小曲集

『季刊フィルム』創刊号(1968) デザイン＝粟津潔

一九六八年（大学四年）の夏、武蔵美の研究室から自宅に電話があった。「粟津先生がバイトを探しているのだけど、夏休みで誰もつかまらない。君、ひまじゃないか」と言う。「誰もつかまらない」というのは、いろいろ当たったということだろう。私が何番目の電話だったか知らない。しかしすぐOKした。どんな仕事かはわからなかったけど、粟津潔の仕事というのでともかくやってみたかった。指定された青山一丁目の草月会館に行くと、半地下にあったスタッフルームに回された。（草月会館といっても現在のものではない。同じ丹下健三の設計だが、紫色のタイルを張った瀟洒な建物である。）行ってわかった仕事の内容は、創刊される『季刊フィルム』という雑誌のレイアウトと版下作りの作業だった。

その頃の草月ホールは勅使河原宏が主宰する草月アートセンターのプログラムを中心に、音楽、映像、演劇、舞踊、アートや詩のパフォーマンス、トークと前衛芸術の一大拠点として機能していた。一方で新宿にあった喫茶室「凮月堂《ふうげつどう》」は芸術青年たちのサロン的な役割を果たしていて、行けば必ず著名文化人を見かけることができた。青山の草月、新宿の凮月、この二つの「月」が当時のカルチャーの二大メッカだった。その草月での仕事である。しかも粟津潔の手伝いである。避けて通るわけがない。

『季刊フィルム』は草月シネマテークの活動をきっかけに、映像を中心とした広くはメディアの文化誌といった内容のものだった。しかもフランスではヌーヴェル・ヴァーグの絶頂期、中国の文化大革命に呼応して、映画もゴダールを中心に激しい政治的な動きの最中にあった。編集委員というのが、粟津潔（三十九歳）、実験映画の飯村隆彦（三十一歳）、現代音楽の武満徹（三十八歳）、映画監督で草月のプロデューサーの勅使河原宏（四十一歳）、美術評論の中原佑介（三十七歳）、映像作家の松本俊夫（三十六歳）、フランスの『カイエ・デュ・シネマ』同人の山田宏一（三十歳）。若い綺羅星のような七人の侍である。

私の最初の仕事は、文房具屋へ版下用のケント紙を買いに行くことだった。つまらない仕事だった。すでに『季刊フィルム』用のレイアウト用紙もできていて、三段組、四段組と一行の字数も決まっている。その指示に従って字切り（文字数を数えて行数を出すこと）をしていく。こんなことは誰でもできる単純作業だ。行数が出ると予定していた頁数の中にはめ込み、空いたスペースを適当な位置に設定して写真や図版を入れ込んでいく。タイトルは「初号清刷り」といって、アート紙に活版の初号活字（約一三ミリほどの大きさ）を刷ったものを、一文字ずつ鋏でバラバラに切り、ピンセットで字間をギリギリに詰めて貼る「キリバリ」をして版下にする。写植はすでに普及していたが、粟津先生は活字の書体にこだわった。しかもペーパーセメントではなく、セメダインで貼るのが粟津流。パソコンの現在では考えられないような原始

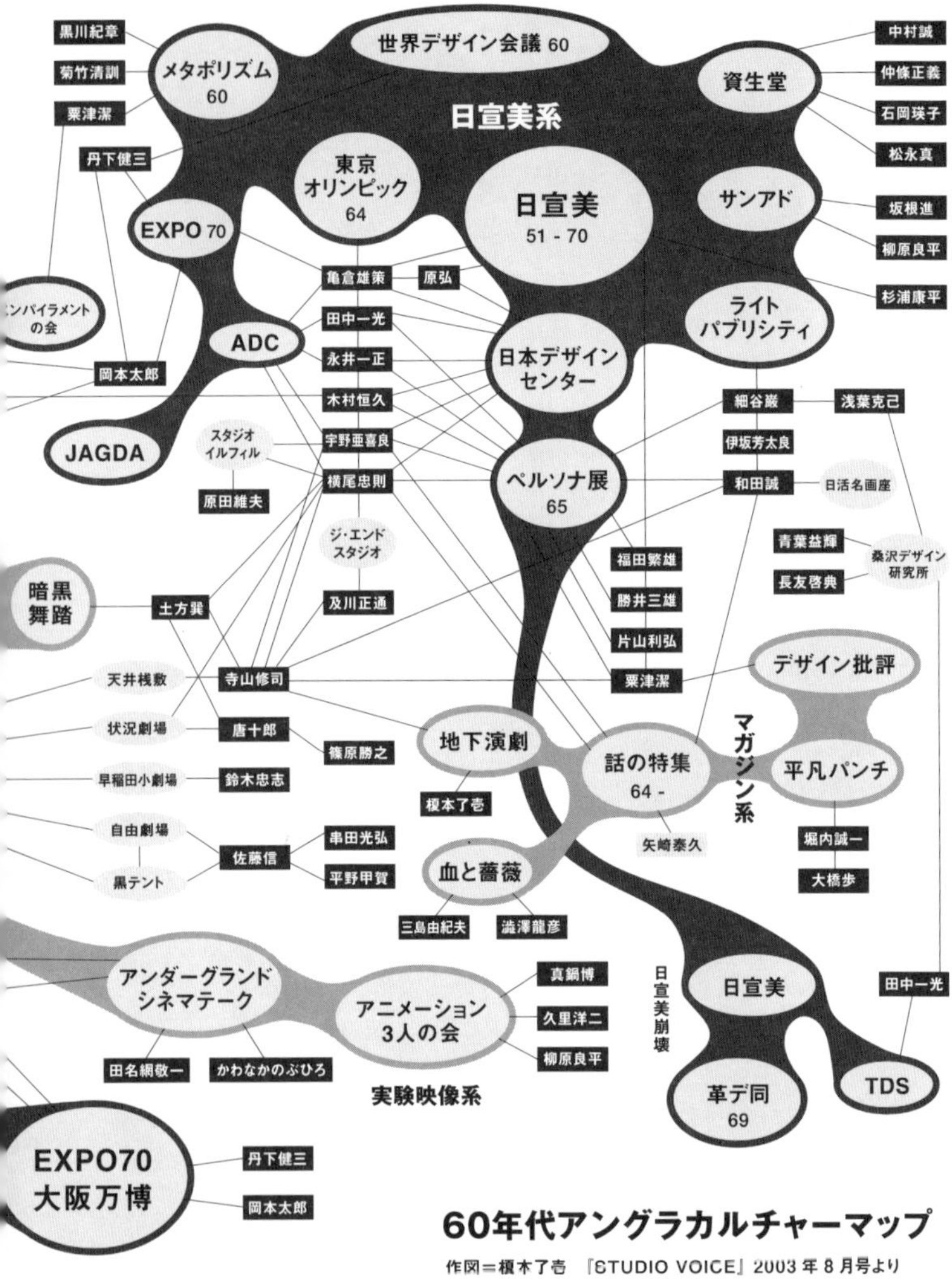

60年代アングラカルチャーマップ

作図＝榎本了壱　『STUDIO VOICE』2003年8月号より

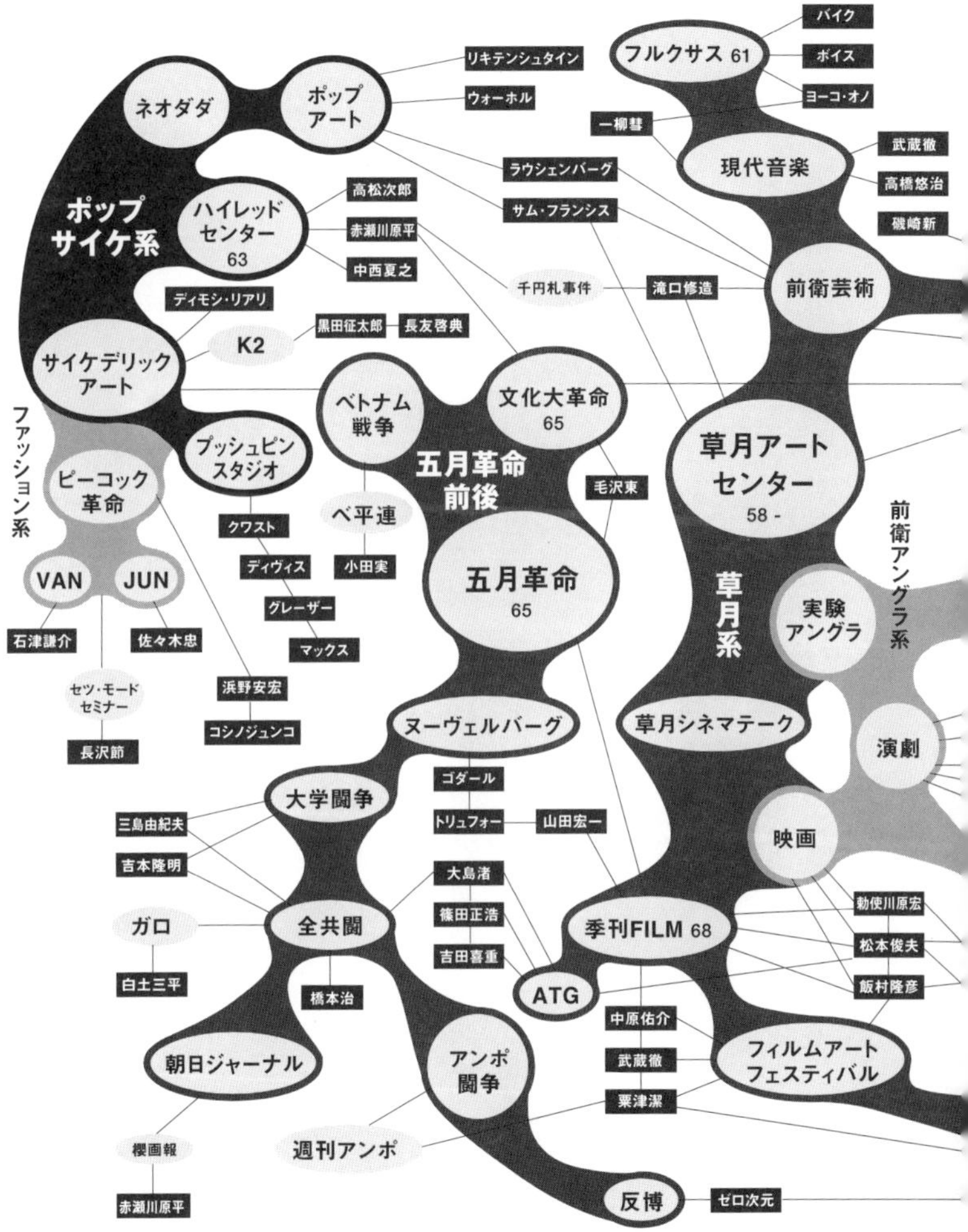
バイク
フルクサス 61
ボイス
ヨーコ・オノ
リキテンシュタイン
ネオダダ
ポップアート
ウォーホル
一柳慧
現代音楽
武蔵徹
高橋悠治
磯崎新
ラウシェンバーグ
サム・フランシス
ポップサイケ系
ハイレッドセンター 63
高松次郎
赤瀬川原平
中西夏之
千円札事件
滝口修造
前衛芸術
ディモシ・リアリ
K2
黒田征太郎
長友啓典
サイケデリックアート
ベトナム戦争
文化大革命 65
五月革命前後
草月アートセンター 58 -
ファッション系
プッシュピンスタジオ
ピーコック革命
ベ平連
毛沢東
前衛アングラ系
クワスト
小田実
五月革命 65
草月系
VAN
JUN
ディヴィス
グレーザー
実験アングラ
石津謙介
佐々木忠
マックス
セツ・モードセミナー
浜野安宏
コシノジュンコ
ヌーヴェルバーグ
草月シネマテーク
演劇
長沢節
ゴダール
大学闘争
トリュフォー
山田宏一
三島由紀夫
映画
吉本隆明
大島渚
篠田正浩
勅使川原宏
ガロ
全共闘
季刊FILM 68
松本俊夫
吉田喜重
白土三平
橋本治
ATG
飯村隆彦
中原佑介
朝日ジャーナル
アンポ闘争
武蔵徹
フィルムアートフェスティバル
粟津潔
週刊アンポ
櫻画報
反博
ゼロ次元
赤瀬川原平

的な作業だ。しかしこうした作業は、パソコンが普及する一九九〇年代中頃までは、多かれ少なかれどこのデザイン事務所でもやっていたことである。

こうして草月での私のバイトは始まった。しかもひと夏だけのバイトと思っていたら、パリに一年暮らす直前の一九七三年まで、なんだかんだと五年もの間、通うことになる。編集長の奈良義巳さんは東野芳明の義理の弟（妹さんと結婚していた）で、草月アートセンターのディレクター、俳優のようないい顔をしている。池上顕さんは超博学で外国語もいろいろでき、正確無比な校正の鬼。漫画『がきデカ』のこまわり君みたいな面白い顔をした高橋克己はその後、私たちが『ビックリハウス』を創刊するとき編集にトレードして、それから長く一緒に仕事をすることになる。いつもはおとなしい優しい人だが、酔うと論客になり「てめえ！　このお！」と喋った。女性の土井さんはいつもにこにこ優しい姉御。近くの蕎麦屋「水内庵」にはなかった天せいろ（ざるにえび天を二本付けてと頼む）を開発し、私たちの常食になる。八時が回るとみんなチョビチョビとウイスキーをストレートで始める。仕事を終えてからよく新宿に呑みに出た。みんなうまくなかったがビリヤードもやった。「ポケット」ではなく「四つ玉」が主流だった。深夜の帰宅は奈良さんが国立に住んでいたので、吉祥寺までいつもタクシーで送ってもらった。

栗津先生はその頃まだ、外苑前のキラー通りに面したビルの中の事務所にいた。ガランとしたワンルームで、何かの用で訪ねると、「おう、君か」と言った。バイト学生が私であることを初めて知ったようだった。そこには大きな机にかじりつくように執筆しているフランス帰りの山田宏一がいた。長髪の陰から怖い視線でギロリとこちらを見る。先生と「発刊のことば」を作っていたのだ。それはこんな言葉で綴られている。「芸術ジャンルの境界を破壊し、そして、芸術そのものを〈仮象〉や〈虚構〉から脱出させる、その変革的機能において、映画ほど、今日の迷宮世界に突き刺さる強力な武器はないはずだ。」いかにも、一九六八年という時代を反映しているいきり立った文章ではないか。この山田さんとはそのあと、親しく付き合うことになる。

『季刊フィルム』(フィルムアート社)の創刊号は、ジャン゠リュック・ゴダールの特集で『中国女』のシナリオを採録。二号目も同じくゴダールの『ウィークエンド』のシナリオ採録。両方ともラディカルな映画だ。『カイエ・デュ・シネマ』の同人として特にトリュフォーと親しい山田さんは、初期の『季刊フィルム』のキーパースンだった。知り合ってすぐ山田さんが編集していた『ユニフランス・フィルム』のデザインを手伝うことになり、また、『シネアルバム』の編集にと芳賀書店の社長に、山田さんを推薦したのは私だった。二人で何冊も作った。山田さんは仕事にブックサ言うのが趣味だった。それからワッハッハと大笑いした。

山田宏一は私のダジャレの先生でもある。粟津先生の作品集『粟津潔デザイン図絵』の表紙には、実は二人のダジャレの合作が刷りこまれている。

――富士に月見草　太宰に津軽　（中略）　ゴダールにこだわる　ウォーホールにもうホール
横尾に朝日　一光に後光　千円に原平　お軽に勘平　圭子に怨歌　マリに経験　なおみに
お願い　恋にいのちを　粟津に愛して　（中略）　あじにたたき　ハタキにホーキ　堅気に肌着
腰巻に春巻　物置に狂気　ミシンにこうもり傘　（中略）　帯に短し　三助に流し　樅にも
まれて流れ星　きよしこの夜にさんざ苦労し　とても期限に間に粟津

といった具合のものだ。世相と粟津潔に関わりのある言葉遊びの羅列だった。
山田さんは自主映画の制作直前にくも膜下出血で突然倒れた。相当危険な状態だったらしいが名医の早期の手術で一命をとりとめた。それからは評論一筋（彼にいわせると映画ファンの文章だという）で、フランスから文化勲章を貰うほどの仕事をする。しかし私はやっぱり山田宏一の映画が見たかった。その構想を聞いていただけに今でも残念に思う。

草月アートセンターと『季刊フィルム』が主催する「フィルム・アート・フェスティバル東京1969」は、「フェスティバル粉砕共闘会議」と称する反対派が粉砕の予告をしてきた。審査をしたり、賞を与えたりすることが体制的だという主旨だったように思う。初日、会場の草月ホールには早くから編集委員が集結して、対応を討議していた。きわめてラディカルなアーティストたちが糾弾されるというのが、私には腑に落ちなかったし奇妙だった。午後になるとガラス張りの玄関前にぞくぞくと人が集まってくる。赤坂警察署付近にはすでに何台もの機動隊のバスが待機している。最悪の事態には出動を要請することになっていたのだろう。反対を標榜する金坂健二や、おおえまさのりといった人が到着する頃には、玄関前は黒山の人だかりとなる。私は玄関の内側にいて、いかにも屈強な勅使河原プロダクションのスタッフと一緒に、なだれ込んでくる人々を待っていた。どうして私はこちら側にいるのだろうと思った。路上の車から黒いヘルメットがバラバラと多数放り出された。人々がそれに殺到しヘルメットをかぶったところで、主催者は観念して玄関のドアを開けた。ヘルメットの青年たちがなだれ込んできた。ほとんど私と同年齢の人たちだ。二、三人が体当たりしてきた。咄嗟に体をかわして投げた。バタバタと幾人かが倒れた。私は結構喧嘩が得意だった。

ステージ側にいる主催者と、観客席の粉砕派で激しい論議が始まった。胃を吐き出してしまいそうな緊張感だ。こうした当時流行の「造反有理（異議申し立て）」には以後ずっと違和感を持つことになる。激論の最中、客席の最後部から甲高い、しかし繊細な声が上がった。「カネサカ、お前、卑怯だぞ！」ピアノを弾かせたら随一といわれた高橋悠治だ。場内は一瞬静まり返った。天才アーティストには誰もが一目置いていた。

大学を卒業すると私は鎌倉の稲村ヶ崎に引っ越した。下宿だったが、初めての一人暮らしだ。崖の上の大きな一軒家で、ご主人はときどき帰ってくると、伊豆大島を一望する部屋で一日中

「フィルム・アート・フェスティバル 1968」ポスター
デザイン＝粟津潔

ゴダール監督『中国女』ポスター（1968）
デザイン＝粟津潔

『季刊フィルム』6号表紙
デザイン＝粟津潔

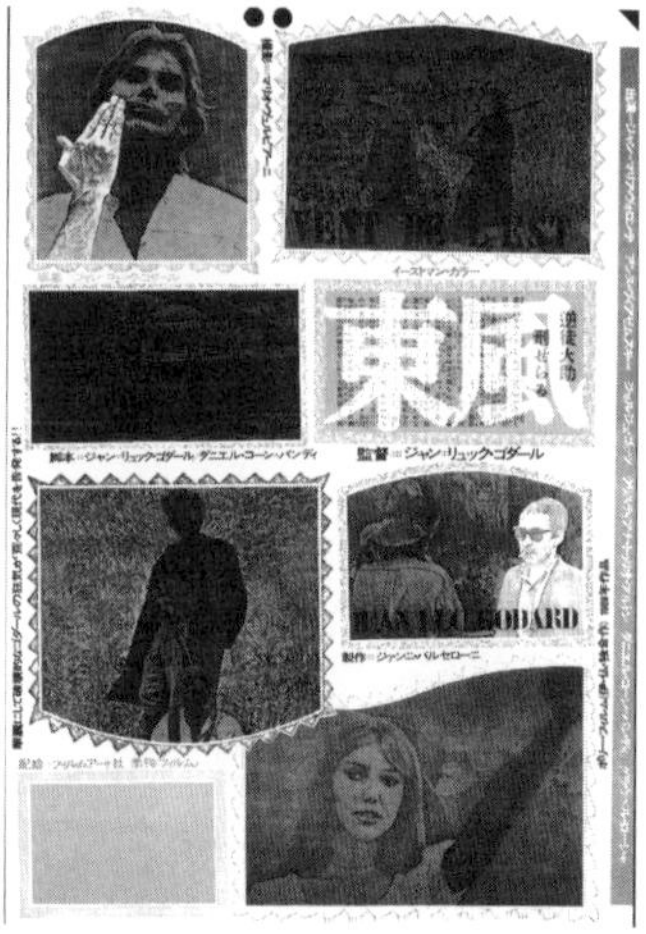

ゴダール監督『東風』ポスター（1970）
デザイン＝粟津潔

『エクスパンデッド・シネマ』ポスター（1970） デザイン＝粟津潔（版下を榎本が作る）

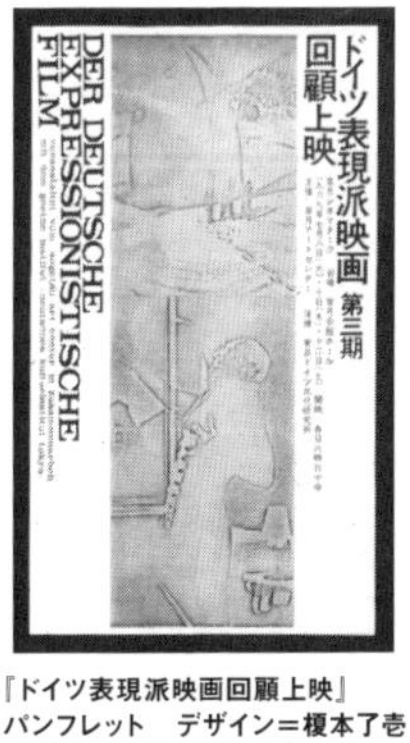

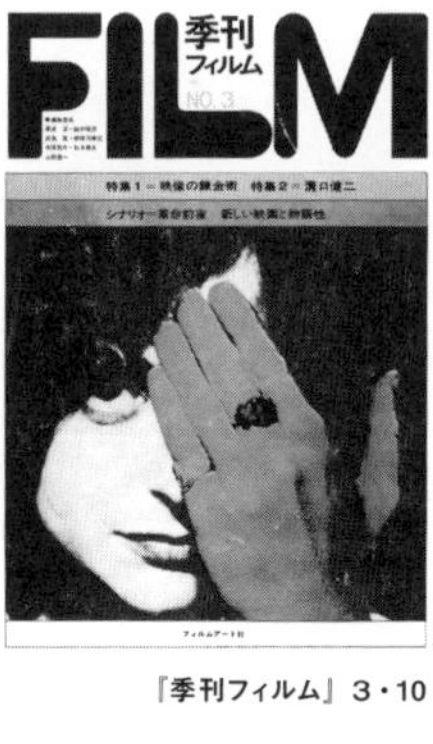

『ドイツ表現派映画回顧上映』
パンフレット デザイン＝榎本了壱

『季刊フィルム』3・10 号表紙 デザイン＝粟津潔

株式市況を聞いていた。私はそこで本を読んだり、文章を書いたりしようと思っていた。隣の部屋にはシモトリ君（たぶん霜鳥と書いたと思う）という同い年の青年が下宿していた。彼は中学校の美術の先生をしていた。私が帰っているときは、買い出しをしてきて、ときどき料理を作ってくれた。大家さんも遅くに帰ってくる私に、夜食を出してくれたりした。私はまったく料理というものができなかったので助かった。

何といっても文芸は川端康成の鎌倉。でも実際には結構忙しくてほとんどは実家の吉祥寺に帰っていた。そんななかで私に密やかな楽しみが出来る。草月アートセンターで働きだしたNさんだ。彼女はアーティストの兄妹を持つ人で、自分も明るい色彩の具象的な油絵を描いていた。楚々とした、しかししっかりとした人だ。ちょっと年上だった。Nさんが鎌倉に住んでいたことから、金曜の夜、あるいは土曜日、ときどき一緒に新橋から横須賀線に乗った。

私たちは鎌倉じゅうを散歩した。桜の満開の建長寺から天園に抜ける山路を、木陰の涼しい銭洗い弁天から切り通しを、蓮の花咲く源平池、その近くの幼稚園の滑り台、真夏の小坪へ続く遂道、ときには小町通りで呑んだ。月の雪夜に、潮風の夏に、それはまるでわが青春の純情小曲集だった。しかしそんな淡い思いもぷっつりと終わりが来てしまう。

パビリオン 5

渋谷天井桟敷館

寺山修司と演劇実験室

怪人テラヤマの逆襲

あるいは母親ハツさんの肖像画

天井桟敷館（ファサード・デザイン＝粟津潔）前の寺山修司（1969）

工事中の埃っぽいその空間は、酸っぱい匂いを発散するベニヤ板を壁、天井に簡単に打ち付けてあるだけだ。裸電球が二、三本ぶら下がっていて周囲を照らしている。「ここが喫茶店になるのね。二階は今いらっしゃった事務所でもう使ってるんですけど、地下が劇場。劇場は黒く塗る予定です」制作の九條さんが言う。九條映子（今日子）は寺山修司と離婚する直前だったはずである。グラマーでほんとに綺麗な人だと思った。「何か小さいね」と、シブちゃんが言う。九條さんのことではない、空間がだ。この下を劇場にするなんて信じられない。二〇坪あるだろうか。しかしこの自動車修理工場跡を改装した地下劇場から、のちに天井桟敷のいくつものレパートリーが生み出されることになる。

私たちは内外装のデザインを依頼された粟津潔の手伝いで、現場を見に来ていた。シブちゃん（渋川育由）、ヨシコさん（鈴木嘉子）、そしてのちに俳優・下馬二五七の女房になるマッちゃん（松井友子）の四人だ。「ソイデ」とその男は言った。「今年中に仕入れシときたいものがありましたら、買いに行きましょう」九條さんの隣に立っていた三つ揃いの職人刈りで度付きサングラスをかけた男が言った。（九八年に萩原朔美が『新潮』に書き単行本になった『「天井桟敷」の人々』に登場するA氏である。）私たちは早速、書も捨てずに町に出た。都電がゴットンゴットンゆっくりと前を走り抜けて行く。

そこは渋谷駅から明治通りを並木橋に向かう左手にあった。陸橋を渡った反対側にはピンクのアマンドがある。街はクリスマスも終わり、年の瀬の慌しさが寒さのなかで凍りついている。『いちご白書』の年（六八年）が一挙に暮れようとしていた。年を越せば私も大学を卒業する。その頃、街にはいつもサイモンとガーファンクルの、映画『卒業』のテーマが鳴り響いていた。その頃、高校からの後輩のKと付き合っていた私は、『卒業』の主人公レイモンドのように、ぼんやりと自分の行く末を決めかねていた。

「お面と、下駄、造花、それに装飾シン……、装飾シンってどんなもんですか？」自分は代々下町育ちの江戸っ子だと自己紹介したA氏は、「品」を「シン」と言った。「まあ、部屋に飾って面白いモンだったら何でもいいんですけど」と、シブちゃんが答える。「どっちにシても、浅草橋とかアッチのほうがいいスよ。メッチャクチャ安いし、ともかく何でもありますから」そっち方面が「蛍の尻」みたいに明るいようで、彼は見かけよりずっと陽気で気さくだった。（調子が乗るとガラスのコップをカリカリ食べたりした。）しかしいかに寒いとはいえ、同い年くらいのA氏が行く道先で、青洟を垂らすのには驚いた。さすがに天井桟敷というのは、とんでもないところなのだと感嘆した。

私たちは寒風の下町の問屋街を、まるでピクニックにでも出かけたように楽しく回り、クリスマス用の、売れ残りの金の天使や、下駄やお面を抱えきれないほど買い込んで、戦勝品を引いて帰る桃太郎軍団のような心地だった。特に下駄屋の店番をしていたどう見ても十代のツルンとした少女が気に入ったA氏と私は、「色が白かった」「ふくらはぎが綺麗だ」と、好みの一致で兄弟になったような親しみを分かちあう。

作業は三ヶ月に及んだ。粟津先生は内装にはほとんど私たちのアイディアを採用し、外装の巨大な看板をデザインした。鼻が大きな時計になっているピエロの顔の半分は棚で、周りじゅうに極彩色に塗られた幾体ものマネキンが散らばっている。先生得意の方位図が左上に、事務所の窓には自転車の車輪をはめ込んだ。まるでいかがわしいサーカス小屋だ。(ピエロのデザインは、のちに三沢市に出来た寺山修司記念館の外壁に少し姿を変えて再現された。)

内装は、入ってすぐ左の壁面が、目玉と天井桟敷の人々をモチーフにした大曼荼羅。これは私が描いた。そして厨房のカウンターがあって、壁に貼られたスリッパを花瓶代わりに造花が差し込んである。角を挟んで下駄のオブジェ、そして銭湯のペンキ絵が北斎の冨獄のパロディで、湯船につかった奇優・濃紫式部が大波に呑み込まれそうになってムンクのように叫んでいる、ヨシコさんとマッちゃんの合作。逆立ちして天井を渡り反対の壁につながるピエロの切り出しはシブちゃん。コーナーを曲がって、装飾品の壁。この辺りにいつも寺山さんは座った。そしてなぜかモノクロのゴリラの写真。これは粟津先生のアイディア。それから等高線状に塗り分け、ドロッピングした絵の具が飛び散るお面のコーナーはみんなで。そして一畳ほどのくぼみに、横尾忠則デザインの天井桟敷の唇マークをプリントした壁を造り、切り出しの半裸体の人魚が二体で目玉を持っている「目玉座」。私はそこで人形劇をやってほしいと寺山さんに頼んだが、実現することはなかった。その頃私が目玉に凝っていたのは、もちろんバタイユの『眼球譚』の影響である。その横がトイレとなっていた。

天井はヴィクトリア時代の発明図録や、神秘主義の図像などを複写して張り巡らした。その作業は萩原の同級生で一緒に天井桟敷に入った山崎博がやる。すでにその頃は退団していて、複写の仕事などしたくないとゴネたが、結局はやることになった。今でもそうだがプライドの高い人なのだ。(この山崎とはのちに、萩原の提案で、TBSに行った安藤紘平らと「家族商会活動所」という、映画制作グループを作ることになる。)店の真ん中には発泡スチロールで作ったジャイアント・ベイビーというデブ人形が立っていた。シブちゃんの労作である。誰もがそうは呼ばなかったが、この喫茶店の名前は「ジャイアント・ベイビー」だった。写真を見ると看板にも確かにそう書いてある。道路に面したガラスには粟津潔得意の顔型に三文判をペタペタ押した白いイラストも描かれていた。もう無秩序で滅茶苦茶である。

完成してからしばらくして、追加したものがある。入り口右のレジのあるガラス窓に描かれた寺山さんのお母さん、ハツさんの等身大の肖像だ。誰の提案だったのか、ともかく着物姿のその絵はお母さんをモデルにきちんと座らせ、何日かかかって私が描いた。とても綺麗に描けたので、怖いと評判だったお母さんも、私に対してはそれからずっといつも優しかった。しかし客のほうは店に入ってみると、ガラスの絵と同じ人物がレジに座っているのだから、大抵はびっくりする。しかもお母さんはその席からけっして離れようとはしなかった。

開店当初は、芝居を見に来た文化芸術系のセレブリティが引きも切らず訪ねてきて、それだけでもひとつのセンセーションになっていたけれど、そのうち店の手伝いの団員たちと、母親ハツさんとのあいだに確執ができて営業がうまくいかなくなり、じわじわと土日になると近くにある場外馬券場に押しかける競馬ファンのための、競馬テレビ実況喫茶になってしまった。そして天井桟敷館自体も契約切れと同時に、麻布十番に引っ越してしまう。

天井桟敷館のこの作業には私たちのほかに何人かの人が手伝った。ギッチョン（野呂さん）もそうだし、入団したてのカルメン・マキもペンキ塗りをさせてほしいとやってきた。なかでも九條さんから「寺山の友人なのでよろしく」と紹介された藝大生のウスキさんは、日本画を専攻しているだけに筆さばきがいい。ほっそりとした色白の美しい人で、ベレー帽などを被っていて小さい声でおっとり話した。いつも頰のあたりがちょっと微笑んでいて、少女コミックに出てくる深窓の令嬢といった印象が素敵だった。この仕事が終わってしばらくして、ウスキさんは体を壊して入院した。私がお見舞いに行って紅茶を入れてあげると、「おいしい」と言って目を細めて喜んでくれた。少しして退院したからと、赤堤の家に呼ばれる。大きな日本家屋のお屋敷だった。ウスキさんの部屋には膠《にかわ》の匂いがした。臭かったがすぐに馴れた。お母さんは恰幅のいい粋な人で、私はたいそう高価なウイスキーをたくさんいただいてフラフラに酔った。心配して帰り道の途中までウスキさんは付いてきてくれた。

作業中にはほとんど現場に現れることのなかった寺山さんだったが、しばらくしていろいろ話す機会が出来てくる。私が詩集を出していたことや、『季刊フィルム』のバイトをしていることなどに、寺山さんは興味があったようだ。「どんな詩人が好きか、『季刊フィルム』の編集委員はどうか」などと質問された。私は詩誌『かいぶつ』を始めた一九六三年頃から『現代詩手帖』に連載していた寺山さんの作品を読んでいた。これがロートレアモンの『マルドロールの歌』の構成を模していたりして、寺山さんの詩作にある種の疑惑と抵抗を感じていたのかもしれない。だから寺山さんと詩の話をするのが苦手だった。しかし後になって考えてみると、寺山芸術は、多かれ少なかれほとんどがそうした模写、引用、剽窃のコラージュで彩られている。共感と反逆、逆襲と回帰が、偏執狂的博覧強記的に構成されていて、創造のオリジナリティなどというものをほとんど冒瀆し、叩きのめそうとするぐらいの、勢いで描かれているのだ。

六九年春、天井桟敷館の柿落としの『時代はサーカスの象に乗って』(萩原朔美・演出)も、再演、再々演と好調だ。そして『季刊地下演劇』という演劇理論誌を創刊するから手伝ってほしいと言われる。早速にロゴタイプを作って見せると、寺山さんはじっとそれを見ていてぽつりと言った。「エノモッちゃん、これは〈地方演劇〉と読めるね」「下」の、と「演」の氵をつなげてデザインしているので、そう見えたのかもしれない。世界のアンダーグラウンド・シアターの理論武装をしようというのに、ドメスティック・シアターでは困る。しかも世間ではこの異才・寺山修司をどこかで「青森県出身者」として蔑視攻撃しようとする雰囲気が多分にあった。だからなおのこと寺山さんにとって「地方演劇」では困るのだ。けれども私が「そうは読めないと思う」と言うと、寺山さんはそれ以上のことを言わなかった。

この『季刊地下演劇』は、その創刊（六九年）から登場していた劇団駒場主宰の芥正彦が、四号（七一年）を『ホモフィクタス』というタイトルで編集ジャックする。寺山修司という人の面白さ大きさはこういうところなのだ。大政奉還をあっけなくやってしまった徳川慶喜のように、自分の大切なものを簡単に手渡す。もちろん寺山さんが芥正彦という若い才能を評価していたからではあるけれど。この芥正彦は、三島由紀夫が東大全共闘と東大教養学部で激論したとき（六九年）の、最も過激な発言者である。芥は自分の小さな子供を肩に担いで壇上にいた。天才の名を欲しいままにする狂気を秘めた能力を持った男だった。（YouTubeの「三島vs東大全共闘」を開くと当時の芥正彦を見ることができる。）『季刊地下演劇』四号はなんと、ほとんど5から6ポイントほどの小活字で、六四〇ページに及ぶ言語の叛乱となった。

この「ホモ・フィクタス」は、黒川紀章が一九六〇年代に「ホモ・サピエンス」（思考する人間）からの発想で提唱した「ホモ・モーベンス」からの転用のように思える。芥の兄が建築家で、芥自身の風貌も、黒川紀章と共通する鋭角なシルエットなのだ。黒川紀章の二十世紀型人類の姿を捉えた「移動する人間」論を、芥正彦は「虚構する人間」論へと改竄する実験に挑んだのではなかったろうか。

次の五号（七二年）でも「ホモ・フィクタス宣言」七〇ページが極小の活字で続いた。レイアウトは私に戻っていたので、その頃仕事場になっていた代官山猿楽町のマンションに芥正彦は深夜、原稿を持ってやってきた。そして私の本棚から『マルドロールの歌』を見つけると、それを大声で延々と朗読するのだ。たった一人の観客である私は、仕方なく仕事の手を休めて聴いた。今考えれば、ずいぶん贅沢なことだったと思うのだけれど。

それにしても、私がウスキさんの家に遊びに行ったことがわかると、寺山さんは急にそれとなく遠回しに何度もいやみを言われた。最初は冗談かと思っていたが、ウスキさんとのことはほんとにけっこう気に障ったらしい。でも謝るわけにもいかないし、弁解することもない。今度はわたしのほうがどうしようもなくて困った。

寺山修司は若い才能が好きだった。私もその一人に加えてもらえた。『季刊地下演劇』や『アメリカ地獄めぐり』（芳賀書店・六九年）のデザイン、映画『書を捨てよ町へ出よう』（七一年）や、ヨーロッパ公演の美術、そして『寺山修司全歌集』（風土社・七一年／沖積舎・八二年）の装

天井桟敷館 1 階喫茶店『ジャイアント・ベイビー』で執筆する寺山修司 (1969)

1 階喫茶店『ジャイアント・ベイビー』のレジに座る寺山ハツ　榎本の描いた着物姿のハツさんが見える

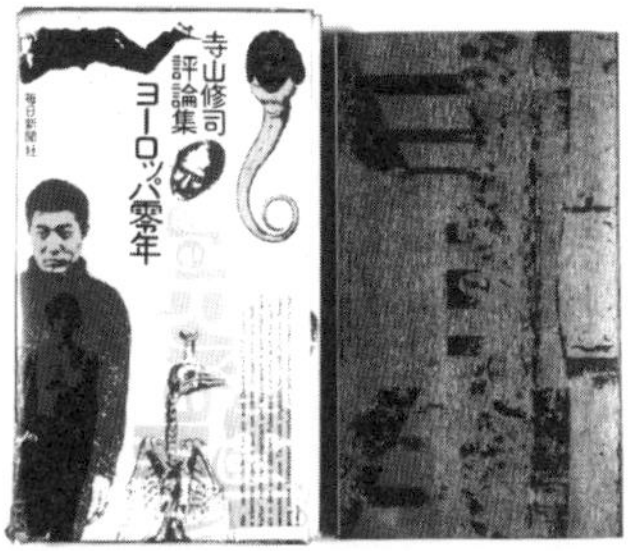

寺山修司『ヨーロッパ零年』(1970)
デザイン＝榎本了壱

寺山修司『アメリカ地獄めぐり』(1969)
デザイン＝榎本了壱

1階喫茶店『ジャイアント・ベイビー』の内部にあった「目玉座」
制作＝榎本了壱

『季刊地下演劇』創刊号・2号・4号(1969―70) デザイン＝榎本了壱

丁等々、いい仕事のチャンスをたくさんいただいた。最後は寺山さんの青山斎場での葬儀の祭壇までデザインさせてもらったのだから、ウスキさんのときの意地悪くらい、大目に見なくてはいけない。

そういえば、一緒に内装を作っていたマッちゃんは雪の降るある日、アマンドへ渡る歩道橋の上で花束を持った下馬二五七に待ち伏せされて、そのまま結婚してしまった。寺山さんは初めて仲人をした。その宴会の司会をしたのが、例のA氏だった。その進行ぶりたるや「ひ」を「し」と言わないように緊張したのか反対に「ヒン郎ヒン婦」と紹介してしまう。ついには「ウェディングケーキ」ではなく「ウェディングドレスにご入刀」とやらかす始末であった。冗談でなく場内は騒然となった。その彼が、どうしたというのだろう、五十歳で自死してしまった。青洟を垂らした江戸っ子のかいぶつだった。

パビリオン 6

鬼六緊縛館

団鬼六と芳賀書店社長

緊縛写真集の変態生写真に思わず生唾を飲み込んだ

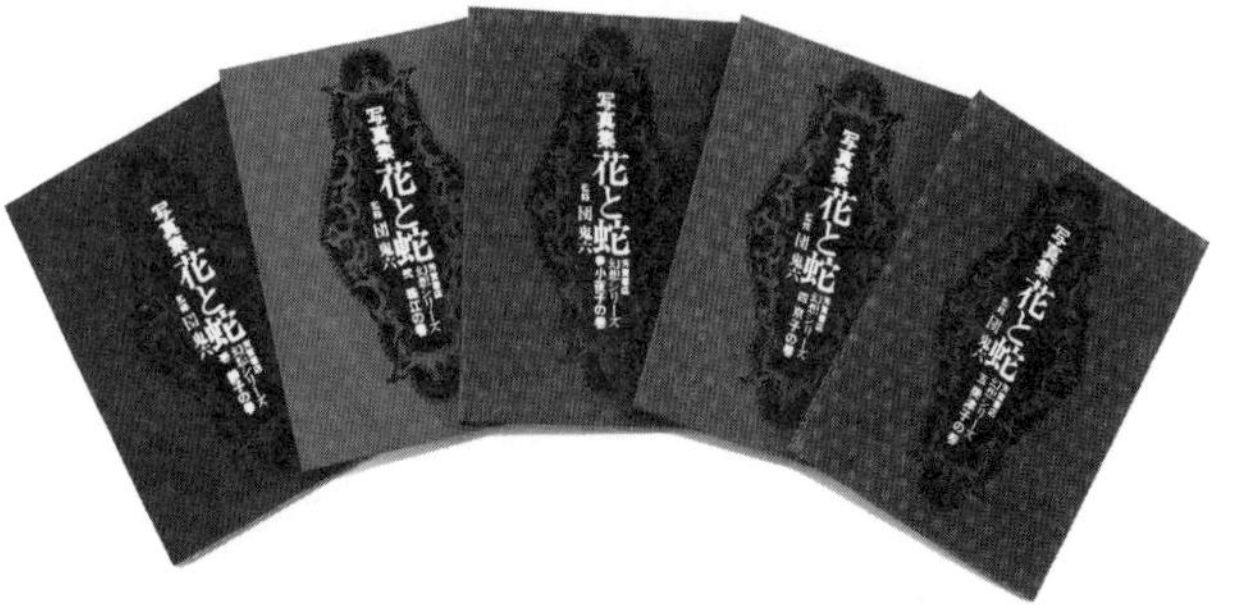

団鬼六『写真集・花と蛇』全5巻（1970—72） 装丁＝榎本了壱

仕事というのは、セーター編みみたいなものなのかもしれない。ひとつひとつの仕事が一日一日、編み棒の動きのようにからんでいて、時間がたってみると、なんとなく自分の体形をしたセーターに仕上がっている。そんなふうに感じる。骨や肉になるといったら大袈裟だが、漠然とした自分を成形しているように思う。仕事は単に能力や労力を提供するものではなく、やはり自分を作っていく、そんなものだと思う。

「エノさん」と、芳賀章社長は言った。「もっと、仕事したくはないですか」そう続けた。寺山さんの『アメリカ地獄めぐり』(六九年)ができ上がった時だった。(この本は、粟津潔によって朝日新聞の「今年のベスト5」のデザイン部門に選ばれていた。)大学を出てすぐ、遊んでいるのか、仕事しているのかわからないような私を見て、心配してくれたのだろう。しかも社長は帝美(武蔵美の前身の帝国美術学校)の日本画の出身だったから、私の先輩筋になる。可愛がってくれたのだろうし、幾分かは仕事を評価してくれたのだと思う。

「キンバクなんてどうですか、興味ある?」そう言われて私は日本画の「金箔」を想像した。なにしろ少年時代から「琳派」の心酔者だったくらいだから。「オニロク先生のキンバク写真集がえらく評判がよくてね、これが売れてるんですよ。ひとつやってみませんか」

「キンバク」とは、縄でギリギリ縛りつけるあの「緊縛」だった。それも噂の団鬼六モノである。その頃台頭していた小劇場運動のなかでも、寺山さんの天井桟敷や唐十郎の状況劇場は、なぜか「アングラ」と呼ばれていた。（もちろんアンダーグラウンドの略称である。）風俗的でスキャンダラスなぶんだけ差別されていたのかもしれない。天井桟敷ではまだ成熟していない乳房の女の子たちも、勢いよく服を脱いだ。裸は「アングラ」のシンボルだった。しかしそのぶんだけ人気もある。かと思ったら今度は「キンバク」である。私の人生もいよいよ行くとこまで行ったなという感じになった。悲しいやら、おかしいやら、想像だにしなかった思わぬ展開である。このときから私は「人生は他人が決めてくれるもの」だと思うようになった。私は一呼吸おいて芳賀社長に「やります！」と元気に答えた。

考えてみれば、私はそのときまでに『悪徳の栄え』や『新ジュスチーヌ』など、ＳＭの原典ともいうべきマルキ・ド・サドの本を結構読んでいた。もっとも訳者である澁澤龍彦に傾倒していたからということもあったけど。あるいはアンリ・バルビュスの『地獄』、ユイスマンスの『彼方』など、結構高等な変態文学も好んで読んだ。その「気」はなかったとしても、興味だけは十分にあったといえる。つまりこの世界がいかなるものかは、書物のなかではあったが、一応理解していたつもりだった。

神田神保町にある芳賀書店は、いかにも昔ながらの古書店といった佇まいの細長い木造家屋で、当然お婆さんや子供たちも一緒に住んでいる。薄暗い階段を上がった一部屋が編集室になっていた。（その頃、日比谷か、九段の高校に通っていた息子さんが、のちにビニ本界の風雲児としてニュースになる人だ。）芳賀書店はぞっき本などで客を集めていたが、芳賀社長の才覚で出版に成功し、寺山修司の本などを出すまでに力をつけていたのだ。

早稲田にも一戸建ての家を改装したような倉庫があって、いつも一人二人の人が在庫本の整理をしていた。その二階が畳敷きの編集室になっている。なにやら学生運動家たちのアジトみたいで、そう思って見ると倉庫番の男たちは見張り要員にも見えなくない。そこで第一回の編集会議が始まった。

大きな茶封筒からバサッと畳の上に写真が投げ出された。写真を撮った五十がらみのその人は、この手の趣味嗜好、性向がいつしか彼をプロにさせてしまったという感じで、どう見ても写真家には見えない。「この縄目の跡、それからズロース、ブラジャーのゴム目ね、大切。鳥肌出てるでしょ、凄く出てるでしょ！」こうしてマニアが好むポイントを教えてくれる。納屋の奥に筵が敷かれそこに鴇《とき》色の蹴出《けだ》し姿の女性が、麻縄にくくられた乳房をへちまのように歪めて、苦痛に身をよじり、恥辱に顔を崩している。私はわかったようにうなずく。

写真には簡単なストーリーがあって、その物語と演出を鬼六先生が担当しているわけだ。写真は確かにへただ。しかしそのぶん、生写真の持つ妙な臨場感がある。わざとらしく置いてあるオマルや、責め道具の類も、その手の悪戯を本気でやっている無知な偏執性を感じる。もちろん当時はヘアなど解禁してないから、極力、撮影の段階で写り込まないように工夫しているのだが、出ていれば出てるで生っぽいのだ。そんな写真を何百枚も抱えて家に帰り、親に見つからないようにひとりで夜中じゅうレイアウトする。考えてみると第一番の被虐者はどうも、うぶな二十二歳の私だったようだ。

レイアウトが済んだところで、鬼六先生に謁見ということになる。渋谷の桜ヶ丘にあったマンションの鬼プロダクション事務所で、団鬼六は、すでに巨匠のような風格があった。長髪に黒ブチの太《ぶ》っとい眼鏡で着物を着たまだ三十半ばの鬼六先生に謁見する。細かいことは何も言わずに「はいはい、よろしい」と、いとも簡単に決裁する。それどころか来客が引きも切らず、なんだか凄い風俗な女性が三人入ってくると、モデルだと言って鬼六先生に謁見する。「じゃ、カメラテストね」と言うと、スタッフの一人がカメラを出してその場でバシャバシャ撮る。スタッフの風体も怖い。団鬼六自伝『蛇のみちは』（幻冬舎アウトロー文庫）によると、そこにはあのたこ八郎が、俳優兼用心棒でいたことになる。しかも緊縛写真集は、一本二〇〇万円程度で作っていたピンク映画の撮影の片手間に撮っていたという。しかし結果としてそれが膨大な利益を生み出していくことになるのだ。

団鬼六は目黒に大きな自邸を持っていた。そこには渥美清や立川談志といった人がよく出入りしていたという。私は行き合わせたことはなかったが、そちらにも何度か伺った。そこで「面白いもの見せてあげるね」と言って、ビデオを見せてもらったことがある。編集の打ち合わせをしている和室の大広間にいる若いカップルが写っている。撮影しているのは鬼六さんで、もちろん画面はモノクロである。すると女の子のほうを脱がせだし、それを鬼六さんが縛る。男のほうは所在なげに立っている。すると男のほうも裸になって縛られる。鬼六さんは当然女の子のほうを悪戯する……。そこに奥様がお茶を持って打ち合わせの部屋に入ってきた。鬼六さんはプツンとビデオを止めた。

鬼六さんはいつも優しい人だった。ちょっとおどおどしたように話すのだが、それが演技なのか、地なのか、私にはまったくわからなかった。「いやもう、私はそんな……」なんて言い方をよくしたが、私にはどうしても信じられなかった。縄と蝋燭とオマルを手にした途端、きっと人格が急変するのだろうと信じていた。

芳賀書店からの緊縛写真集は、宇野亜喜良の紹介で篠山紀信が撮った『緊縛大全』を最後に五〇冊ほどで終刊する。そのうちの十数冊を私はデザインした。なかでも団鬼六の代表作『花と蛇』の写真版全五巻は、私の二十三、四歳のときの思い出深い仕事である。当時一冊一〇万円のデザイン料だったから、ずいぶん稼がせていただいたことにもなる。

一九九八年、秋田で「日本文化デザイン会議」が開催されたとき、久し振りに鬼六さんと再会した。出会いから三十年がたっていた。その頃ちょうど鬼六さんは、週刊誌に書いたバイアグラ体験レポートで渦中の人だった。そして昔の写真集のレイアウトをしていた若僧のことな

「こまち夜楽」のネーミング

平安の女流歌人で絶世の美女として今日までうたわれている「小野小町」に由来しています。

小町は、出羽国（秋田県）雄勝《おがち》郡に郡司としてやってきた小野朝臣《あそん》良実と土地の村長《むらおさ》の娘との間に生まれました。十三歳の頃、父と共に都に上り、その後二十年ほど宮中に仕えて、時の帝から寵愛を受けました。輝くばかりの美しさと、すぐれた歌才（六歌仙、三十六歌仙にその名を残す）が京の人々の大きな評判でした。華やかで雅な京の生活から、身を隠すように故郷に帰った小町には、そののち、深草少将からの求愛をはじめ、多くの伝説が生まれました。

「小町」の名は、秋田を代表する銘柄米「あきたこまち」や秋田新幹線「こまち」などに親しみを込めて使われています。

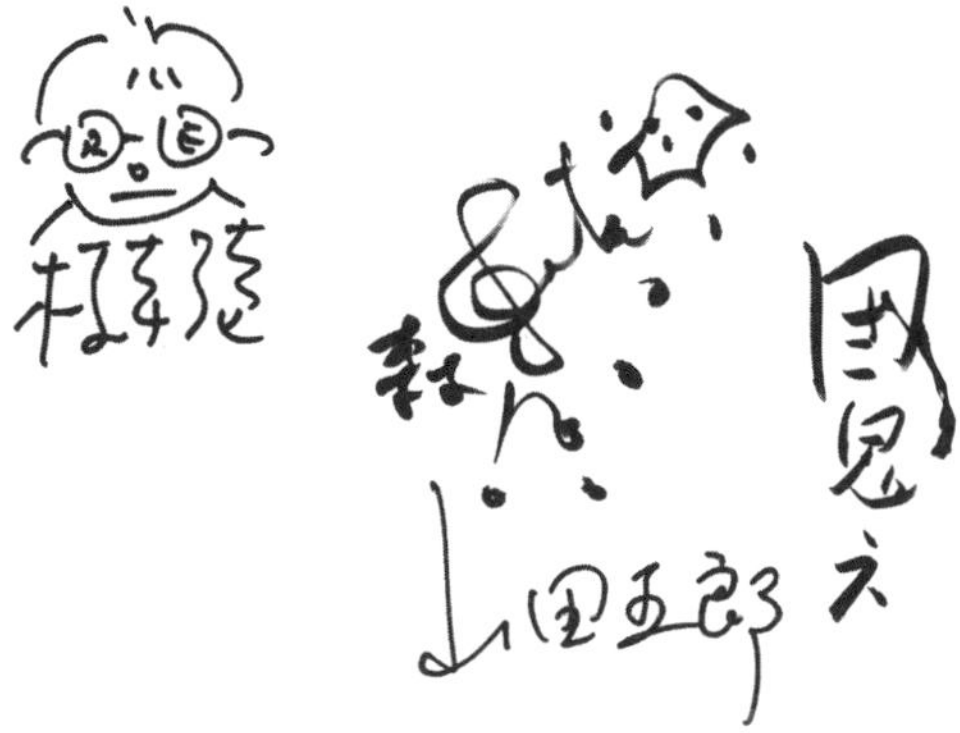

日本文化デザイン会議 '98 秋田　こまち夜楽・榎本塾　集合写真の扉内側に寄せ書きしたサイン

こまち夜楽・榎本塾　集合写真　前列左より６番目　あがた森魚、団鬼六、榎本了壱、明智伝鬼、山田五郎（1998）

ど、とっくに忘れてしまっているようだった。しかし私がしつこく昔のことを話すと、「そうでしたか」と懐かしそうにして、夜遅くまで一緒に呑んでくれた。

翌夜、私の企画した「こまち夜楽・変態夜話」というのがあった。大鵬親方の女将さんの実家、「榮太郎」というちゃんこ旅館で食事をしながらの座談に、定員三〇人のところ倍の人が集まってしまう。この出席者が私と鬼六さんのほかに、名代の縄師・明智伝鬼、「赤色エレジー」のあがた森魚、その頃オシリ研究家を自称していた山田五郎。私は伝鬼さんに初めから縛ってもらうつもりで、本物のM嬢を用意してもらっていた。しかし女性客が半分はいるのだ。そんなことをしてセクハラなどと騒がれたら大変なことになってしまう。しかし私は腹をくくった。「伝鬼さん、お願いします」と言うと、誰からともなく部屋の電気がいくつか消された。キュッキュッと縄の走る音、無言で縛り込む伝鬼さんに代わって、鬼六さんが軽妙に実況中継を始める。女性の紅潮した豊かな胸が、縄の下の着物を剥かれるようにして削ぎ出される。指で虐められると激しく痙攣する。声を漏らす。場内はこの一人の女性の絶頂感に固唾を飲んだ。すべてが終わると思わず拍手が起こった。みんながひとつの陶酔を共有したようだった。私たちが経験したことのないような、深い快楽の瞬時に鬼六さんは立ち合いつづけてきたのだろう。そう思って振り返って見ると、鬼六さんは案外キョトンとされていた。「さあ、伝鬼さんに縛られたい人！」と、私が冗談で参加者に問いかけると、四、五人のご婦人から勢いよく手が挙がった。そう、あのときの縄のかいぶつ明智伝鬼も、その後しばらくして逝ってしまった。

パビリオン 7

ダンスダンス館

『蛞蝓《なめくじ》姫物語』とモワティエ舞踊会

ダンスはエロスの隣国
不思議な国でありす

『DANCE MODEL #1』チラシ (1977)　デザイン＝榎本了壱

長兄が突然、日本舞踊を始めたのは、私が五歳、長兄十六歳のときだった。家から一キロほど離れた井の頭公園の近くに稽古場を持つ、花柳徳兵衛の門下に入った。徳兵衛という人は、家元制度のもとに成り立つ何かと締め付けの強い邦舞の世界では、かなりな異端児で、社会主義的な思想の創作舞踊を発表したり、のちに日本の民俗舞踊の採集をして劇場舞踊に再生する、あるいは中国の民俗舞踊にまで手を出すといった改革派、前衛派だった。

しかしこの頃、一九五〇年代、芸術舞踊の世界では、石井獏をはじめそうした社会派の創作舞踊が流行もしていた。それが前衛的と思われていた。今でも現代舞踊（モダンダンス）の世界ではこうしたスタイルを継承する、旧態依然とした舞踊家も少なくないが。徳兵衛は日本舞踊家というよりも芸術舞踊家を目指していたのだと思う。そればかりか徳兵衛のチャレンジは、例えば商業劇場の新宿コマ劇場で公演したり、わざわざ歌舞伎座を借り切って新作を発表したりした。そのたびに私は母に手を引かれて見に行った。

こうした挑戦的な徳兵衛の行動は、「洋舞の石井獏、邦舞の徳兵衛」と対比され、先鋭的な文化人としてテレビのクイズ番組の解答者や、『紅白源平歌合戦』のような番組の審査委員長として出演するようにもなる。あるいは民謡番組や、歌番組のバックの踊りなどもずいぶん作る。長兄もそんなテレビ番組に結構出ていた。当時「シスターボーイ」として人気の丸山明宏（のちの美輪明宏）も徳兵衛の門下生にいた。

美輪明宏さんとは、寺山修司没後十五年目（九八年）のパルコ劇場で開かれた映像展でトークをご一緒したが、そのとき長兄の話をすると、「そうなの！」と、ずいぶん驚かれた顔をされた。そういえば、美輪さんはそのとき、確か『椿姫』と『黒蜥蜴』の舞台を控えていて、体重が増えていることを大変気にされていた。「太った椿姫なんてありえないじゃない！」どうしたことか私もちょうど、ダイエットにはまっていて、アメリカで作られたダイエットドリンクを飲んで、三ヶ月ほどで七キロ減量していた。その話をしてドリンクパウダーを手配することになる。しばらくして東京駅でばったりと美輪さんにお会いしたので、「ドリンクはどうですか？」と伺うと、大きな目をされて「アレは駄目！　心臓が止まりそうになるのよ！」と言われた。私は慌てて「それは絶対やめてください！」と念を押した。私が推薦したダイエットで、美輪明宏にとんでもないことでも起こったら、それこそ一大事である。

長兄も初めの頃は、『松の緑』だとか『北洲』、『越後獅子』といった、長唄、常磐津、清元の邦舞では定番の出し物を稽古していたようだし、自分が教えるようになってからも基本は古典舞踊だった。しかし名取りとなり伊千兵衛として公演活動をするようになると、徳兵衛の薫陶をよく受け、創作舞踊と民俗舞踊を中心に活動するようになる。現代音楽を作曲してもらっての創作、モダンダンスの連中との共演、人形劇の振付、はては寺内タケシ&ブルージーンズの生バンドで民俗舞踊公演をしたりした。

家の畳の間が板張りに変わり、やがて庭を半分つぶして檜の柾目板を張ったお稽古場ができる。家には頻繁にお弟子さんが通うようになる。私は門前の小僧で少し板の上に乗った時期もあった。

よく文章を書いたり絵を描いたりしていた私に伊千兵衛が、子供たちの新作台本を書かせてくれたのは十六歳のときだった。以降、創作の台本、演出そして美術とずいぶんさせてもらうことになる。伊千兵衛としては金もかからず、注文のつけやすい座付き作家を抱えているようなもので、重宝していたのだと思う。しかしこうした経験はのちの私にもプラスになっていく。

余談だが、手書きの詩集を贈ったJも、初体験の相手の六歳年上のKさんも、長兄のお弟子だった。ダンスはエロスの隣国、不思議なエネルギーに支配された自己愛の帝国なのだ。

美術評論家のヨシダヨシエを介して池宮信夫に会った。一九六九年のことだ。彼はフリージャーナリストで舞踊評論家、演出家でもあった。「私も『アゴーン』というダンスの雑誌を計画しているんですが、手伝ってもらえませんか」と言う。演劇理論誌『地下演劇』の編集デザインの仕事を見て、声をかけられたのだ。「アゴーン」は、ロジェ・カイヨワの説く遊びの四つの分類、「アレア=偶然」「ミミクリー=模擬」「イリンクス=眩暈」の「アゴーン=競争」である。

「何でもハイ！」の時代の私はすぐにロゴタイプのデザイン、レイアウト用紙などを制作するが、結局資金不足で計画は頓挫してしまう。しかし何度かの打ち合わせのとき、長兄のことや、私が白河遊希という筆名で、『紅蛇竹林』（六七年）『丹塗りの空穂舟』（六九年）などの舞踊台本を何本か書いていることを話すと、それなら自分が中心に活動している舞踊会の台本を書いてみないかと言う。池宮さんにしてみればほんのご愛想の方便だったのだと思う。しかし「何でもハイ！」の私は、早速数日後に原稿用紙三二枚の舞踊台本を書いて手渡す。小品の台本を考えていたのか、池宮さんはその枚数に瞬間、驚かれた。

モワティエ・モワティエ舞踊会は、その名のとおり「モワティエ」はフランス語で「半分」の意味、つまり、「半分半分」制作費をみんなで割勘にしましょうという、変な民主主義のグループだった。しかも中心的な人たちはいても常にメンバーが変わる、リゾーム状の集団なのである。このグループの人たちに池宮さんは私の台本をどう説得したのか知らないが、結局その年（六九年）の演目に決まった。それが『蛞蝓《なめくじ》姫物語』で、「略奪と混乱の十四行詩＝グロテスク・メルヘン」と題された詩が核になっている。

夜もすがら錬金薔薇の殿堂は（マルキ・ド・サド侯爵の幻影とデカ・ダンス）
十二の乳房の狂い咲き（レスボスはバッハのフーガに彩られて紫檀の柩に幽閉される）
山羊に引かれて昇天峠（カルメン・マキと剥製の山羊のフォークソング）

母さんあれが二重橋（島倉千代子母子が書き割りの二重橋前で唄う演歌）
安息日のジングルベルから遠く離れて（L・ブニュエルと青いポリエステルの盥）
グレゴールの場合はあまりにもおかしく（F・カフカと虫に変身したエアチェア）
サーハンは電気椅子で（暗殺者は電気椅子に、R・ケネディの仮面の複数の男達は）
ロバと老婆とロバートの歌を唱いながら（J・プレヴェールの王様とロバと私の剽窃）
桃色地平線の彼方（農夫の鋤、鍬は蛞蝓姫を暴行するが脱皮した姫に反対に食われる）
ジャガイモ畠でつかまえて（J・D・サリンジャーのライ麦畑のその向こう側で何かが）
ジャン！　ウイークエンドに白鳥と寝たのはダレダ！（ゴダールの週末の終末論）
おお！　さすらいのガンガール（グラウベル・ローシャの革命劇はブラジルの果てで）
これが最後の市街戦（空想のゲリラではなくジュラルミン盾を越えた騒乱節・謝肉祭を！）
きのうのに続く今日あした（ザ・ビートルズとアン真理子が唄う昨日と明日）

何だか滅茶苦茶なモンタージュだ。わかっていることといえば、当時二十二歳の私がこだわっていたいくつかのボキャブラリーが、脈絡もなく結合されているということである。案の定、共同演出という手法で始まったリハーサルは、大モメにもめる大混乱となってしまった。メンバーは池宮さんのほかに、三浦一壮、矢野英征、渡辺朱美、渡辺元、村井千枝、堀切叙子、江原朋子、則武康代らダンサーのほかに「フォークゲリラ」というバンドも入り、総勢五〇人を超す大人数。クリスマス前から四日間上演した会場は、なんと荻窪にある光明院というお寺の地下にある葬儀用の観音ホール。最後には発煙筒がたかれオートバイが会場をグルグルと走りだすというとんでもないものになった。

リハーサルのフラストレーションが一挙に爆発してしまうほどの騒乱ぶりである。私も見ていてなんかおかしいやら怖いやら、奇妙な気分だった。寺山修司も見に来てくれた。しかしそんな爆発の仕方が功を奏したのかもしれない、モワティエ・モワティエ舞踊会は翌一九七〇年、第一回舞踊批評家協会賞を受賞してしまう。ちなみに同時に受賞したのは、厚木凡人、チャイコフスキー記念東京バレエ団、森下洋子、笠井叡だった。

この公演をきっかけにダンスの仕事がきた。当時『O嬢の物語』や『愛奴』などセンセーショナルなエロスのダンスを発表していた、伊藤ミカから呼び出しがかかった。下北沢の喫茶店で会うと、しなやかな大きな身体から凄い妖気が漂っている。ご主人は異端の男色誌『薔薇族』の編集長・伊藤文学氏だ。「レストラン・シアターでダンスを常打ちしているが、台本を書かないか」と言う。ついに「アングラ」「緊縛」「ホモ・レズ」である。

しかしそこでもめげずに私は「なんでもハイ！」の返事をした。ところがどうしたことだろう！その直後、伊藤ミカは自宅の風呂で眠ってしまい、沸き立つ湯船に身体を溶かすほどの状態で亡くなってしまった。彼女らしい死だと思った。葬儀では宇野亜喜良が舞台用にデザインしたデコラティヴな柩に遺体が収まっていた。しかもその柩が大きすぎて、焼き場の窯に入らないで大騒ぎだったと聞いた。O嬢に化けたかいぶつを、どうやって焼いたのかは今でも不明である。

それからエロスの画家・古沢岩美の息子、俊美に会った。彼は建築家だがその頃はダンスの写真を撮っていた。現在は舞踊批評家でもあるが、彼の紹介で現代舞踊協会（その頃は芸術舞踊協会といっていた）の広報部長だった志賀美也子さんに会う。新人公演のポスターなどを頼まれて、以後何年かを制作する。旦那様がのちに現代舞踊協会の会長になる平岡斗南夫氏で、鹿児島生まれの酒豪。薩摩焼酎をしこたま呑まされてフラフラになったときに介抱してくれたのが、門下生の田中泯だった。大きな優しい男だった。

渡辺朱美、元との出会いから、その先生の渡辺孝さんの公演台本『聖者が街にやってきた』なども書くようになる。自分でも天井桟敷にいた林檎童子のプロデュースで、三百人劇場を借りて、「DANCE MODEL」という自主公演を一九七六年から三度やった。ダンサーは江原朋子、渡辺元、斎藤淳子。厚木凡人、志賀美也子さんにも作品を作ってもらう。音楽は、今は長くパリに在住する怪人・名古屋忠利や、ムーンライダーズの岡田徹に作曲してもらった。それから厚木凡人の秘蔵っ子で、当時私がまったく追っかけ状態の、本当にシャープでソリッドな魅力的幻惑的なダンサー菊地純子とは『緑の谷からの生存報告』（七五年）という作品を一緒に作った。そしてトリッキーでファニーなダンサー江原朋子の作品も手伝うようになる。平岡・志賀舞踊団の人気ダンサー、花輪洋治の作品も何本かやった。二十代のときに東京文化会館の大ホールでも、二度作品の台本・演出をしたこともある。リハーサルで客席のやや前方中央に座り、ダンサーに指示を与える瞬間はさすがに「やった！」という感じだった。

こうしてダンスとの関わりが広がっていった。私を舞踊批評家協会に誘ってくれた市川雅《みやび》さんのことも忘れがたい。雅さんがサポートして、厚木凡人さんが中心になって開催した西武劇場（現・パルコ劇場）の、トリシャ・ブラウン、シモーヌ・フォルティ、デイヴィッド・ゴードン、スティーヴ・パクストン、グランド・ユニオン、花柳寿々紫、厚木凡人らが出演した「DANCE TODAY '75」（七五年）は、アメリカのポストモダン・ダンスの初上陸であったし、その衝撃はまさにモダンダンスの崩壊を目の当たりにしたような印象だった。そして「アメリカン・ダンス・フェスティバル（ADF）1986」も雅さんが実行委員長になって開催した。しかしこの市川雅も道半ばの癌闘病に倒れる。

パルコでも「東京ダンス計画」（八六年）という連続公演をした。これは中沢新一、橋本治、川崎徹、三浦雅士、ねじめ正一などといった人たちにモダンダンスのスタジオ・パフォーマンスを見てもらってトークをする、今では当たり前になったアフタートークのさきがけのような計画である。現在は、そのなかの三浦雅士、川崎徹と一緒に、十数名の評論家、研究者、プロデューサーと日本ダンスフォーラム（JaDaFo）を創設して、二〇〇七年には日本ダンスフォー

左から榎本了壱、勅使川原三郎、アラーキー（荒木経惟）　乃木坂の事務所で（1987）

荒木経惟『FOTO TANZ　勅使川原三郎・宇宙』（1990）
デザイン＝榎本了壱

勅使川原三郎公演『月は水銀』ポスター（1987）
撮影＝荒木経惟　デザイン＝榎本了壱

ラム賞を制定した。第一回目の受賞者は白井剛、遠田誠、矢内原美邦。第二回目の受賞者は黒沢美香、井手茂太、佐東利穂子の三人である。

一九八七年、勅使川原三郎のスパイラルホールでの公演、『月は水銀』のパブリシティデザインの依頼が来た。イラストレーターの原田治さんからだった。原田さんは洋画家の宮田重雄さんに私淑していて、その孫娘が勅使川原三郎のダンスパートナー宮田佳である。そんなつながりでの話だった。私はその以前から勅使川原三郎のダンスを何作か観ていたので、ぜひやりたいと思った。早速アラーキー（荒木経惟）に撮影の話を持ちかけると、「俺は、男は撮らない」とにべもない。「そこをどうか」と拝み倒して、ともかくビデオを見てもらうことになり、同時に私の乃木坂の事務所で勅使川原三郎に会ってもらうと、荒木さんは一発で気に入った。ともかくアート勘のよい人なのである。スパイラルホールでスチールとムービーの撮影をして、『11PM』にも勅使川原さんは生出演した。公演会場のロビーでは写真展もした。胸にガラスの大きな破片が沢山刺さったままで登場するこの作品はショッキングで美しく、大成功、大盛況だった。一九九〇年には『FOTO TANZ　勅使川原三郎・宇宙』という写真集も出し、同時に同名の写真展も新宿コニカプラザでやる。そののちも勅使川原作品のポスターを何回か手がけた。プロデューサーの佐藤まいみさんと出会うのもこのときである。

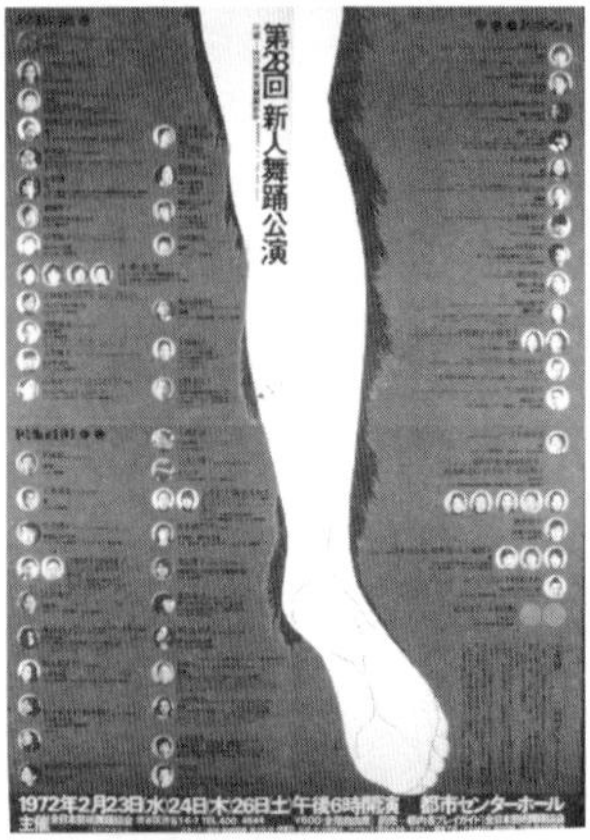

『第 28 回新人舞踊公演』ポスター（1972）
デザイン＝榎本了壱

モワティエ・モワティエ舞踊会公演『蛞蝓姫物語』
ポスター（1969）デザイン＝榎本了壱

『DANCE MODEL ＃ 2』（1976）
構成・演出＝榎本了壱　ダンス＝江原朋子・斎藤淳子

菊地純子作品『緑の谷からの生存報告』（1975）
台本演出＝榎本了壱

渡辺孝ダンスカンパニー公演『聖者が街にやってきた』（1970）構成・演出＝榎本了壱

高円宮憲仁親王殿下と江原朋子（中央）、榎本了壱（左）（1997頃）

花輪洋治ダンスオペラ『GO WEST』
チラシ（1982） 台本・演出・美術＝榎本了壱

「東京ダンス計画」ポスター（1986）
企画・制作＝榎本了壱

花柳伊千兵衛十五周年記念公演ポスター
（1974） 演出・美術＝榎本了壱

花柳伊千兵衛ギリシャ公演ポスター
（1974） デザイン＝榎本了壱

もう一人、ダンスでの大切な思い出は、高円宮憲仁親王殿下である。殿下が名誉総裁をされていた芸術文化交流の会主催公演の企画を依頼されて、一九九五年に「3つの『春の祭典』」という公演を草月ホールで開催した。H・アール・カオスの大島早紀子、江原朋子、レニ・バッソの北村明子三組。『春の祭典』後半部分を競作するという企画で、なかでも殿下はH・アール・カオスを大変気に入られて、その後あらゆる作品をご覧になるようになる。私の兄嫁が殿下の学習院時代のスキー部の後輩だったりしたご縁で、お話をする機会も増え、とくに江原朋子さんの公演には、私がご案内役で、何度かご一緒した。観劇中も背筋を伸ばされて、少しも身動きされない。こういうのを帝王学というのだなと感心した。けれども二〇〇二年、スポーツをされている最中に倒れられて、そのまま帰らぬ人となってしまわれた。

しかし思えばやはり事の始まりは池宮信夫である。レイバン・スタイルのサングラスにアイビーカットのいかがわしくも情熱的な彼は、ついにダンサーになってしまった。奇声をあげて鯵の叩き売りをするなど忘れられないシーンがいくつもある。が、晩年（九〇年代半ば頃）は奇病にとりつかれてどんどん小さくなり、車椅子に乗って劇場に来るようになってから、フッと消えてしまった。それは壮絶で穏やかなダンスのようだった。その車椅子を押していたのが息子の中夫だ。彼は今、熊谷乃里子と「Nomade～s」を主宰してダンスに新しい風を起こしている。見ているとふと、再生したもう一人の池宮信夫がいるような錯覚に陥る。

パビリオン 8

1970年回想館

もうひとつのそれぞれの七〇年

自死する三島　療養する寺山
漂泊する萩原

映画『書を捨てよ町へ出よう』のポスター撮影の現場で（1970）
左から萩原朔美、榎本了壱、寺山修司、竹永茂生　撮影＝鋤田正義

一九七〇年といえば「アンポ」と「万博」になんとなく収斂されてしまう。歴史の記述というのは常に単純化、象徴化されるから当然なのだけど。しかしこの二つのキーワードは、やがて緩やかに主役を交代していく。騒乱の「闘争」から、繚乱の「祭り」へ、路上を這う学生運動の「ヘルメット」から、天を突く岡本太郎の「太陽の塔」へ、時代の気分もモチーフも変わり出す。一九七〇年はそんな重層性、アンビヴァレンツの始まりだった。「存在しなかったことも歴史の裡である」と言ったのは寺山修司だが、生まれることなく死んでいった夢、描かれることのなかった虚構は、歴史のいったいどこに隠されているのか。

一九七〇年、無防備に社会へ転がり出てから一年がたっていた。寺山修司は著作『アメリカ地獄めぐり』に続いて、『ヨーロッパ零年』（毎日新聞社）、『ガリガリ博士の犯罪画帖』（新書館）、『寺山修司全歌集』（風土社）とブックデザインをやらせてくれる。『地下演劇』も季刊ながら続く。フリーペーパーの『MONSTER GROUND』も始まった。実験映画『トマトケチャップ皇帝』のタイトルデザイン。市街劇『人力飛行機ソロモン・新宿篇』の地図描き。漫画のなかの出来事だったのに、力石徹の追悼式（喪主＝寺山修司）が盛大に行われた『あしたのジョー』（作＝高森朝雄・画＝ちばてつや）のレコードジャケット。そして冬には美術を担当する映画『書を捨てよ町へ出よう』の撮影も始まる。

あるいは東京キッドブラザースのLP『帰ってきた黄金バット』(下田逸郎作曲)のジャケットデザイン、以降いろいろとやるようになる。『季刊フィルム』、『ユニフランス・フィルム』、草月シネマテークの仕事。そして『栗津潔デザイン図絵』(田畑書店)の編集デザイン、団鬼六の緊縛写真集(芳賀書店)も続く。私は鎌倉稲村ヶ崎の下宿での静かな日々を夢想しながら、なかなか帰ることができずにいた。一年がとても多忙だった。思いと現実はじりじりと離れていく。でも私は楽しくけなげに生きていた。


ある日仕事をしている吉祥寺の実家に、多摩美四年生の横江和憲という人が訪ねてきた。でも彼は私に会った途端キョトンとしている。「弟子になりたいと思ってきたのですが……」私の名前が老けて感じられたらしい。それが自分と歳の違わぬ若造なのに驚いている。その日は大笑いして酒を呑んだが、翌日から横江君は私の弟子として通いだした。丁度『ガリガリ博士の犯罪画帖』をやるところで、写真(篠山紀信・萩原朔美)とイラスト(渋川育由)の入った台本(寺山修司)を、各ページすべてレイアウトを変えてデザインしようと考えていた。一人では気の遠くなるような作業なのである。私にとってもラッキーな招かれざる客であった。それからしばらく彼は私と仕事をするようになる。私は二十三歳で人にお給金を払うことになる。

しかし今になって思うことは、当時寺山さんはどうしてこんなに若い私にチャンスをくれた

寺山修司監督『書を捨てよ町へ出よう』ポスター（1971） デザイン＝榎本了壱

『寺山修司全歌集』沖積社版（1982）
装丁＝榎本了壱

『寺山修司全歌集』風土社版（1971）
装丁＝榎本了壱

寺山修司『盲人書簡』（1973）
デザイン＝榎本了壱　撮影＝松山悦子

寺山修司『ガリガリ博士の犯罪画帖』（1970）
デザイン＝榎本了壱　撮影＝篠山紀信・萩原朔美
イラストレーション＝渋川育由

寺山修司イヴェント館「テラヤマ・ワールド」パンフレット（1984）
デザイン＝榎本了壱

寺山修司イヴェント館「テラヤマ・ワールド」
ポスター（1984）　デザイン＝榎本了壱

のかということだ。横尾忠則、和田誠、粟津潔、宇野亜喜良といったすでに世に評価されていた同世代、先輩との関係はわかる。私は天井棧敷の団員でもない。確かにのちに東京キッドブラザースを主宰する東由多加との連携、萩原朔美の起用、そしてスタッフとして出版編集担当の前田律子、稲葉憲仁、鵜飼正英、藤原薫、演出の竹永茂生、音楽のJ・A・シーザー、詩人の佐々木英明、秘書としても尽くした作曲家の田中未知、寺山さんが亡くなってから義弟として入籍する音響から照明なんでもこなす森崎偏陸、そして画家の薄奈々美、のちには女優の高橋ひとみといった若い才能を確かに可愛がっていた。

一九七〇年に寺山修司は、『潮』で三島由紀夫と対談をしている。戯曲、映画と表現の領域を広げる三島とは幾つかの共通点があった。若い男子を集めて「楯の会」を組織していた三島に対して、天井棧敷をやっている自分は「角兵衛獅子の親方」みたいなものだと自嘲的に語っている。しかし寺山修司もまた、楯の会のようなものこそは組織しなかったが、密かにヒトラー・ユーゲントの青年隊長のような気持ちだったのではないだろうか。対談相手の三島由紀夫がその年の十一月二十五日、市谷の自衛隊駐屯地東部方面総監部に入り、益田総監(陸将)を椅子に縛り、自衛隊員にバルコニーから「君達は武士だろう!」と檄を飛ばし、反駁されてそのまま割腹、断首の自害となった。いわゆる「三島事件」である。

この事件はテレビで生中継され、朝日新聞の一面には、総監室に転がっている三島の首の写真が大きく出た。三島由紀夫の絶筆となる『豊饒の海』四部作の三冊までを愛読していた私は驚愕したが、それはもとより私だけのショックではなかった。その日、すぐに萩原朔美から電話があった。「会えないか」と言う。

その頃、萩原朔美は自作の映画『少年探偵団』（未完）を天井桟敷の連中と途中まで作り、そのまま休団していた。一九六七年『青森県のせむし男』の美少年役で俳優デビュー以来、演出までを手がけるようになっていたが、天井桟敷にいては自分の仕事ができないという憔悴感からの休団だった。結局それは永久の休団になってしまうのだが。このことは萩原の自著『思い出のなかの寺山修司』（筑摩書房）に詳しい。

休団を前後して、団員の松沢八百、安藤紘平、稲葉憲仁、それに渋川育由と私を誘って、「家族商会活動所」という映画作りのグループをでっち上げていた。なにをやるわけでもなかったが、翌年には、写真家の山崎博を加えて、「FAMILY」という事務所を代官山に持つことになる。これが月刊『ビックリハウス』の母体にもなっていく。考えてみると、母一人子一人で育った萩原は、兄姉の多い私とは異なり、家族やグループといったものの幻想に執着するところがあった。「悟空会」という空手のサークルを組織していたのもそうなのだろう。これは寺山修司にも共通するものだと思う。萩原はその頃、幻想の家族、幻想の会社を組織して、漂泊の人のように揺らいでいた。

萩原朔美からの電話は、特別な用件はなかったが、「会えないか」と言って理由を言わぬそのわけは十分に推測できた。三島のこと以外にはありえない。会えば案の定、萩原は顔面蒼白だった。三島由紀夫と面識があるということもあったが、未来を掴まえられないでいる萩原には、強烈な暗示に満ちた事件であったのだろう。その日はどんな話をしたか覚えていない。呑んだあと吉祥寺の実家のお稽古場に、二人で蒲団を並べて寝た。夜半に萩原は激しくうなされていた。

数日して寺山修司に会うことになった。風土社から出る全歌集のためのプロフィール撮影である。撮影者は寺山さんに初めての小説『あゝ、荒野』を『現代の眼』に書かせた中平卓馬。彼はすでにコンポラ写真といわれる、画質の荒れたドキュメンタリー写真を撮る写真家になっていた。面白い人選である。風土社の浜田さんと待ち合わせる。しかし撮影だというのに中平卓馬はカメラを持ってきていない。撮影に向かう途中の六本木で、『トマトケチャップ皇帝』の撮影をした、沢渡朔のスタジオに寄りカメラを借りる。しかも到着した撮影現場が、白金の北里大学附属病院の病室なのには仰天した。市街劇『人力飛行機ソロモン』などの過労でダウンしていたのだろう。『書を捨てよ町へ出よう』の撮影を控えた検査入院も兼ねていたようだ。

寺山さんは病室にパジャマ姿で不精髭を伸ばしていた。案外元気そうだった。「三島がね、腹切って死んだというのに、俺は病院で病気を治してさ、生きようとしているわけね」と言ってはにかむように笑った。みんなも笑いを押し殺して肩を揺すった。病室の窓から初冬の柔らかい光が降り注いでいたが、中平さんは結局一枚もシャッターを切らなかった。

翌年の一月十日(寺山修司戸籍上の三十五回目の誕生日)に上梓された『寺山修司全歌集』は十三年後、思いもよらぬことだが、高尾霊園の寺山さんの墓石(彼の身長と同じ一七六センチの黒御影)の上に、広げられた本のモデルとして、石に彫られて載ることになる。墓石のデザインは粟津潔だ。

退院するとすぐ『書を捨てよ町へ出よう』の撮影が始まった。美術は最初、高松次郎、林静一と私の三人だったが、高松さんは結局参加しなかった。後楽園ホールのボクシング・リングの上でのポスター撮影に始まり、天井桟敷発祥の世田谷のマンションでの撮影や、早稲田の都電沿いにある木造の廃屋などを使って撮影が続く。シブちゃん(渋川育由)や後輩の三嶋典東にも来てもらって、書き割りなどを作る。丸山(美輪)明宏の入浴シーンなどのセットを作る。朝まで作っていた場面がすぐに撮影現場になる。簡単な打ち合わせだけでどんどん進む。同時に三種類のポスターのデザインもする。プロデューサーの葛井欣士郎さんのところで、九條映子(今日子)さんと一緒に、緊張しながらプレゼンテーションした。

都電沿いの早稲田の廃屋で、ぼろぼろに腐って蒸れた匂いのする畳の上に寺山さんは無造作にどかっと腰を下ろした。「撮影記録のための座談をしましょう」と言う。「はい」と私は答える。「あなたはこの家を、映画のセットに作っていて、どう思いましたか」寺山さんは質問好きである。「ええ、家屋としては壊れ方がひどくてとても大変でした」「うん、その壊れた家にどんな家族が住んでいたと思いますか」「想像できません。壊れた家屋としか見えませんから」「うん、でもこの家にも家庭があってね、家族が住んでいたわけですね」「でももう、誰もいない壊れた家屋ですから」「ふむ」寺山さんは不服そうに私の目の中をじっと覗き込んだ。寺山修司にとって、「家」とは「家族 Family」であり、「家庭 Home」を意味しているのだ。だからここでは「壊れた家族」のことをイメージしてもらいたかったのだと思う。それを私が「家屋 House」だと、形而下的に答えたのが、不思議でも不満でもあったのだろう。

パビリオン 9

欧州アヴァンギャルド館

ヨーロッパ・アングラ奇行

小雨のナンシーの夜

突然に

『邪宗門』の上演されたサル・ポアレル劇場前の榎本了壱（24 歳）

自分の身体の細胞は、実はどんどん死につづけている。そして新しい細胞をどんどん生みつづけている。この目に見えない猛スピードで繰り広げられる、死と再生の体内活劇。それを、新陳代謝と呼ぶのだけど。ある時間がくると、身体中の細胞たちはすっかり入れ替わってしまう。なのに私たちはほとんど変化することがない。迅速な交換を繰り返すことで、一定を維持しつづけるのだ。この細胞群の遺伝子システムに組み込まれた維持、成長、停滞、そして老化といったプログラムが、やがて長い時間をかけてゆっくりと人間を造り変えていく。人は少しずつしか変われない。病気や怪我というアクシデントや、ストレスなどの心因による変容、そして全体としての圧倒的な死に見舞われないかぎり。

ところが、だからか、人はときどき急に恣意的に変化する。生体の条理に対して、人生の不条理という反逆を起こす。外的な理由、あるいは関係の選択結果で始まる、予期もしなかった変化を否応もなく享受する。人生というプログラムに組み込まれた、「激変」というボタンを押すのだ。私は少し以前から、自分に起こるかもしれない変化を少しずつ予知しはじめていた。変化のための力の集積レベルが、ヒステリックなほど上がっていたのだ。それが一九七一年のこの旅でとは思ってもいなかったが、結果的にはそうなる。

四月十八日、日曜日。十八時三〇分羽田発パリ行、ＰＡ（パンアメリカン）００１便は、バンコク、カラチ、アンカラ、イスタンブール、ベイルートとつなぐ南回り。異空間へのワープは三〇時間、気の遠くなるような時間がかかる。ナンシー国際演劇祭への参加を皮切りに、パリ、アムステルダム、アルンヘムと続く、第二次天井桟敷ヨーロッパ公演の総勢三五人。奇妙な長髪族たちは、躁状態の渡り鴨のようにギャアギャアと飛び立った。

夕闇にまみれて上昇する機体が安定飛行に入ると、団員から『邪宗門』の台本が初めて配られる。私は舞台美術を作る必要から、寺山さんから事前におおまかな展開を聞いて、現地でしか作れない大道具以外、舞台に必要なものはおおかた用意していた。そのなかには寺山さんのアイディアで土佐の絵師・絵金の描く残虐画の大きなドロップも三点あった。

しかしでき上がった台本を見ると、スタッフの「美術」の欄以外にもうひとつ、出演の「黒子」の項にも私の名前が刷り込んである。「この作品は、すべての登場人物をね、黒子が操るという手法をとるわけ」と、寺山さんから聞いてはいたが、自分が出演するという話は一向になかった。「ナナナンデ！」と思った。すると奇優の蘭妖子が「ウチはみんな出ることになってるのよ」と笑いながら言う。結局私は蘭さんと一緒に、映画『書を捨てよ町へ出よう』で主演した少年詩人・佐々木英明扮する主人公の山太郎を操る黒子役を務めることになるのだが。「激変」のボタンに私の指が触れた一瞬だった。

パリに着いたのが午後。一行と別れて演出の竹永茂生と二人、パリに残り、団員の北上亜矢（のちにとりふね舞踏舎を主宰する三上宥起夫）と、彼が同棲していたフランス人のエレーヌのアパートに荷物を置いて、会場のレ・アールに向かう。十九世紀末に造られたアール・ヌーヴォー様式の鉄とガラスでできた華麗な旧パリ中央市場の巨大なパビリオン群は、その機能をほとんど終えて、廃墟のようにガランと、さぞかし美しかったろう老女のように屹立していた。一棟の一辺は六〇メートル×四〇メートル、高さも二〇メートルはゆうにある、想像していたよりはるかに大きい。ここでは『毛皮のマリー』をやることになっていた。さてどうしたものか。

地下に降りると「ピカソ展」をやっている。天井が低く、どうやら冷凍室だったようだ。皮を剥いだ牛や豚の肉が列を作り、血を滴らせて並んでいたのだろう。レ・アールは今でこそ、ポンピドゥー・センターを中心にした新しい文化の発信地に変身したが、かつてはパリの胃袋だった。その「ピカソ展」がふるっていて、会場全体をビニールのスクリーンで囲んでいる。そこにスライド・プロジェクションで十数面がピカソの絵で覆いつくされる。「青の時代」「バラ色の時代」「闘牛」「ゲルニカ」とテーマごとに取り囲まれる。スライドショウが終わると、ファッションショウが始まった。その夜は興奮と疲労のうちに昏睡してしまう。

翌日、汽車に乗る。パリから東へ三〇〇キロ、そこにアール・ヌーヴォーとフェスティバルの街ナンシーがある。会場のサル・ポアレルは五〇〇席ほどの風格のある劇場だ。赤いビロード地の客席は、絵金のドロップにも、丹塗りの十字架にも合う。しかも舞台を緋毛氈で覆いつくすことにする。舞台造りを手伝っている黒髭のバイキングみたいな大男ジャン＝ピエールと一緒に、その布を探しにいく作業から始める。フェスティバルはジャン＝ピエールのような若いボランティアで成り立っていた。その前に総元締めのディレクターに予算交渉だ。この若いなせな男は、大きなデスクに軽く腰掛けて口早に話した。彼がのちにミッテラン政権で、文化相にまでのし上がっていくジャック・ラングである。

舞台美術の制作とリハーサル、そして夜は時間があるとほかの劇団の公演を見てまわる。グラン・テアトルで行われた、天井桟敷と人気を二分するロバート・ウィルソンの『聾者の視線』は、四時間半に及ぶ大作だ。シュルレアリストのウィルソンの舞台は視覚的で、詩的な静止画をゆっくり眺めているような不思議さがある。五〇人もに増殖する女黒人召使の踊り、納屋に出現する巨大ウサギの足、砂浜の縄の波とランナー、カラスを肩に乗せて座りつづける黒人少年、ピラミッドの行列……。退屈と緊張の拮抗、罵声と賞賛。遅くにセントラル・ホテル154号室に戻ると、同室の竹永茂生、音楽のJ・A・シーザーとで興奮して大騒ぎになった。躁状態と疲労困憊が重なる。

翌朝のリハーサルで寺山さんは突然、折鶴作りを指示した。二〇センチから二メートルくらいのものまで、十種類ほどを作らせる。明らかにウィルソンのピラミッド行列のパロディなのである。このときほど寺山修司という人の戦略を実感したことがない。「そんなことって」と思ったが、結果としてその場面は大成功を収めてしまう。

公演も押し迫った二十六日、例のグラン・テアトルにメキシコの演劇を見に行く。二階の五人掛けのキャビンだった。ジャン＝ピエールと座っていると、後ろに二人の女性がそうっと入ってきた。座席がないらしい。「プリーズ・シッダン」席を勧めると、「ノノ・センキュ」と遠慮して笑う。私はなんとなく落ち着かなかった。舞台が引けてからホワイエに出ると、さっき後ろに立っていた女性の一人と会った。手にタバコを持っていて、私を見ると「ハヴユ・ゴットアライト？」とマッチを擦る仕草をする。「ヤッ」ライターで火をつけてあげる。（私はその頃まだタバコを吸っていた。）するとその人はなんとバッグから「イート？」と言いながら、手品師のような手つきで小さなリンゴを取り出した。

二十七日は一日、サル・ポワレルで仕込みとリハーサル。ホテルに帰ったのが午前六時、そして二時間後には劇場に戻っていた。夜の劇場前には人があふれ、入れない人が騒いで怪我人が出た。開場時から客席は興奮騒然としている。迎え撃つシーザーの呪術的な音楽と、新高恵子の甲高い歌唱。煙幕に霞む絵金のおどろおどろの絵、丹塗りの十字架に縛られている巨乳の女、場内をうろつく黒子たち、もう一触即発の緊張感だ。舞台は順調に進行していった。最後に屋台崩しがあり、十字架が折れ舞台が壊れると、新高さんに名前を呼び出された役者とスタッフが次々と、素の自分に戻って自分の言葉でアジテーションを始める。怒鳴り、激昂し、押さえきれない自分を露出しだす。私も何か叫んだ。マイクで怒鳴った。気がつくと舞台には、観客がどんどん上がってくる。私はみんなと同様握手され、抱擁された。そしてシーザーの音楽に合わせて観客は一時間以上も踊っていた。舞台袖で照明の指示をしていた寺山さんもあきれたように、照れくさそうに、その大成功を見つめていた。

その夜、ディレクターのジャック・ラングの招待で、みんなが遅い夜食にありつく。十日間のきつい日々が大成功で吹き飛ぶ。みんなが歓喜し陶酔している。そして食事が終わって外に出ると、そこには偶然リンゴの手品師が立っていた。「ドゥユ・リメンバミ?」「オフコース」その人は笑った。メンバーの何人かとその人の知っているジャズバアに入った。その人は遠慮して遠くのカウンターに座ってこちらを見ている。手招きするとやってきた。私は英語が得意ではなかったが、なんとか話は通じた。その人の名前はジゼール、小柄でブルーグレーの瞳をしている。吉原幸子さんの鼻に似ていると思った。

しばらくしてから、「ビアン・アベック・モワ?」と途切れ途切れに言ってみた。フランスの女性を口説くときはそう言うのだと教えられたとおりに。「僕と一緒、いい?」その人は私の目をジーッと見て、「ドゥユカム・マイルーム?」と言う。「オーケー」私はそう答えた。私たちは席を立った。しかし私はまだどうしたものだろうかと迷っていた。だが疲労と興奮と陶酔とが、私をあらぬ彼方に押しやろうとしているのがわかった。外に出ると小雨が降っていた。

「イティーズ・レーニン！」話をしていると、その人が何となく左翼的であるのがわかった。それで私は雨（レイン）とレーニンをひっかけてジョークを言ってみた。その人は笑って私の腕に手を回してきた。ずいぶん歩いてスタニスラス広場を抜け、カリエール広場に入ると辺りは急に暗くみすぼらしくなる。寂しい街なのだなと思う。大きな木製のドアの前で立ち止まると、ネームプレートの金色のボタンを押した。ドアが開いた向こうには暗い中庭が広がっている。階段を上るうちに灯りがバンと切れた。私たちは暗闇のなかで不恰好に抱きあった。濡れて湿ったその人の毛皮のコートから、羊の匂いが立ち上がった。その人は手探りで階段の電灯のボタンを押し、私は私の「激変」ボタンを押した。

外はまだ青灰色のどんよりした重い空気が垂れ込めているのだろう。早朝六時、「今夜、サル・ポワレルに行けると思う」と言い残して、彼女はそっと抜け出すように仕事に出かけた。私は窓のないベッドルームに一人残される。彼女も三時間と眠ってないはずだった。

部屋の隅にはビニールのカーテンに仕切られた簡易シャワーがある。私たちは昨夜、お湯の出ないそのシャワーを、冷たい、寒いとわめき、震えながら代わり番こに浴びた。彼女がベッドに入ってきたとき、歯磨き粉の匂いのするツルツルした、氷のマネキン人形が滑り込んできたように思えた。太腿に触れた恥毛が凍えていた。

二間あるその部屋は物がなく、間抜けたようにがらんとしていた。私はそこでしばらくぼんやりしていたが、起き上がるとホテルに帰ることにした。その夜、四月二十九日午後九時開演の『邪宗門』は前夜と同じ興奮に包まれる。終演すると観客はまたぞろ舞台に上がってきて、音楽に合わせて踊りだす。彼女は客席の四列目あたりに立っていた。ステージから手招きすると、恥ずかしそうに笑いながら上がってきて、抱きあう。「今夜は?」と耳元で彼女。凄いボリュームの音楽が流れているのだ。「まだ、仕事があるんだ」「昨日のジャズバア、覚えている?」「オーケー」

翌々日(五月一日)に行われる市街劇『人力飛行機ソロモン』の上演ポイントの市街地図をレストランで寺山さん、竹永と相談しながら描く。一時近くになってしまう。駄目かなと思ったものの念のためバアを覗くと、彼女はカウンターの隅にぽつんと座って待っていた。強烈なカルヴァドスを飲みながらチロル料理を食べて、部屋に。例によって凍えるようなシャワーと、歯磨き粉の匂い。「でも、あなたはとても疲れているから、眠りなさい」と言って抱かせない。と思う間に睡魔に引きずり込まれて昏睡してしまう。昨日のように彼女は六時に起床、「寝てて。ここの場所わかる? 今夜はドア開けておくから」と言う。教会の鐘の音、鳩の鳴き声、自動車の通り過ぎる音、そして歯磨き粉の匂い、いろいろなものをぼんやりと感知しながら、ふたたび眠りの渦に吸い込まれる。ふたたび目覚めたときは九時過ぎだった。

三十日、一日じゅう市街劇の準備。午前二時、結局準備の一部は翌朝に残して一応解散。同行していた評論家の斎藤正治氏とワインを一本空け、疲労感をほぐし興奮感を高めて、カリエール広場のアパルトマンに忍び込む。暗い階段を上がり重たいドアを開ける。リビングルームには灯りが点いているが、少し開いたドアの向こうのベッドルームは真っ暗闇だ。女の寝ている匂いがする。マットを床に直に置いた低いベッドにうずくまる、匂いの発酵体を覗き込む。「ジゼール……」小さく呼びかけると、彼女は私をじーっと見つめて「ヒョイチ……」私の名をそう呼んだ。フワーッと白い腕が首に巻きついてくる。

五月一日、市街劇『人力飛行機ソロモン』の当日は朝から小雨が降りだした。正午、カリエール広場で誕生した「一時間一メートル国家」は、白い腰布だけの細いシーザーと大きな乳房の太ったジェニファーによる、アダムとイヴ風の神話的な出会いから始まる。偏陸の吹く角笛、雨に濡れそぼる山羊の鳴き声。響き渡る新高さんの歌。ハプニングで参加してきたアフリカの劇団の、打楽器の狂騒。火を焚く男たち、やがて車に火が放たれる。国家の神話が騒然と膨張していく。教会で全裸の小野正子が踊る。いろいろな街区で繰り広げられる冒瀆、虚構、詐欺、不条理、諧謔——。私は下馬二五七と結婚した同級生のマッちゃんと、一メートル幅のロールペーパーをあてどもなく神妙に、路上に敷きつづける。

「革命の演劇ではなく、演劇の革命」、そう提唱する寺山修司のもくろみも、やがては夕暮れのカリエール広場で祭りの輪となりはじめる。街じゅうで何が起こっても不思議でないような興奮。虚構と現実の境界線上の時間。そんな異常な興奮の只中で、私もまたジゼールという女の子と、小さな神話の冒頭を記述しはじめていた。

市街劇が終わる六時過ぎ、小雨のなかを、ジゼールは傘を差してカリエール広場に出てくる。その頃はもう、私はやることもなくなって観客に混じって見ていた。私たちはカフェでコーヒーを飲んで暖をとり、暗くなるのを待って食事に出かけた。

その日はいろんなことを話した。彼女はアルザス生まれの二十三歳。父がフランス人、母がドイツ人。年少のときはフランス語とドイツ語を使って暮らしていた。けれども両親は離婚、父はモロッコに行きそこで再婚した。今は隣町で月給一〇〇〇フランの小学校の代用教員をしている。家賃は二〇〇フラン。ボーイフレンドのベルナールと暮らしていたが最近別れた。だから彼の荷物がなくなったぶん、部屋ががらんとしているのだ。それに、ロバート・ウィルソンの『聾者の視線』では、最初に出てくる王女役をしていたという。ベルナールと一緒に小さな劇団をやっていて、「私たちはゴシスト（左翼）だし、マオイスト（毛沢東主義者）だからね、田舎のお百姓のところに行ったりしてお芝居をするの。太鼓叩きながら」と彼女は言った。なるほど、と私は思った。私たちはまたずいぶんと歩いて、家賃二〇〇フランの部屋に戻った。オレンジ色の大きな花柄の壁紙が、私は好きではなかった。しかし部屋を暗くして、彼女と向かいあうともう、壁紙のことは気にならなかった。

翌二日、『邪宗門』の追加公演が昼夜二回あった。一回目の公演が終わって、例のカーテンコールに入ったとき、ジゼールは仲間とやってきて寺山さんにしきりと抗議している。近くに

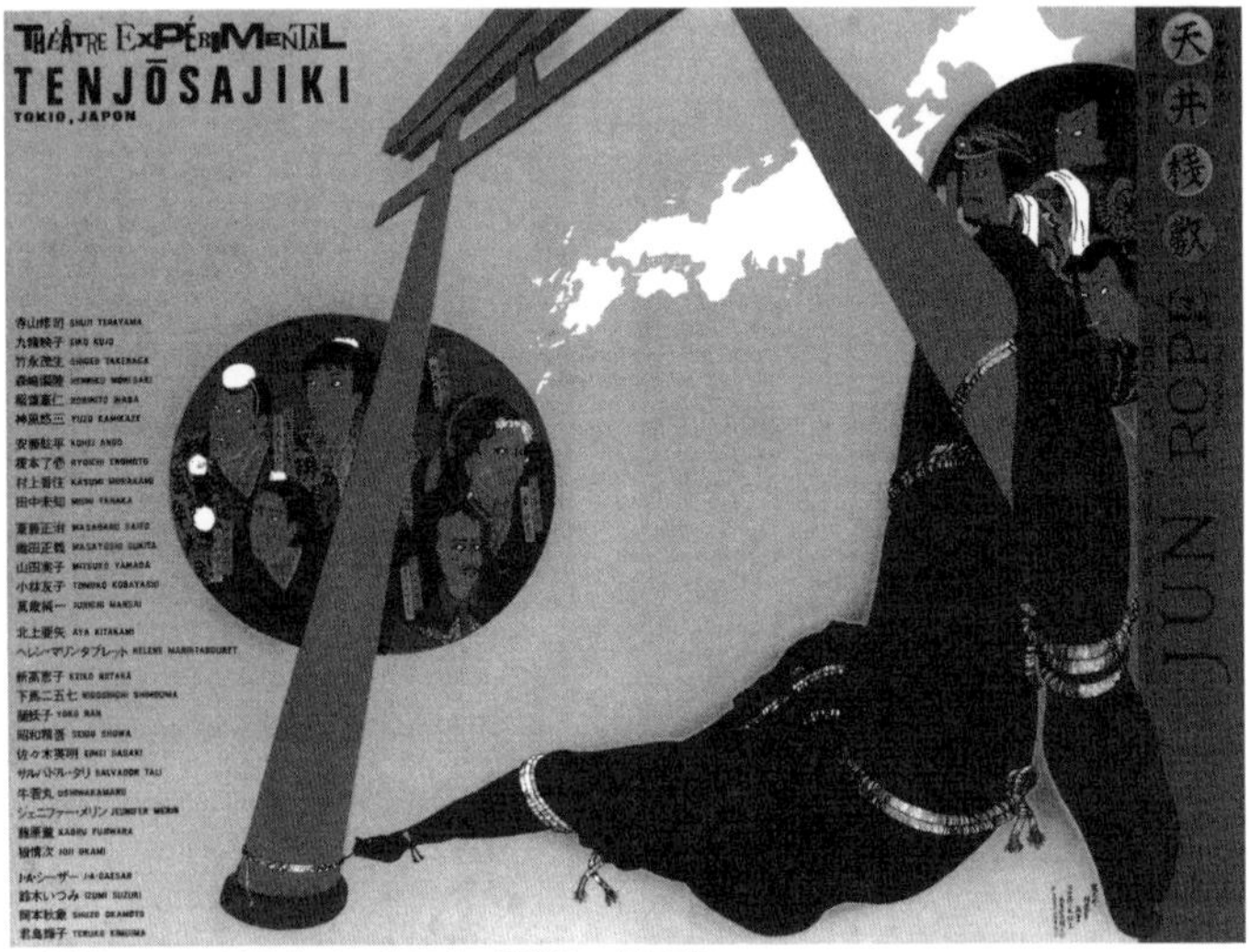

天井桟敷ヨーロッパ公演ポスター（1971）　デザイン＝榎本了壱

MOEIZAAM CONTACT MET TOESCHOUWERS

Vliegtuig Sonsbeek: geslaagde finale

ARNHEM — In de Rijnstraat kruipt een Japanner onder een geel zeildoek van vijftig meter lengte. Hij kleedt zich aan en uit, maar niemand weet dat. Voorbijgangers blijven staan. „Zullen we er eens onder kijken" zegt een meisje lachend. De Japanner onder het zeil heeft er 14 minuten voor nodig om van de ene naar de andere kant van het zeildoek te komen. Als hij er onder uit komt wordt er geklapt door één jongeman. Een vergissing?

Sonsbeek trad gisteren in Arnhem op een tiental plaatsen buiten de perken en perken om de Arnhemmers met

市街劇『人力飛行機ソロモン・アルンヘム篇』（1971）新聞記事

上・下　市街劇『人力飛行機ソロモン・ナンシー篇』(1971)

行くと寺山さんが「エノモッちゃんの彼女でしょ」と言う。みんながなんとなく気づいている。「あ、いや」と曖昧に答えると、「市街劇のときにね、鉄骨が崩れて子供が怪我をしたらしいんだ。それで学生が何人か逮捕されたっていうんだね。だから公演を中止して抗議しようって言ってるわけ」と、寺山さんは困っている。するとどこからかマイクを見つけてきて、フランス語で抗議声明を始めた。そしてひとしきり喋ると退散していった。ムトンの白い毛皮のコートが、仲間と一緒に劇場のドアから向こうに消えた。私はジゼールのもうひとつの姿を見た。私たちは残りの一公演を終えると、道具を片付けて深夜、バスでパリに向かった。暗い車窓の向こうで、なにかが唐突に終わったように思った。

パリ公演はレ・アールの旧中央市場パビリオン。公演の『毛皮のマリー』は下馬二五七主演、息子の少年役が佐々木英明。私はその少年を操る黒子で、毎晩彼に逆襲され殺される役だ。舞台は巨大な回廊型のステージを作った。そこにいくつものセリ穴があり、そこから登場人物が出入りする。装置は『邪宗門』のものをほとんど流用する。芝居展開も相似形だ。

その地下の「ピカソ展」をやっていた、埃っぽい冷凍室がみんなの宿泊場所となる。みんなは蠟燭の光でピンポンをしたりして元気だ。しかし環境は劣悪。こんな生活が一月も続くかと思うとうんざりだ。本番が終わって、外で食事をとれば、やることもなく地下冷凍室に帰ってくる。それから安いワインを分けあって、眠くなった順から寝る。雑魚寝だ。ある夜、小説を書きだして話題になりはじめた鈴木いづみが隣に寝た。演出の竹永茂生と生活していたが、そのときはすでに別居状態になっていた。いづみは竹永のことを愚痴りながら、布団の中で泣いた。私がいづみの大きな乳房に触ると、「いいよ」と言い、すぐにスウスウと寝息を立てだした。その鈴木いづみものちにミュージシャンと結婚し、子供をもうけたが、その子のいる部屋で首を吊って死んだ。それで彼女の寂しさは永遠になってしまった。

しばらくして突然、レ・アールにジゼールがやってきた。パリに泊まるというので、私は近くの木賃宿のようなホテルをとった。パリ公演は徐々に客が増えて話題になっていく。

六月はアムステルダム公演。郊外の農家を改造したミクリ劇場だ。みんなは稽古がオフになると運河でうなぎを釣って遊ぶ。休演日は市内に出て蚤の市などを見てまわった。ある日、蚤の市から帰る途中、向こうからジゼールがやってくるではないか。「行くかもしれない」とは言っていたけれど、私にはそんな出会いが奇跡のように思えた。

アムステルダム公演では寺山さんに言って、役者をおろさせてもらっていた。ジゼールが帰ってしまうとやることもない。北上亜矢のガールフレンドのエレーヌが、ヒッチハイクでフランスに帰るというので、途中まで一緒して、ナンシーに行くことにする。オランダからベルギーに入り、天気の悪い田舎町をとぼとぼ歩き、車を乗り継いでルクセンブルクで一泊。翌日、列車はストで大幅に遅れたが、エレーヌとは駅で別れ、ナンシーに向かう。祭りの終わったナンシーは寂しい街に戻っていた。夜遅くやっとジゼールの部屋にたどり着くと、いつぞやの夜のように女の寝ている匂いがして、その発酵体に声をかけると、「ヒョイチ」と言って白い腕がベッドから伸びてきた。ほんとにデジャ・ヴュだった。

私はそのあと、『人力飛行機ソロモン』をやるオランダのアルンヘムに戻り、もう一度パリに戻ってジゼールと落ちあい、それから列車で一人、フランクフルトに出た。帰りにどうしてもインドに寄ろうと思っていたからだ。私はフランクフルトの空港を飛び立つとき、なにやら砂浜に打ち上げられたリリパット国のガリヴァーのように、記憶の糸でこのヨーロッパの土地にしっかりと、つなぎとめられているような思いがした。それにしても、私は何をしにヨーロッパにきたのだろう。演劇の美術をしにか、一人の女に出会うためか。これからの期待と煩悶は、短いインド旅行中の私の、繰り返しの問いとなった。

七月七日七夕、まだ暗いうちにオールドデリーのホテルを出て、暁の草原をぼろぼろのタクシーで渡り、空港に向かう。ストラスブール＝サン＝ドニのメトロで抱きあった別れしな、彼女の言った言葉が朝風とともに、私の耳元に熱く吹き込んでくる。

「ヒョイチ、夏休みにはきっと、東京《トキオ》に行くから」

パビリオン 10

ウメスタ実験映画館

萩原朔美と家族商会活動所

代官山の眠れない夜々 あるいは恋の片路切符

ウメスタにて　手前左から萩原朔美、かわなかのぶひろ、後左から、安藤鉱平、山崎博、榎本了壱

『少年探偵団』という映画を作りはじめた萩原朔美は、それをきっかけに一九七〇年、「家族商会活動所」という、映像を作るグループを結成した。萩原はこれを前後して、天井桟敷を永久休団することになる。天井桟敷にいたら自分の仕事ができないという憔悴感。しかし本当に映画作りが目的だったのかは、わからない。草月のフィルムアート・フェスティバルや、寺山夫妻と行ったアメリカでの、実験映画体験などが遠因にはなっていただろうが。それはひとまずのよりどころにすぎなかったのではないだろうか。私たちは自由だったばかりに、自分であるための何かを選択しなくてはならなかったのだ。

私たちのいう映画とは、「映像」と呼ばれる、劇場映画とは一線を画したものだ。一九六八年あたりからのゴダール映画は『ウイークエンド』『中国女』『東風』と、実験性を増した革命映画になってきて、商業映画自体を批判するような場面も出てくるが、いわゆる映画といえば、商業的な娯楽映画ということになる。映画が多くの人に向かった直木賞のような小説だとすれば、私たちの映像は個人の内側の問題に向かう現代詩のようなもの、あるいは視覚の実験としての映像である。現代詩、現代美術、現代音楽、現代舞踊、これらの「現代」は、モダン（modern）と、コンテンポラリー（contemporary）の両義的なニュアンスを持っていた。一九七〇年代前半、残り火のような実験的な「現代系」の火種を、殊勝にも私たちは大切に燃やしつないでいく。映像、それは現代系の、最後のアヴァンギャルドのようにも見えた。そしてひとまずは個人（私）という単位で作れるという理由もあった。

萩原は16ミリカメラ、3本ターレットのボレックスをズームレンズ付きで、新宿の中古カメラ店から購入する。中古といえども相当に高額で、当時四、五〇万円はしたはずだ。冗談のような「家族商会活動所」もなんだか映像作りの環境になっていく。16ミリで撮るとなると、みんなが萩原のボレックスを順番待ちした。少し前から萩原はテーブルの上に置いたリンゴを、毎日一枚づつ6×6のスチールカメラで撮りはじめていた。自分がどうしても撮れないときは友人に頼んだ。リンゴは約一年ゆっくりと腐り、カビが生え、黒く乾いていった。そのスチールをボレックスで、オーバーラップの再撮影をしたのが『TIME』だ。この作品はとても評価が高く、萩原にとって記念碑的な作品になる。

いよいよ「家族商会活動所」も共同事務所を持とうということになり、代官山の猿楽町に2DKのマンションを借りることになった。メンバーは萩原と、高校・大学と萩原と一緒の写真家の山崎博、TBSに勤める安藤紘平、二人とも元天井桟敷のメンバー、そして私の四人。（頭金だけ払って安藤はすぐに抜けてしまうが。）そこを私たちは「ファミリー」と呼ぶことにした。もちろん萩原のアイディアである。ヒッピー文化の残像はまだ色濃く残っていたし、そういえば、私以外の三人はもうすでに結婚していた。安藤はマイク真木・前田美波里夫妻の仲人で結婚式を挙げたが、嫁の種子島のおヒー様だという千賀子さんは、前田美波里と少しの遜色もないとささやかれた美人だ。

山崎博は早速にキッチンを占拠し、ベニヤ板と角材を叩いてあっという間に、見事な暗室を造ってしまった。そして土方巽や笠井叡の舞踏やプロフィールで、傑作を撮りだした。腐っていくリンゴをひっそりと撮りつづけた萩原は、机を一つ運んだだけだった。いつも閑そうにしていて、ときどきエッセイのようなものを書いていた。私はそこでもまた明け方近くまで、引きも切らさずデザインの仕事をすることになる。

ヨーロッパから帰った私のところには、片路二五〇〇フラン（当時で一八万円ほど）もする切符代をどう工面したのか、八月の汗がしたたるように暑い東京に、予告どおりジゼールはやってきた。四、五日は吉祥寺の実家に、それから鎌倉の稲村ヶ崎の下宿にと泊まり歩いたが、ともかく簡単に帰りそうもないことがわかり、意を決して猿楽町から歩ける距離にある上目黒の駒沢通り沿い、天祖神の奥にあるアパートを借りる。萩原や仲間は、この私の頓狂な展開を驚き、面白がった。私も他人事のようにおかしかった。奇妙で真新しい半信半疑の日々が始まった。しかしこれがもとで、鎌倉のNさんともいつしか疎遠になってしまう。自業自得というべきか。すべては成り行きだった。

成り行き相手のジゼールもよく「ファミリー」を覗き、私たちの珍しいペットのような存在になった。片言の英語での会話は、私たちの知的能力をバカらしいぐらい稚拙に刺激し、難しい議論をやめて微笑みあい、哄笑しあうことに全力を尽くした。唯一パリに留学していた安藤紘平が来ると、フランス語でも、英語でも、きっちりとコミュニケーションすることができた。しかし彼は終始ニコニコしていて、論争を好まなかった。

しかし私たちの語学力の劣悪さが、ジゼールには幸いする。彼女は幼児用の絵本『ももたろう』を買ってきて、教わったばかりの「あいうえお」を頼りに、独学ですべての単語を辞書で引き完訳、何度も何度も音読して一月足らずで読破暗記してしまう。さすがに仏、独、英語をこなす語感のよさには驚いた。そして私たちの会話にどんどん割り込んでくるようになる。「ドゥーユーイミ？」しかし訊かれても説明するのが一苦労なのだ。

のちにアンダーグラウンド・シネマテーク、それからイメージフォーラムの仕事を展開するフィルムメーカーのかわなかのぶひろが、女房の富山加津江を連れて、ドイツ文化研究所から借りたドイツ表現派の映画や、フランスの初期の映画などを「ファミリー」に持ってきては、私たちに見せて教育しはじめた。ともかく啓蒙的な人なのである。私たちは映画会と称しては集まり、映画を見ては呑み、四、五人の集まりがだんだんと増え、そうなるともう映画とは関係なく、夕方になると萩原は友人たちに電話をかけはじめ、深夜に及ぶパーティとなった。電話をかけられる最終被害者は、午前二時。呼ばれた客は、ともかく何時になっても、飲み物、食べ物持参でやってこなくてはいけない。それは「恐怖のすぐ来い電話」と呼ばれるようになる。萩原はやりだすと止まらない。しかし客も客でよく付き合ってくれる。萩原にはそういう特技があった。

集まってくる客は、若いアーティストや、演劇人、編集者たちやジャーナリスト。そのなかに、大島渚監督の『愛のコリーダ』で、阿部定役が話題になる松田英子、大林宣彦の『EMOTION 伝説の午後 いつか見たドラキュラ』に主演した伝説のモデル赤坂サリ、のちに渋川育由と結婚（のちに離婚）する『アルプスの少女ハイジ』の声優・杉山佳寿子らもよく混じっていた。

かわなかさんは人体模写という変な宴会芸に凝っていて、それが始まると大変だった。「ヤカン」と言われたら、口を蛸のようにとがらし、両腕を頭の上で輪にして、片足を顔の前に曲げて突き出す。つまり全身で擬態を演じるのが人体模写だ。こうしてとんでもなく難度の高いテーマをみんなで次々と試演していく。そして最後は「タタミイワシ」。全員で平たく干物になって少しずつぺったりと張りつく。こんなことを夜を徹して三〇人もの人間が、小さなマンションでしでかすものだから、パトカーが出動した。それがついに二度目に及び、「ファミリー」は一年ほどで事務所をたたむ。私とジゼールは上目黒からこのマンションに引っ越した。一九七二年の春、ビザ切れを契機に私たちは婚姻届を出した。少し前に父が亡くなったので、特別なことは何もしなかった。二人だけで中目黒駅前のステーキ屋で安いワインを飲んで乾杯した。それだけだった。

ある日の午後、小田急線の梅ヶ丘にある萩原のうちに呼ばれた。その家には萩原の手造りの洋間があった。壁天井をすべてセピア色のベッチンで張り、英国風の螺旋状に彫刻された脚の付いたアンティーク・テーブルを囲むガラス戸の本棚にも、セピアの屋根がついている。その中には若き日の池田満寿夫が制作した豆本が、宝石のように置いてあったりした。（祖父の朔太郎は、この世田谷にココア色の家を建てていた。）

行くと、キッチンのテーブルに女房の貞さんといる。二人はニコニコしているが、ふと見ると柔らかい光が落ちているそのテーブルの上には、一枚の離婚届が置いてあった。

「これなんだけど、サインしてほしいんだ」保証人の判子というのはこれだったのか。「いや、もうちゃんと、話はついてるの」「でもさ……」二人には小さな子供もいた。私は自分の婚姻届を書いたばかりだった。それも国際結婚だったので、いろいろ面倒くさく手間取った。

しかし結局私はサインをし、判子を押した。いやそればかりではない。そのあと、彼の二番目の女房との結婚、離婚、三番目の女房との結婚、離婚と、五回判子を突いた。さすがに四番目の女房との結婚という段になって、私は断った。「六度突いたら、七度目も突くようになるよ、きっと」萩原は例によってケタケタと笑った。

萩原はひとりになった。梅ヶ丘の家の二階には彼の書斎兼寝室があった。フローリングの六畳間で、私たちはそこを「ウメスタ」と呼んで複写や再撮影の場所によく使うようになる。撮影のときはベッドにしている分厚いマットを隅に片す。日差しが強いと暗幕を張る。私も負けずに作品を撮りはじめる。そこからみんなの傑作が結構生まれていった。（のちに、かわなかさんは東京造形大学教授、萩原は多摩美術大学教授、山崎博は東北芸術工科大学教授から武蔵野美術大学教授、安藤紘平はハイビジョン映画で賞を獲りまくり、TBSテレビの編成局次長になり、退職して早稲田大学院教授、私も遅ればせながら京都造形芸術大学教授になる。）

梅ヶ丘の家の隣には、萩原朔太郎の奥さんだった祖母・稲子さんと、母親で作家の萩原葉子さんの妹・明子さんが住んでいた。のちに葉子さんが女流文学賞を受賞する小説で名高い「蕁麻《いらくさ》の家」がそこにあった。

翌一九七三年、私たちは夏、ふたたびパリに行くことになり、萩原も同じ頃、アメリカ国務省の招聘で、短期の渡米留学が決まった。それまでの間、猿楽町のマンションから、萩原のうちの、二階の和室に居候することになる。私たちは家賃節約のために、萩原は一人暮らしの退屈しのぎに。萩原、ジゼール、私、三人の半年ほどの短い共同生活が始まる。

Canon518SV、私の買った8ミリカメラだ。人気機種で5倍ズーム、名機だった。それに望遠と広角のコンバーダーレンズを買い足した。最初に撮ったのはテレビ画面。身近な動くものにカメラを向けただけのことだった。しかし接写レンズで覗くと、エンターテインメント、ニュース、コマーシャル、あらゆる画像が、RGB（赤、グリーン、ブルー）三色のドット、光の粒子に還元される。視覚のリアリズムを構成する原素が抽象だということに気づく。私たちの世界はすべてそうなのかもしれない。現実は微小な抽象粒子によって成り立っている。秒18コマで撮ったものを、秒6コマでスローダウン映写した。『MOIRÉ（モアレ）』というタイトルをつけた。印刷術のリアリズムもこのモアレの原理でできているのだ。

それから雑誌から切り取った六〇枚の窓の写真をコマ撮りして、窓がだんだんクロースアップされ、高速度でイメージが変わり、ガラスが割れつづける音で都市のカタストロフィを表現したアニメーション『FENÊTRES（窓）』が、作品らしいものの最初になった。

一九七三年、移り住んだウメスタでは、ジゼールの陰毛をツルツルに剃って、その横たわった全裸の股間から、六〇個の緑色の卵を産みつづけるという訳のわからない作品『MYSTÈRE（ミステリー）』を撮ったりしていた。微妙に開脚していく同じようなポーズで、撮影は四時間ほどもかかった。ジゼールもよくそんなモデルをしてくれたと思う。

かと思えば山崎博は湘南海岸で、『OBSERVATION（観測概念）』シリーズを撮るというので、出かけていくと、海やら太陽やらを被写体に、露光時間ばかりをややこしく計算している。こちらはすっかり退屈して同伴したジゼールや、大林宣彦の『伝説の午後　いつか見たドラキュラ』に主演したモデル赤坂サリと砂浜で追いかけっこしたりして遊んでいた。しかし作品は崇高な気配を持って完成された。この一連のコンセプトが写真に発展して、十年後の一九八三年には日本写真協会新人賞を獲ることになる。

私たちが視覚の実験をしている間に、安藤紘平は一人黙々とドラマ仕立ての、怪しげでこってりとした誘惑的な中編を制作していた。それは『SONS（息子たち）』という二人兄弟の自叙伝的作品になった。のちのハイビジョン作品で国際的な評価を多く受ける原型が、すでにそこには現れている。

萩原はといえば、原広司の設計でその頃新築した栗津潔自邸アトリエの壁に揺らぐ、窓から差し込む陽の光をじっと覗いている『KAGE』とか、那須の別荘にみんなを引っ張っていき、山にかかる霧をのんきに長回しして『KIRI』という作品を撮ったりした。それらの作品は虚無的な俳句のようだと評された。

しかしそれはいつも作品制作にかこつけて、ハイキングかピクニックのような時間を過ごすのが楽しみで出かけていった。撮影が終わればみんなで料理を作り、明け方まで呑む。そしてまた夕方まで那須黒磯の別荘地の坂道を、スケボーで転がり降りて遊んだ。誰かがいつもカメラを持っていて、撮ったスナップに写った顔は誰もが楽しそうに笑っていた。

私たちのそうした愉楽の日々が、一元的なものではないことは、誰もが了解していた。かわなかのぶひろが萩原のうちに遊びに行ったとき、喉が渇いてふと冷蔵庫を開けると、毎日配達される牛乳ビンが、飲まずにぎっしりつめ込まれているのを見て、驚愕したことを語っている。一人暮らしを始めた萩原のやる方ない気持ちが、その冷蔵庫に凝縮されているようにも思う。そしてそれは、腐っていくリンゴを記録しつづけた萩原の、偏執狂的コレクター趣味を象徴する出来事とも理解できる。

確かに萩原にはコレクターとしての資質が強くあって、例えば牛乳ビンの紙蓋を丹念に集めたり、パンの袋に付いている小さなプラスティック・クリップを集めたりしていた。よく見るとそのどちらにも製造日がプリントされていて、考えようによってはどれもが、かけがえのない一日一日の、生きていた証拠であるといえないわけではない。それが例え虚妄に満ちた寂しいコレクションであったとしても。その後も萩原はさまざまなコレクションに挑んでいくことになる。そしてその頃は萩原ばかりでなく、みんなの心のなかに何かを希求する思いが強くくすぶっていた。

私たちが映画制作に狂騒していたのには、それなりの理由があった。アンダーグラウンド・シネマテークを始めていたかわなかさんが、渋谷天井桟敷館の地下劇場で私たち（旧）家族商会メンバーによる、数日間の連続映像個展プログラムを組んでいたこと。もうひとつは東京アメリカンセンター（ＴＡＣ）で、私たち四人の映像展が準備されていたことだ。アメリカンセンターのディレクターで、のちに蓮如賞を受ける道下匡子さんが、私たちをバックアップしてくれていた。まだフィルムメーカーとしてはキャリアのない私たちに、こうしたステージが用意されるというのも異例なことで、結局すべては、友人たちの力である。

映像作品『CAFÉ』(1972)

ウメスタで編集中の榎本了壱(1973頃)　撮影＝萩原朔美

映像個人作品　RENO FILM
フィルモグラフィ（1974）

コープシネマ（アムステルダム）映像個展チラシ（1974）

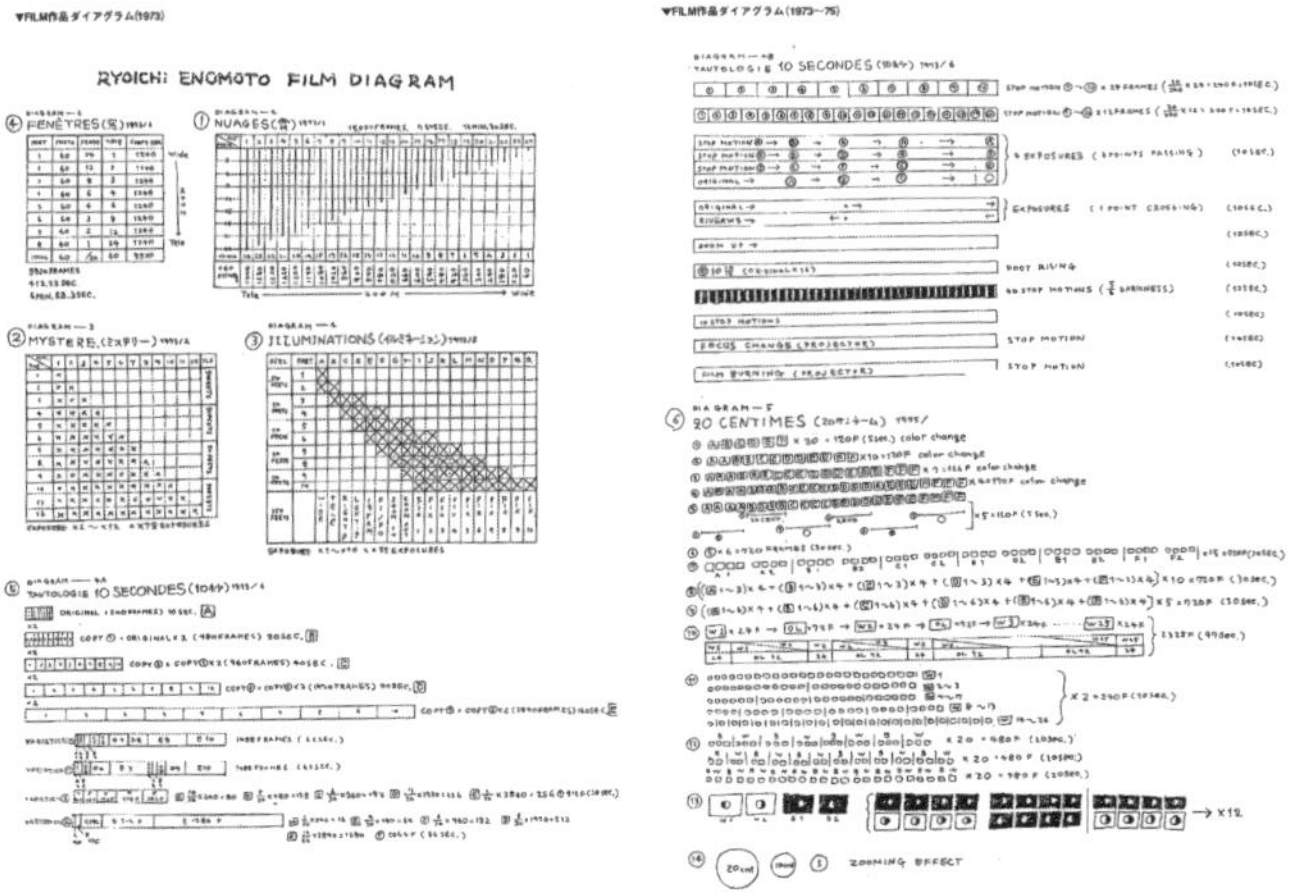

映像作品　制作コンテンツ　ダイアグラム（1973—74）

私としてはこの機会に作った作品を、ヨーロッパに行った際に上映できないものかと、二、三のシアターに当たってみると、アムステルダムのコープシネマ（ネーデルラント・フィルムメーカー）から、一日だけだが個展ができるという返事がきた。実験映画をはじめ、前衛芸術やデザインに関しては、ヨーロッパのなかでもオランダはドイツに並ぶアグレッシヴな活動をしている。フランスやイギリスはコンサヴァティヴで、よっぽど遅れていた。

それに折角パリに行くのだから、どこかの雑誌でパリ・レポートのようなことができないものかと考えていたら、文化出版局で『Amica』という女性誌を編集していた山崎氏から、毎月四ページの連載の話を貰った。写真撮影、インタビュー、原稿書き、レイアウトまで全部やって十万円。これでずいぶん生活費の足しになる。それに結果としてはいくつもの特集を作ったので、パリでの生活は汲々としなくて済んだ。私は結構チャッカリ者の、準備万端人間なのかもしれない。というよりも、あれやこれやをやってきたことが、結局わが身を助けることになったといえるのだろう。

私たちは「家族商会活動所」という、アナクロニズムなネーミングをやめて、十字路を意味する「Crossroads」というグループ名を使うことにした。この「クロスローズ・フィルム・エキシビション」が開催されるまでの半年ほどの間（七二〜三年）に、私は一四本の作品を作っている。その上映会の手作りのチラシにはこんな文章が刷られていた。その一部。

——榎本了壱の8㎜映像は、きわめてアンコンセプチュアルな地平の微笑の闇から届けられたメッセージであるようだ。榎本の試行は、彼のエモーショナルなイメージから出発する。むしろ限定領域を定めない自由さのなかに、映画の快楽を夢想する。映し出された世界よりも、イメージをイメージでもって攻撃する優しさである。したがって彼は何処のイズムにも所属しないだろう。彼は高貴なものを世俗によって、引きずり下ろしながら、逆に高貴さを描き出す。「らしさ」をさらけだしながら、「らしさ」をしめそうとするのだろう。(粟津潔)

——彼には二面相があり、片目は陰鬱で土着した蝙蝠信仰のような血なまぐさい呪術の世界を見、もう一つの片目は記号的に整序された観念の構造学を見ている。コンピューターを扱うせむし男、といった怪奇なものと、「家畜人ヤプー」と般若心経を読むフランスの経済学博士といった合理的なものとの二律背反が彼の特色である。そうした二律背反、自己矛盾は外に向かうときはきわめて叛乱者のそれとなり、ナンシー演劇祭の公開シンポジウムで演劇評論家たちに、革命の概念規定で討論したときのように暴力的になる。しかし内に向かうときは、はにかみとなり、花はずかしいようなテレ屋になったりする。眼鏡は世界を透視するだけではなく、ときにはそこに映っている自分の目をも見せることになる。彼を狂気から救っているのは形式である。形式がしばしば彼のイデオロギーとなり、彼の魔に憑かれたようなイメージを虚

構化する。(寺山修司)

こう書き写してみてあの頃の、二人の優しい応援をあらためて感じる。

さて、ウメスタでの生活は楽しかった。三人の生活というよりも、しょっちゅう来客があり、宴会しているか、映画を作っているかの毎日。もちろん私はパリでの生活資金を稼ぐために、デザインの仕事をハードにこなしてはいたが。隣に住む祖母の稲子さんは、萩原朔太郎を捨てて家を出ていってしまったほどの人で、モガ(モダンガール)だったというくらいだから、紅毛碧眼のジゼールを、ずいぶん面白がって可愛がってくれた。陽当たりのいいベランダに呼んでは、ケーキなどをご馳走していた。

生活してみると、萩原が掃除好きであることがわかった。歌もよく口ずさんでいた。呑んだ帰り路には必ず鼻歌が出る。なかでも一九七一年に日本歌謡大賞、日本レコード大賞の二冠に輝いた尾崎紀世彦の『また逢う日まで』(阿久悠・作詞)はよく歌っていた。「二人でドアを閉めて、二人で名前消して」かどうかは知らないが、合意のうえで女房と別れた萩原も「別れのそのわけは、話したくない」のだろう。自己劇化、自己の客体化、自己の道化化。そしてその彼のうちに転がり込んだジゼールと私。しかし三人にとっても、もうじき「また逢う日まで」である。この曲は、そののちも私たちのテーマソングになる。酔って家に帰った私たちは思いきり大声で、『また逢う日まで』を歌った。

パビリオン 11

パリ青春逍遥館

シャローン通りの三五〇日

パリの恍惚と不安
ヒロ・ヤマガタもいた青春の日々

ジゼールとパリのカフェで（1974）

祭りの終わった直後の街は、いつにも増して虚ろだ。神経を抜かれた歯のように無感覚な、興奮のあとのけだるい放心に満ちている。オルリー空港に着いたのは、一九七三年（二十六歳）のパリ祭（フランス革命記念日）翌日の七月十五日の晩だった。前にパリを発ってから丸一年がたっていた。

モスクワ経由のアエロフロートの長旅、数種類のカメラや大きなカセットデッキなどを持ち込んだので、通関で散々に虐められる。こちらで売りさばけば、結構な高額になるからだ。心ときめかせて帰ってきたパリの最低な歓迎式。遅くなってやっと、サントノレ通り近くの小さなホテルに辿り着き、しかもきわめて不満足な眠りに落ちるとき、ジゼールはすっかりふさぎ込んで「これだからパリは嫌！」とつぶやいた。

翌日は、ストラスブール＝サン＝ドニに住むプライヴェート・フィルム作家の田中圭介・瞳夫妻（のちに離婚）のアパートを訪ねる。天井桟敷ヨーロッパ公演のときに知りあった夫婦であり、ジゼールとパリで最後に落ちあい、別れた場所でもある。アキという小さな長女と、パリ大学に通う留学生で、のちに水戸芸術館のディレクターになる松本小四郎も同居していた。部屋数の多いこのアパートには、すぐに二〇人ほどの日本人が集まる「巴里タナカ組」を構成していた。ほとんどが二十代の若き建築家や、美術家、評論家の卵で、レンゾ・ピアノのオフィスでポンピドゥー・センターの設計にかかわることになる石田俊二、のちに二子玉川のナムコ・ワンダーエッグの設計をする石川忠、それにレーガン米大統領に見出されるシンデレラ・アーティスト、つぶらな瞳のヒロ・ヤマガタもいた。彼は当時、失恋傷心の憂えるモンマルトルの街頭少年絵描きだった。

どこにも、いつの時代も、外国にはこうした自閉的な日本人ソサエティがあって、善くも悪くも、情報交換と同族慰撫の習慣を確保している。「少年少女漫画倶楽部巴里支部」と称して漫画雑誌の回し読みや、カセットテープの貸し借り、誕生パーティや進級祝い、新参者の歓迎パーティと、集まる理由に事欠かない。ときにはシネマテークや、地方の演劇祭などにも連れ立って行く。

どぶの中のイトミミズみたいにくっつきつるみ、それが排他的にも見えたりする。パリにいることの恍惚と不安。だが異邦人としてのささやかな自負心を満足させるための、自己回復機能なのだ。私たちはここを拠点にアパート探しを始めることにする。それまではしばしの居候。早速にお触れが回り、「巴里タナカ組」の仲間たちが歓迎の宴に駆けつけてくれる。食べ物、飲み物持参、なかにはビニールのボトルに入ったアルジェリア産のヴァン（ワイン）もあった。三フラン（二〇〇円）程度の安価なもので、呑んでいるうちに酸化が始まり苦くなる。そのうえ舌が紫色に染まる。でもそんな乱暴な歓迎がうれしかった。そして私の持っていったアグネス・チャンのカセットが大好評だった。

アパートはすぐに見つかった。パリの東側11区、ペール＝ラシェーズ墓地の近く、メトロのアレクサンドル・デュマ駅を出たシャローン通り173番地。三畳ほどの白いタイル張りのキッチンと、寝転がると溺れそうな大きなバス、一二畳ほどのワンルーム。パリではこういう部屋をステューディオと呼ぶ。家賃五五〇フラン（約四万円）。しかし部屋には信じられないことに電球一つ残されてなく、ガスコンロは摘み金具まで持っていかれていた。私たちはこの部屋を出る日まで、それをペンチで回して使うことになる。ベッドからテーブル、キッチン用品、バス用具、カーテン、何から何までを揃えなくてはならない。そのほとんどはクリニャンクールの蚤の市で買った。買い物は楽しかった。朝のカフェオレを飲むドンブリのようなカップひとつも、スーパーマーケットの安物を、ためつすがめつするのさえうれしかった。アパートの近くの交叉点では、日に三度も交通事故が起こった。ジゼールは早速にその日本語力を買われて、パリ三越の店員になる。高額取りではなかったけれど、少なくもない。生活はすぐに落ち着いていった。

引っ越ししたその日から、8ミリカメラのひとつを部屋の角に括り付け、通りに面した窓に向かってカメラ日記を撮りだす。朝、昼、晩。晴れ、雨、風、雪の日。部屋の様子と季節の光が映り込む。それは一年たって『350の日と夜』という三〇分ほどの作品になった。月に一度、雑誌のための女性インタビュー取材をジゼールに手伝ってもらいながら。九月からリュクサンブール公園の近くのフランス語学校（アンスティテュ・カトリーク・ド・パリ）へ通いだした。そしてほとんど毎日カメラを持って、黙々とパリの街を歩いた。緑のドア、犬、キオスク、壁の落書き、街頭時計、工事のクレーン、カフェのテーブル、荷物自動車、飛行機雲。テーマを決めて撮り、二〇枚ほどがまとまるとエッセイを付けて東京に送った。

シテ島に並ぶ、中世の面影が残るサン＝ルイ・アンリル島、昔の市場街ムフタール通りの坂道、細い道の狭間から白亜のサクレ＝クール寺院が眺望できるラフィット通り、『ラスト・タンゴ・イン・パリ』の映画にも出てくるメトロの走るパッシーの鉄橋、アンドレ・ブルトンの小説のナジャが徘徊したすすけたサン＝ドニ門付近の娼婦街、ヘンリー・ミラーが住んでいたクリーシー辺り、レ・アールにある「ピエ・ド・コーション（豚の足食堂）」、サン＝ジャック広場の奇妙な石像、街頭で売るクレープ、ワッフル、ガトーの甘ったるい匂いが漂う街。ランボオは言った、「見飽きた、夢はどこにでもある」。私は夢の中を歩き、そして家に帰ると買い物するたびにたまってしまう二十サンチーム貨（十円玉のようなもの）にペイントしていった。二〇〇枚ほどたまったそれをコマ撮りして『20CENTIMES』という作品にした。私は初めて静かな穏やかな時間の中を、ゆっくりと生きている自分を見つけた。

二、三日に一度は外でジゼールと食事をした。カフェで彼女を待つ間に、私はパスティスを呑むのを覚えた。フィルター付きのゴロワーズ・ロン（グ）を吸うようにもなった。それから映画を見て、サン＝ミシェル辺りでまたカフェに入る。「巴里タナカ組」の集まりにも加わった。

そしてインドブームだった蚤の市を一日中歩いた。ささやかな昂揚感に包まれたパリの生活だった。しかしなんといっても幾度かの旅行が、この時期のことさらの思い出となって残っている。

八月になると、アヴィニョンのフェスティバルに出かける。パリからの夜行列車で八時間、朝方の町をふらついたあと、立ち寄ったホテル「オセアン」では幸運が待っていた。私を見るとホテルの女主人は「ジャポネ?」と訊いてくる。「ウィ!」と答えると、「セ・ビアン!」とうれしそうに笑う。「うちの息子がＪＡＰでスタイリストをしているのよ。あんたちょっとケンゾーみたいじゃない!」ジゼールも調子に乗って「そうでしょ」なんて言う。マッシュルームカットで黒ブチの眼鏡をかけていたその頃の私は、ときどきそう言われた。高田賢三氏のお蔭で私たちは格安の投宿をすることができる。マダムは私を見ると「オー、ムッシュ・ケンゾー」と笑いかけてきた。

アヴィニョンには、十四世紀に入ってローマ教皇が移り住んだパレ・ド・パプ(教皇宮殿)が現存している。その中庭に造られる仮設の巨大な屋外劇場がフェスティバルのメイン会場だ。ファンファーレとともに照明が落ちると、暗い夜空には満天の星が輝いている。昼間はＴシャツ一枚の暖かさなのに、夜になると急激に冷え込む。パレ・ド・パプでの演目では『ル・キショット(ドン・キホーテ)』が面白かった。全裸のマグダラのマリアが威風堂々ゆっくりと舞台中央のセリ穴に消えると、それを追ってキホーテが穴に入り一幕が終わる。続いて二幕の冒頭に、キホーテは舞台後ろの城壁の高い位置にある窓から降りてくる、といった趣向が面白かった。ともかく前衛は全裸である。全裸が出ないと前衛ではない。宮殿の中ではピカソ晩年の優しいおおらかな作品の展覧会も開催されていた。『アヴィニョンの娘たち』を描いたピカソにとって、ここはゆかりの土地でもあるのだ。

演劇は壊れた教会あとのカルム劇場、ヴィクトル・ユゴー通りにある大きな私邸の庭や、ホテルの内庭を利用した会場、どこでも開かれていた。オフィシャルなプログラムに入れないグループは、市庁舎前にあるロルロージュ広場に朝から繰り出し、デモンストレーションで人目を引こうとする。マチネの公演もある。どこもが、あらゆる時間が演劇で埋まる。午後の六時頃から食事が始まり、二時間もかけてゆっくりとったあと、みんながソワレの会場に向かう。午後九時、街中の芝居が一斉に始まる。

ルイス・ブニュエルの映画『昼顔』で、カトリーヌ・ドヌーヴの相手役をしたピエール・クレマンティも、女性三人と屋外の小さな舞台に出ていた。四人はみな舞台の上で衣装を着替え、役割を替えるという演出だ。クレマンティは黒い小さなビキニのブリーフ一丁になる。するとジゼールがささやく。「前に座っているオジサンたち『クレマンティの体って、綺麗！』って、言ってるよ。ゲイね、きっと」芝居がはねる十一時頃になると、街のあちこちのカフェに人だかりができてくる。呑みだし、騒ぎだし、歌いだし、踊りだす。そんな楽しい騒乱が日夜一月も続くのだ。私たちは一週間ほどをそこで過ごした。

十月になると、ナンシーに帰った。国際演劇祭と交互に開催されるフェスティバル「ジャズ・プルサシオン」がある。パリ東駅から列車に乗り込み、遅いランチにドイツパンのぼそぼそのサンドウィッチをビールで流し込む。夕方のナンシーは霧雨。ここはいつも雨で寒い。ジゼールは街の中央のスタニスラス広場にあるカフェ・レストラン「コメルス」に直行する。昔から仲間が集まる溜り場なのだ。雨で湿った空気に煙草の煙が溶けてスモッグ状態だ。コーヒーを飲みだした頃、ジゼールが立ち上がって手を振った。「ガストン！」入り口近くで灰色の服のロシアの農奴みたいな大男がこちらに振り向いた。

雨に濡れたガストンは体から野生の熊みたいに湯気を立て、雨の雫で曇った大きな眼鏡を拭こうともしない。ジゼールは抱きあい、私は彼のクリームパンみたいな手と握手する。「彼が、日本人の恋人か」「恋人じゃないわ、旦那よ」「オー！　そうか。でも、変わんないな。ナンシーも変わんないけど」「ガストンもね」「フェスティバルに来たの？」「もちろん、ディレクターしてるのね」「シャピトーのね。いつも満員だよ。レイ・チャールズとサン・ラが人気だね。早く来ないと席がないよ」しばらくおしゃべりしているところへ、打ち合わせの相手がやってきてガストンは「じゃあ、また」と言って席を立つ。

ジゼールがフェスティバルのプログラムの顔写真を指差しながら言った。「ジャック・ボンジャン、これがガストンの本名。彼ね「コモンドリー」というバアをやってた。そこで演劇祭のときに若い劇団の芝居を上演して、それがすごい評判になったの。そしたら、カルダンが見に来た。でも店は満員ね。『私はパリから来ましたピエール・カルダンです』すると、『はい、私は××村のガストンです』彼はそう答えたよ。カルダンはもちろん帰ったね。ガストンはトラックを自分で造り変えて大きな犬と住んでた。恋人ができてセックスしたけど、ガストンのペニス、大きすぎて彼女のに入んない。痛い!痛い!って。かわいそう」「それはそうだ。で、別れたの?」「そう」ジゼールは笑った。

紅葉の始まった静かなペピニエール公園に建てられた巨大なテントが、フェスティバルのメイン会場のシャピトーだ。二〇〇〇人はゆうに入る。しかも立ち見客がいるからそれだけで、場内は騒然としている。アーティストはほかに、ビル・コールマン、メンフィス・スリム、ジョン・ジャクソン、オスカー・ピーターソン・トリオ、ビル・ハリス、テリー・ライリ、マヘリア・ジャクソン等々。プログラムは午前十時、午後二時半、八時半の三つに分かれている。大学町であるナンシーは当然学生が多い。しかも五月革命から五年、造反有理の余韻の残る時代だった。共感と反撥がすぐに現れる。シカゴ・ボーはブーイングがひどく、一曲でステージを降りてしまった。太陽信仰教みたいなサン・ラは、前半大受けだったが、後半はブーイングの嵐となった。「お客様は神様」と言ったのは三波春夫だが、ナンシーの若者は「お客さまは審判」を実行している。

久し振りのナンシーに、ジゼールは友達と会いまくった。最近、顔面神経痛になってしまっ

雑誌『Amica』に連載していた『パリ考現学』（1973—74）　撮影＝榎本了壱

ナンシーのジゼールの友人たちのスケッチ（1973）

雑誌『Amica』に特集したナンシー・ジャズプルサシオン（1973）

雑誌『Amica』のパリ特集（1974）
イラスト＝榎本了壱

「巴里タナカ組」（1974）　後ろ右から３人目がヒロ・ヤマガタ

雑誌『Amica』のパリ特集で描いたパリの地図（1974）

た、一〇〇キロ先の小学校に通う代用教員の赤毛のズズ。空の見えない窓を空色に塗ってしまった、一級教員免許を持っているコンタクトレンズのカトリーヌ。喋りすぎで舌と頬っぺたの病気になるのではと思った、ジゼールの前の同居人ベルナールの恋人だったクロード。カシアス・クレイ伝を読んでいたアラブの血の混じるカーリーヘアのミルバは、十代の女の子と暮らしていた。「小さな街、小さな友達、小さなカフェ、それでいいじゃない」ミルバはそう言いながら、匂いの強い生葉のアラブ・ティーをいれてくれた。

私たちはナンシーの隣町のポンペイに立ち寄った。ジゼールの実家のある町なのだ。川沿いに色づいたポプラ並木がシナシナと揺れている。東洋人の私が町に入っただけで、好奇の目で見られる『わらの犬』のような町だった。ジゼールの母親は町のスーパーマーケットのレジ係をしていた。ジゼールは家を訪ねる前にその店に寄った。母親はびっくりしてレジの手を止めて娘を抱きしめた。それから何も言わずに私のことも抱きしめた。義理の母親との初めての挨拶だった。

家には義父のジャンと、弟のロランがいた。家は古かったが、とても清潔できちんとしていた。切手収集家の義父は喘息もちでいつもぜいぜいしていた。それを気づかうように、くたびれた老犬のナヤが付き添っている。庭には林檎や桃や葡萄の果樹があり、卵をよく産む鶏が二羽クックッと短く啼いている。地下の納屋には手造りのイチゴジャムや、強烈な密造酒カルヴァドスが寝かせてある。時間が止まったような静かな暮らしだった。

ポンペイを次に訪ねたのは、翌一九七四年の四月だった。ジゼールの母方の家、クラウス家の祖父母の金婚式が、シュトゥットガルトの近くの町で行われるのだ。一泊した翌朝六時のあわただしい出発のとき、義父のジャンが庭の林檎の樹を写真に撮ってほしいと言う。昨夕到着したときは気づかなかった庭先の林檎の樹が、真っ白な花をたわわにつけて朝焼けの空にゆったりと揺れている。「わーっ！」と思わず声が出た。「ビアン！」義父はどうだとばかりに言う。義父と一緒の林檎の樹を何枚か撮った。私たちはロランと一緒に、母親の運転するシトロエン2VCに乗り込んだ。手を振って見送る義父のジャンが、翌年の林檎の花を見ることはなかった。老犬のナヤもすぐ後を追って、死んでしまった。

ポンペイから家族の集合するベーブリンゲンまでは二五〇キロ、途中アルザスの森で一軒の小さな家を訪ねた。その家は芽吹きだした木立の中に隠れるように建っていた。ジゼールの父方シルド家の祖父母が住んでいた。祖父はフランス語ができるが、祖母はアルザス語しか話せない。母親には別れた亭主の両親でも、子供たちにとっては祖父母であることには変わりない。祖父母は孫たちと私に、ささやかなお土産を用意していてくれた。ジゼールの父親はこんな森の奥に生まれ育って、ドイツの女性と結婚し、二児を捨ててモロッコに渡りそこで再婚している。母親に確執がないわけない。祖父母もそれを察している。が、どちらも再会を喜ぶように微笑んでいる。祖母も次の春を待たずに亡くなった。

ベーブリンゲンには次女の嫁ぎ先の家がある。病院を経営していて羽振りも良く、五人姉妹の家族が泊まれるほど家も大きい。女系家族のクラウス家は、長女がジゼールの母親のドリスで再婚者。次女インゲは経済的には恵まれているが、ニコチン・ヒステリーのアル中。三女ボートリンゲは、子連れ初婚で死に別れ、今は一応独身で制服メーカーの女社長。四女ウラは最初の子を次女のインゲに預けっぱなしで再婚した絵描き。だが美女で魅惑的。五女のハイジはまだ二十代の独身無職、黒髪黒眸はジプシーのようだ。ジゼールは祖母似であることがよくわかった。そうそう、父親は田舎のカラヤン、ヒトラー時代の音楽隊の指揮者だったという。こんな家族が久々に集合するのだから、内側の相克葛藤も激しい。古いアルバムなどを広げながらの団欒のあと、部屋に戻るとジゼールの母親は泣きだしてしまった。理由はわからなかったが、きっと悔しいことがあったのだと思う。

翌日、祖父母の住んでいる隣町のフェルバッハに移動し、アカシアの花が揺れる町の教会で金婚式は行われた。私たちはその翌日、母親、ロランと別れ、三女のボートリンゲの赤いフォードでミュンヘンに向かった。そこで六日間滞在、ウォーホルの『ドラキュラ』や、フェリーニの『アマルコルド』をドイツ語で見て感激。五日目には雪山に登って日光浴、チロリアンハットをかぶったボートリンゲの陽気な恋人が同行する。

ミュンヘンから飛行機でベルリンへ。空港には映像作家で、ベルリン自由大学で教鞭をとっていた飯村隆彦さんが迎えに来てくれる。パリを発つときは奥さんの昭子さんがニューヨークからやってきて、パリ東駅まで送ってくれた。私たちが留守の間、昭子さんがパリのアパートを使う代わりに、私たちは飯村さんのベルリンのアパートに投宿する。「MIX MEDIA」というスタジオで飯村さんと二人映像展。バウハウスを訪ねて「イッテン展」を見たり、湖に浮かぶ孔雀が群生するピーコックアイランドに遊んだり、ジンギスカン料理を食べたり、サウナに行ったり、それが男性のサウナになんということか、女性が入っていたのには驚いた。暗めの室内ではあったけど、もちろん全裸である。

ベルリンからはケルン経由の列車でアムステルダムへ。女王陛下の誕生日、オランダ国旗が運河に揺れていた。コープシネマでの映像個展が無事終わると、あとはカモメを見ながらダッチコーヒーでもすするだけ。五月、一九日間の小旅行『LE TRAJET（旅路）』という三〇分ほどの映像作品になった。

五月末から、長兄の伊千兵衛が舞踊団を引き連れて、ギリシャの世界民族舞踊祭にやってきた。アテネで合流し、映画『ネバー・オン・サンデー（日曜はダメよ）』のロケ地で有名になったピレウス、ピンドス山脈の西に位置するギリシャ中央部のカルディーツァ、そしてクレタ島と回る。公演の終わった食堂では、踊り足らないダンサーたちが次々と踊りだして夜が更ける。ピレウスでは沖合に幾艇もの軍艦が停泊する海で泳いだ。トップレスの女性も多く、ジゼールは肌を焼きすぎて気絶し、病院に担ぎ込まれる一幕のオマケもついた。

こうした旅行のほかは、パリで写真を撮り、原稿を書き、フィルムを編集して、絵を描き、ときどき料理も作った。しばらくするとケトルの内側が真っ白になっているのに気づいた。殺菌用に水に含まれた石灰が付着したものだ。エヴィアンや、ヴォルヴィックを飲むのは当然だなと思った。友人もパリに何人かきた。友人の友人という他人もきた。そのたびに空港まで迎えに行き、泊まらせ、あちこちパリを一緒に歩いてやった。

しばらくすると隣の部屋に若い三人組が住みはじめた。ドアにはＡＢＣの三つの名前が並んでいる。アルベールは売れない役者、ベルナールは、東洋語学校に通うクロードのボーイフレンド。私が日本人であることを知ったクロードは、よく遊びにくるようになった。黒い髪の美しい女性だった。一度、アルベールが出ている映画が上映されているというのでみんなで見に行くと、出てきた途端に殺されてしまった。一同訳もなく大笑いした。

どこに住んでも日常の基本は一緒だ。パリは好きだったが、やはり私にはこの一年は長い猶予、楽しい停滞の中にいるような気がした。なにか手応えのあることがしたかった。そろそろ動く頃だなと思った。

この一年を記録した映像『３５０の日と夜』は二度ほど上映しただけで、松本俊夫さんが誉めてくれたけれどそのフィルムも、まるで存在しない一年間の記憶のように、行方不明になってしまった。

パビリオン 12

ビックリハウス館

一〇〇万円の『ビックリハウス』

アートのメディア誌計画が
なんとパロディ雑誌作りに

『ビックリハウス』創刊号（1975） 表紙イラスト＝ペーター佐藤＋原田治

帰ると東京は真夏だった。吉祥寺の実家にひとまず寄宿して家探し。六本木のロアビルの前を入ったお墓の、右手の坂を上がった古い二階建てのアパートに決める。河鹿荘といった。パリの街の賑やかな暮らしに馴染むと、街の中に住みたいという気持ちが強くなったのだ。引っ越すとすぐ警視庁公安課の人が訪ねてきた。ジゼールと一緒にパリ三越で働いていたYという女性が、連合赤軍系の活動家で、パスポート偽造などで国際指名手配されていることを知る。私はその人に大江健三郎の『洪水はわが魂に及び』を貸してあげたことがある。連合赤軍を題材にした小説だった。彼女はいったいどんな気持ちで読んだのだろう。

久し振りに萩原のうちに行くと、なんとなく山口百恵風の女性がいた。二番目の女房になるノブだ。『話の特集』の矢崎泰久の秘書をやっていた人と紹介される。パリにいる間、萩原の手紙には何度か、山口百恵という新人アイドルのニュースがあったが、ノブのことは書いてなかった。その後も岩崎宏美のことばっかり言っているると思ったら、三番目の女房なぎさがやはりそんな感じの娘だった。パリ滞在中に起こった日本での出来事といえば、山口百恵の登場と、オイルショックのトイレットペーパー・パニックだ。山田宏一さんの書いてきた手紙には大笑いした。「今、日本中が紙不足で、トイレットペーパーの代わりに新聞紙を使っています。だからみんな、ケツのまわりがまっ黒ですよ」
ノブの紹介で、カネボウ化粧品のPR誌『BELL』のデザインを少し手伝うことになる。仕事を請け負っているデザイン事務所に行くと、白い捕虫帽を被り、白いワイシャツの襟元のボタンまできっちりとしめて、黙々と作業している革命工作少年みたいな人がいる。ペーター佐藤（憲吉）だ。うつろな目で私を見つめ、軽く会釈をしただけだった。

夏の終わる頃、相変わらずまとまった仕事もない萩原は、「アート、映像、演劇、ダンス、音楽、デザインなどをテーマにしたアート雑誌を作らないか」と、話を持ちかけてきた。「どこか目当てがあるの？」と訊くと、「最近、渋谷の区役所通りに、「パルコ」という高級ブティックビルができたのだけど、出版にも手を出しはじめている。そこの増田という専務がおふくろ（作家の萩原葉子さん）の小学校の同窓生らしいんだ。そこに話を持っていこうと思っている」と言う。

パリにいるとき、東京に「カフェ・ド・ラペ」と、「イヴ・サンローラン　リヴ・ゴーシュ」ができたことが話題になっていたが、それが渋谷のパルコであることを後で知った。もちろん、区役所通りはパルコの働きかけで、街灯などを整備し、公園通りと改名されたのだけど。言うまでもなく「パルコ」とは、イタリア語で「公園」の意味なのである。
だらだら坂を上った突き当たりの代々木公園の一隅にＮＨＫ放送センターが引っ越して、パルコができると、この辺りがメディア門前通りとして、あっという間に一変していく。それまでは、坂の途中にシャンソンのライヴなどをやるレストラン・カフェのジローがポツンと灯をともし、山手教会の下でライヴシアターのジアンジアンが、怪しげに活動していたくらいの、ラブホテルに囲まれた区役所通りは、うら寂しい通りだったのである。

萩原朔美という人はある種の発想魔なのだ。しかし自分の手で作ろうとするマエストロ（職人頭）タイプではない。誰かにやらせて達成する。卵を産んでも自分では育てない鳥がいるが、そんな人なのだ。早速に、山崎博、安藤紘平、かわなかのぶひろ、『季刊フィルム』の編集をしていた高橋克己らが招集されて、企画書作りの会議が始まった。

――六〇年代の若者たちによるカウンター・カルチャーの台頭は、旧来の価値を崩壊させ、さまざまな表現領域がクロスオーバーしながら、変革し始めた。それは七〇年代に入り、経済の高度成長の追い風を受けて、メイン・カルチャーとしてのステージを獲得しようとする勢いである。この時期、こうしたカルチャー・シーンを総覧するアート・マガジンの登場することが望まれているのは、自明の理である。誌名は『MEDIA』……

マニフェストのような、アジテーションのような文章から始まるその企画書は数十ページに及んだ。もちろん書式などない。我流の思いの丈をぶちまけたような書類だ。まだワープロや、パソコンが普及していないその時期、ガリ切りで鍛えた私が手書きで清書した。でき上がるとなんだかすごくやりたくなってくる。そしてその情熱に陶酔するように成功を確信し、みんなで乾杯した。

増田専務へのプレゼンテーションには、萩原が一人で臨んだ。私は近くの喫茶店で待機していた。何かあったら、といってても別に乗り込むわけにもいかないわけで、ただじりじりと待つだけだ。だいぶ時間がかかった。萩原はてくてくと戻ってきた。

「どうだった?」「うーん、面白がってはくれたけどね、駄目だった。でも、タウン誌をやらないかって」「で?」「考えますって言ってきた。まあ、メディアを持てればそこでやりたいこともできると思って。ただし、もう一回、企画書を作らなくちゃいけない」

当時は『プレイガイド・ジャーナル』などの地域情報誌が、若い人の行動のガイドブックとしてあり、のちにマニュアル本の原型となるマイナー・メディアがいくつかあった。そして『ELLE』の日本版『an・an』、『PLAYBOY』の日本版といった、外国版権雑誌の出版に続いて、植草甚一責任編集で始まった『Wonderland』(のちの『宝島』)が鮮烈な創刊をしたばかり、また情報誌の『ぴあ』も創刊して、メディア情報戦争の新しい局面を迎えようとしていた。

一方、「丸物」跡に開店した池袋の1号店から渋谷に本拠地を移したばかりのパルコは、もともと東急グループの牙城であった渋谷に、先に進出していた西武百貨店のグループとしての、援護射撃的な要素もあったのだろう。高級ブティックビルという従来にない商業施設は、「カフェ・ド・ラペ」や「イヴ・サンローラン　リヴ・ゴーシュ」といったパリの匂いをぷんぷん振りまいて、近くの空き地にはトレヴィの泉のコピーまで造ってしまった。

だらだら坂の途中に建つ荒削りの白い石の壁面に、ストロボライトが一面に点滅するパルコは、モービィ・ディック（白鯨）のような巨貌に見えた。そこの最上階には西武劇場（のちのパルコ劇場）が、老朽化し保守化した東急東横店最上階の東横劇場をあざ笑うかの勢いで、若々しいプログラムを組んでくる。その下のレストラン街には、京都の老舗「瓢亭」が分店の禁忌を破って店を出していた。

公園通りから路地を下った井の頭通りに面したところに、レストラン・シアター「カサビアンカ」を中心とした飲食ビルの、「チャオ・パルコ」も造っていた。その小さな抜け路が、のちに「スペイン坂」としてクローズアップされることになる。その頃はラブホテルと、小さな開業医と、あとはしもた屋だけの、ひっそりとした路地だったのだけど。「スペイン坂」というネーミングが、結果的に大当りしたのである。

西武百貨店の渋谷進出が、東急vs西武の「東西戦争」の一幕目であったとしたら、パルコの開店は第二ラウンドである。その渦中に私たちは西武グループ陣にアプローチしたということになる。もちろんそのような認識はまったくなかったのだけれど。例えば粟津潔が「カルチエ波留古」といったシリーズのポスターを作っていたりしたというきっかけもあったが、先鋭的な思想文化雑誌『遊』を編集していた松岡正剛が、西武劇場の活動を補助するような目的で、音楽や演劇の小事典を出版していたという、たったそれだけのことから、私たちはパルコにアプローチしたのだった。のちにいわれるセゾン・グループの企業文化戦略の黎明期だった。

雑誌のコンセプトは「タウン・ライフ・グローバリズム」。最近はやりのグローバル・スタンダードから考えれば、ずいぶん先取りなコピーだが、これも当時流行のヒッピー・ジェネレーションのサバイバル教本、『ホール・アース・カタログ』に影響されたものだった。都市を楽しく生き抜くためのマガジンということで、誌名は『ビックリハウス』。昔懐かしい遊園地に行くと、とんがり屋根の家があって、中の応接間のようにしつらえた椅子（ベンチ）に座っていると、椅子がグラグラ揺れだし、回りの壁がグルグルと回り出すという、今思えば他愛のない仕掛け小屋に恐声を発しながら乗っていた、そんな驚きを体感するような雑誌ということで、萩原が命名した。ノスタルジックで可愛らしいこの誌名は、のちにも長く親しまれるようになる。

あれやこれやとアイディアを盛り込んだタウン誌の企画が通ったら、その場で編集費だといって一〇〇万円の現金を渡されたのにはビックリした。私たちは壱万円札一〇〇枚の札束を、興奮のうちにためつすがめつしながら、しかし結局そのまま銀行に預けて、我らが「株式会社エンジンルーム」の資本金に化ける。萩原の自宅のウメスタを編集室にして始めたが、

ビックリハウス

ビックリハウス
TOWN LIFE GLOBALISM
特集:カメラ毎月
Come on, Nessy!
GREETINGS FROM B-H
G-MAN

一〇〇万円など五、六人が動けばあっという間になくなる。原稿料を払うどころの騒ぎではない。勢い込んで始まった雑誌作りも、やってみるとなかなか思うようにいかない。創刊号もゲラ刷りが出たところで全面的なやり直しとなり、出足からの大パニックになってしまった。

創刊企画は「君の窓から地球は見えるか」。「窓」の特集には、のちに京都の駅ビルを設計することになる原広司がエッセイを書いている。銀座五丁目、渋谷道玄坂、下北沢などで採集した一二種類の雑草（中には毒草のトリカブトもあった）を分析し、調理して食べたりもした「大雑草物語」。「宇宙に立つ」という特集では、逆立ちして物の見え方が変わることを体験しようというもの。これなども、ヒッピーに人気のあったヨガの影響で、私など「風呂屋の湯船で逆立ちしたら面白いね」とつい言ったら、お前がやれということになってしまった。えーっ！開店前の風呂屋で一人だけ裸になる。壁面に向かってやると、チンチンが丸見えになる。洗い場の方に向かって湯船に頭をつけ、逆立ちするのは、縁にぶつかりそうで怖い。それでもできたのは、そこが女風呂だったからかもしれない。大笑いしてやってみたはいいが、編集の仕事も半端じゃないなと考えてしまった。

パビリオン 13

パルコ文化館

パルコのマスダ学校

増田通二専務の恐怖決裁にサバイバルすること

創刊30周年記念ビックリハウス祭（2004）　左から日比野克彦、榎本了壱、増田通二

人には天性の教育者、教師という才能を持った人がいる。栗津潔もそうだが、パルコの創設者の一人でのちに会長にもなる増田通二という人も、有能な経営者であると同時に、生まれながらの教師という天分があった。栗津潔は自らが遊ぶようにして、学ぶことの楽しさを諭す達人、「仏の教師」であるとすれば、増田通二は、頭蓋骨をかち割って脳みそを摑み出し、人差し指でちょんちょんと突つきながら、「このへんの頭を使うんだ！」と指示するような、大胆かつ強烈直截的な教育指導者、いわば「鬼の教師」だった。

増田さんには、ちょっと変わった経歴がある。父親は画家、自身ものちに油絵を描きだす。個人でニキ・ド・サンファールの個人美術館も造った。それで建築賞も貰った。いずれにしてもパルコの広告戦略を担当するにふさわしい人材だった。実際に都立高校の教師もしている。確か社会科だった。当時、上野にあった夫人の実家の料亭「花屋」は百貨店の食品売り場に惣菜を卸していて、それを定時制に通う生徒に手伝わすなど、金八先生を実践したみたいな人でもあったらしい。しかしやがて高校、東大時代の学友である堤清二氏から声がかかり、教師をやめて百貨店経営に乗り出す。それもそれ、もとはといえば増田さんは、堤清二の父親、西武グループの創始者で政治家でもあった、堤康次郎の書生をやっていたというのだから、返り咲きと言ったほうがいいのかもしれない。

こんなことがあった。一九九〇年頃だったと思う。麻布にあった堤邸に隣接した土地に古い瀟洒な西洋館があった。文化学院の創設者・西村伊作設計のモダンな建物で、それを建築プロデューサーのシー・ユー・チェンたちが会員制のクラブとして運営していた。「文明楼」といった。そこを借り切って、私の事務所「アタマトテ」の忘年会かなにかをしたとき増田さんをお呼びしたら、「エノさん、どうしてこんなとこ知ってんの」と開口一番。「いやね、おれは学生のとき、康次郎さんの書生をしてたんだが、それがここさ。ここにいた。驚いたねえ」四十年の空白を懐かしむように語られた。そのときはもう増田さんはパルコの会長を辞されていた。最後の幇間《ほうかん》芸人、悠玄亭玉介師匠にスケベ芸をやってもらったり、山上進さんに津軽三味線を弾いてもらったりして座が沸いた。一〇〇人招待して一〇〇万円かかった。

パルコの創生期、池袋店は一九六九年十一月にオープンしているが、渋谷店ができる一九七三年からの七〇年代が、ともかく圧倒的にパルコの時代となった。『パルコのアド・ワーク 1969―1979』(パルコ出版)という本がある。それを見ると、例えばアートディレクターの石岡瑛子、イラストレーターの山口はるみ、ファッション・ジャーナリストでコピーライターの小池一子、舞台美術家の朝倉摂といった猛烈な女性軍団が、コマーシャルや、企業戦略、西武劇場（現・パルコ劇場）を中心とした文化戦略の首脳陣として表舞台で、まさにパルコの顔を、果敢にアピールしていた。

もちろんそればかりではない。実にたくさんのアートディレクター（田中一光、草刈順、長谷川好男、力石行男、鈴木清二）、コピーライター（長沢岳夫、杉本英介）、CFディレクター（高杉治朗、石井道貫、椙山三太）、フォトグラファー（横須賀功光、坂田栄一郎、菅昌也、藤原新也、鋤田正義、操上和美）、ヘアメイク・アーティスト（マキシーン坂田、伊藤五郎、川邊サチコ）、イラストレーター（粟津潔、灘本唯人、和田誠、吉田カツ、滝野晴夫、横山明、ペーター佐藤、合田佐和子）たちが、パルコを作っていたわけだが、その統率者が増田さんである。

ヴィジュアルに出てくるモデルも半端ではない。「モデルだって顔だけじゃダメなんだ。」というCFにはレネ・ルッソが、同じく「鶯は誰にも媚びずホーホケキョ」にはグレース・ジョーンズやドリス・スミスが出てくる。いずれも三宅一生のコレクションにも出ていたトップモデルである。ルイ・マルの映画『ルシアンの青春』に主演したオーロール・クレマンも、セブ島近くの小島の海辺で「裸を見るな。裸になれ。」と、眩しくヌードになった。また祇園の芸妓・豊千代、小林麻美の日本の美。そして、ドミニック・サンダ、フェイ・ダナウェイと仏米を代表する大女優が登場し、最後は沢田研二も全裸で海から現れてきた。すべてが、大人っぽいエロスに充満していた。パルコはカッコよかった。

そして今でこそさほど珍しくはなくなったが、「カフェ・ド・ラペ」「イヴ・サンローラン　リヴ・

ゴーシュ」に代表される、国際的かつ、高級で、先端的なブランドを前面に出し、さらには三宅一生のショップやコレクション開催などで、まさにパルコは百貨店形態から、大型高級専門店へと、前例のないファッション業界の業態革命を標榜する急先鋒に立っていたのである。

その頃、私たちが請け負っていた雑誌『ビックリハウス』は、情けないことに若者向けのタウン誌だった。深夜放送まがいの読者参加と、パロディがもっぱらの中心テーマである。それはドメスティック（地域的）で、低俗で、かろうじて先端的ではあったけど、しかしおおよそノンブランドな性格のものだった。カッコいいパルコの日陰の子のような存在だった。しかし増田通二はそれをよしとした。編集する私たちのほうが半信半疑だったが、一年ほどして雑誌としての成果が出はじめた頃に、増田さんはこう言った。

「いいんですよ。『ビックリハウス』の読者は、今うち（パルコ）のお客にはなれないけど、十年もたてばみんなパルコに帰ってきますよ」それは達観だった。一九八〇年代に入ると急速に新たな若者文化が興隆してくる。十年待たずにヤング・カルチャーの大潮流が押し寄せてきた。若者は消費者としての能力を現しはじめ、店内の店舗展開もヤング向けに変わり出していく。しかもその若年化の勢いはあっという間に渋谷を、公園通り・スペイン坂界隈から若者の街に変貌させていく。そしてそれはそのまま、若者の牙城新宿から王者の席を奪うように、一九九〇年代末のガングロ山姥族の隆盛まで、一貫して若者文化の中心地として君臨すること

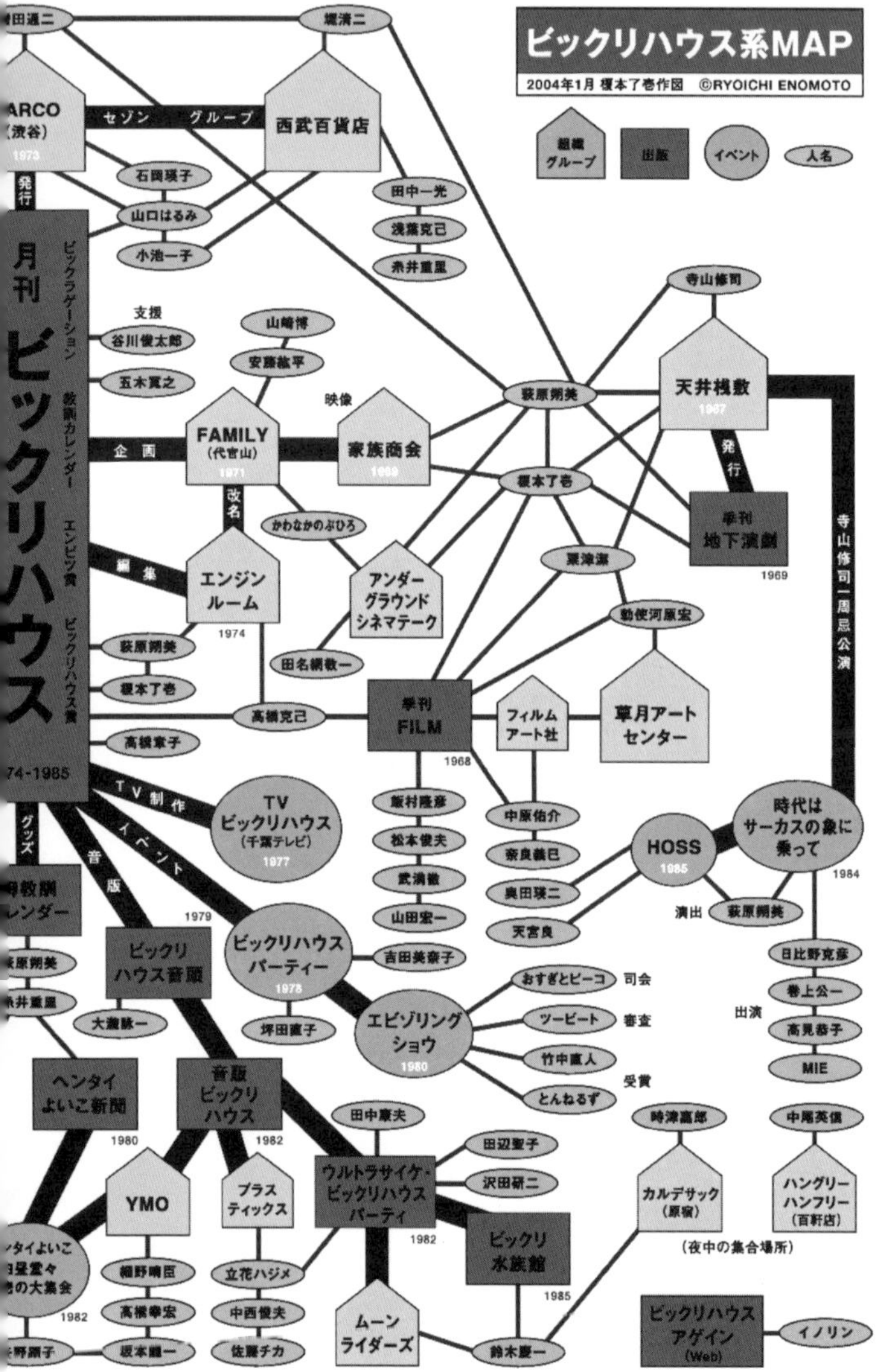
ビックリハウス系MAP
2004年1月 榎本了壱作図 ©RYOICHI ENOMOTO
組織グループ
出版
イベント
人名
ARCO
(渋谷)
1973
セゾン グループ
西武百貨店
堤清二
田中一光
浅葉克己
糸井重里
石岡瑛子
山口はるみ
小池一子
発行
月刊
ビックリハウス
74-1985
ビックラゲーション
教訓カレンダー
エンピツ賞
ビックリハウス賞
支援
谷川俊太郎
五木寛之
山崎博
安藤紘平
FAMILY
(代官山)
1971
企画
映像
家族商会
1969
改名
かわなかのぶひろ
編集
エンジン
ルーム
1974
アンダー
グラウンド
シネマテーク
田名網敬一
荻原朔美
榎本了壱
髙橋克己
髙橋章子
季刊
FILM
1968
フィルム
アート社
草月アート
センター
勅使河原宏
粟津潔
寺山修司
天井桟敷
1967
発行
季刊
地下演劇
1969
寺山修司一周忌公演
飯村隆彦
松本俊夫
武満徹
山田宏一
中原佑介
奈良義巳
奥田瑛二
天宮良
HOSS
1985
時代は
サーカスの象に
乗って
1984
演出
荻原朔美
日比野克彦
巻上公一
高見恭子
MIE
出演
TV制作
TV
ビックリハウス
(千葉テレビ)
1977
グッズ
教訓
レンダー
荻原朔美
糸井重里
音版
イベント
1979
ビックリ
ハウス音頭
大瀧詠一
ビックリハウス
パーティー
1978
吉田美奈子
坪田直子
エビゾリング
ショウ
1980
おすぎとピーコ
司会
ツービート
審査
竹中直人
とんねるず
受賞
ヘンタイ
よいこ新聞
1980
音版
ビックリ
ハウス
1982
YMO
細野晴臣
高橋幸宏
坂本龍一
プラス
ティックス
立花ハジメ
中西俊夫
佐藤チカ
ウルトラサイケ・
ビックリハウス
パーティ
1982
田中康夫
田辺聖子
沢田研二
ビックリ
水族館
1985
ムーン
ライダーズ
鈴木慶一
タイよいこ
白昼堂々
の大集会
1982
野顕子
時津嘉郎
カルデサック
(原宿)
(夜中の集合場所)
中尾英俊
ハングリー
ハンフリー
(百軒店)
ビックリハウス
アゲイン
(Web)
イノリン

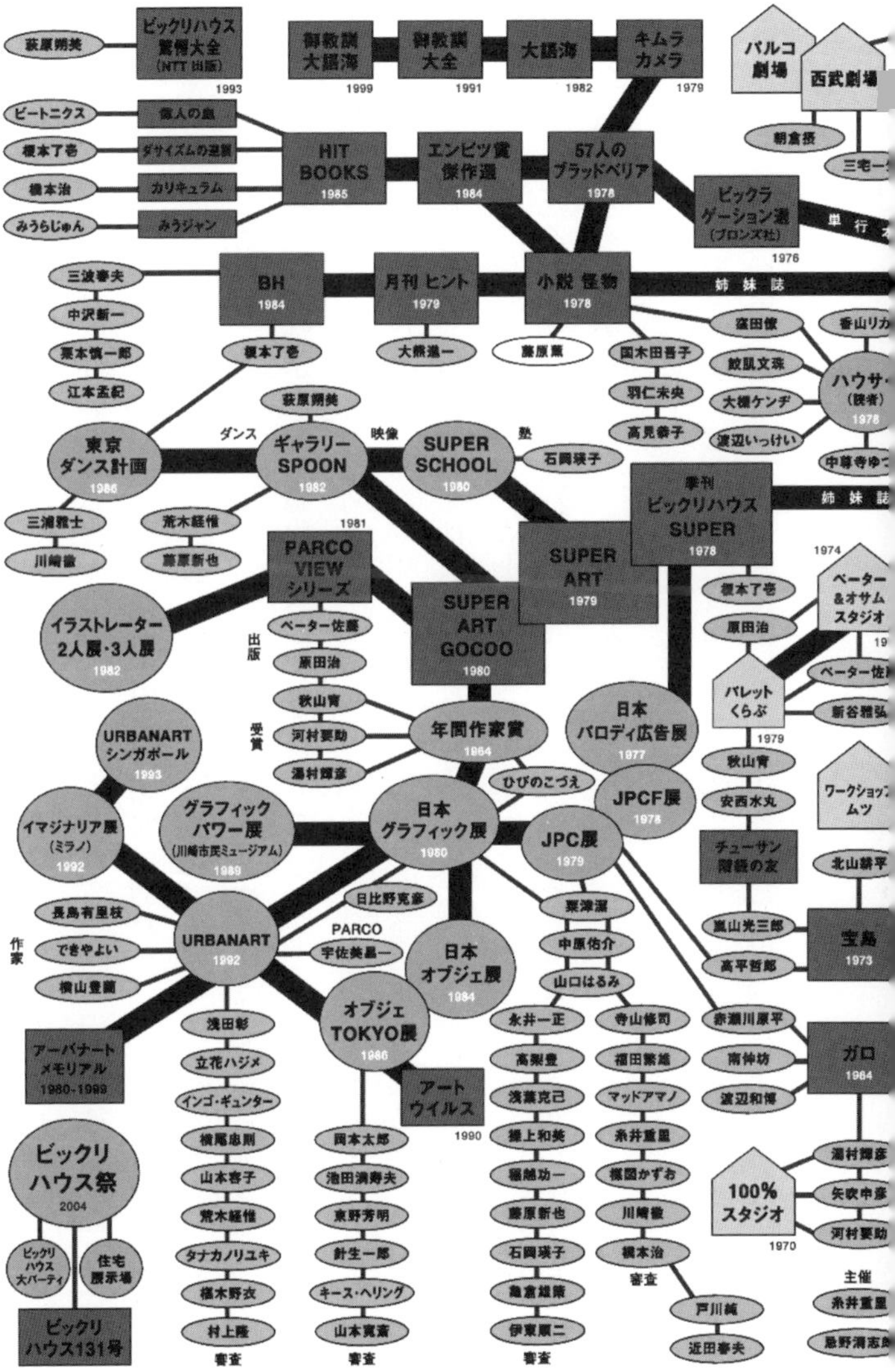
荻原朔美
ビックリハウス 驚愕大全 (NTT出版) 1993
御教訓 大語海 1999
御教訓 大全 1991
大語海 1982
キムラ カメラ 1979
パルコ 劇場
西武劇場
朝倉摂
ビートニクス
榎本了壱
橋本治
みうらじゅん
偉人の島
ダサイズムの逆襲
カリキュラム
みうジャン
HIT BOOKS 1985
エンピツ賞 傑作選 1984
57人の ブラッドベリア 1978
ビックラ ゲーション選 (ブロンズ社) 1976
単行本
三波春夫
中沢新一
栗本慎一郎
江本孟紀
BH 1984
月刊 ヒント 1979
小説 怪物 1978
姉妹誌
榎本了壱
大熊進一
藤原薫
国木田吾子
羽仁未央
高見恭子
窪田僚
鈴木文珠
大槻ケンヂ
渡辺いっけい
香山リカ
ハウサー (読者) 1978
中尊寺ゆつこ
荻原朔美
ダンス
映像
塾
東京 ダンス計画 1986
ギャラリー SPOON 1982
SUPER SCHOOL 1980
石岡瑛子
三浦雅士
川崎徹
荒木経惟
藤原新也
季刊 ビックリハウス SUPER 1978
姉妹誌
1981
PARCO VIEW シリーズ
SUPER ART 1979
SUPER ART GOCOO 1980
1974
ピーター &オサム スタジオ
イラストレーター 2人展・3人展 1982
出版
ピーター佐藤
原田治
秋山育
河村要助
湯村輝彦
受賞
年間作家賞 1984
榎本了壱
原田治
バレット くらぶ 1979
ピーター佐藤
新谷雅弘
日本 パロディ広告展 1977
URBANART シンガポール 1993
ひびのこづえ
JPCF展 1978
秋山育
安西水丸
ワークショップ ムツ
イマジナリア展 (ミラノ) 1992
グラフィック パワー展 (川崎市民ミュージアム) 1989
日本 グラフィック展 1980
JPC展 1979
チューサン 階級の友
北山耕平
長島有里枝
できやよい
横山登爾
作家
URBANART 1992
日比野克彦
PARCO
宇佐美圭司
日本 オブジェ展 1984
栗津潔
中原佑介
山口はるみ
嵐山光三郎
高平哲郎
宝島 1973
赤瀬川原平
南伸坊
渡辺和博
ガロ 1964
オブジェ TOKYO展 1986
アーバナート メモリアル 1980-1993
アート ウイルス 1990
浅田彰
立花ハジメ
インゴ・ギュンター
横尾忠則
山本容子
荒木経惟
タナカノリユキ
椹木野衣
村上隆
審査
岡本太郎
池田満寿夫
東野芳明
針生一郎
キース・ヘリング
山本寛斎
審査
永井一正
高梨豊
浅葉克己
操上和美
福田繁雄
マッドアマノ
糸井重里
湯村輝彦
矢吹申彦
河村要助
100% スタジオ 1970
主催
糸井重里
ビックリ ハウス祭 2004
ビックリ ハウス 大パーティ
住宅 展示場
ビックリ ハウス131号
稲越功一
篠山紀信
藤原新也
石岡瑛子
亀倉雄策
伊東順二
審査
篠原かずお
川崎徹
橋本治
審査
戸川純
近田春夫

になる。もしこの記述が間違いないとしたら、その発端の仕掛人は増田通二である。

雑誌『ビックリハウス』を編集することになると、月々の特集企画のプレゼンや、前月の成果など、頻繁にチェックが行われだした。当時のパルコではそれを専務決済といい、ともかく増田通二の決済がなければいかなることも進行できなかった。専務室の前の待合には、決済を待ってビビリまくる列ができ、専務室から罵声の声が頻繁に漏れた。呵責のない決裁の大恐慌と、それに対応する疾風怒涛のような新しい課題提出の強制。この「マスダ先生」の激烈な叱咤の嵐を乗りきるには、バサラ泳法で五〇メートルを潜水で泳ぎきるような気持ちがないとサバイバルできない。機嫌が極めて悪いと灰皿が飛んでくる。それをかいくぐりながら、企画をひきも切らさず提案していく。こうした一見恐怖政治のような状況下で、しかしそれでへこまない意地のせめぎ合いになる。そんな中で、なにかとわれわれを励まし、あるときはポケットマネーまで出して、雑誌の制作費を補填してくれたりと、増田さんとの絶大な緩衝材になってくれたのが、広告宣伝を担当していた石川福夫部長（当時）だった。救世主のような人たちが、ときどき窮地に追い込まれると現れて、私たちをしばしば救ってくれた。こうした隠れた篤い支援がなかったら、今の私はなかったろうと思う。

しかし、だから、ほめられたときはすごくうれしい。私たちの無知で無防備な提案にはクレームも多かったが、増田さんはひそかに鍛えがいのあるやつらだと思っていてくれたのかもしれない。仕事は千葉テレビの『TVビックリハウス』（七七〜八年）という番組作りや、新しい雑誌のヴィジュアル系『ビックリハウスSUPER』（七七〜九年）、のちの『SUPER ART』（七九年）、『SUPER ART GOCOO』（七九〜八一年）、『ビックリハウス』の大人版『BH』（八四年）（いずれも私が編集長）、文芸誌『小説怪物』（七八〜九年）、科学誌『月刊ヒント』（七九〜八〇年）などの出版、「JPC（日本パロディ）展」（七七〜八五年）、『JPCF展』（七八〜九年）、『エビゾリングショウ』（八〇年）、「日本グラフィック展」（八〇〜九一年）、「オブジェTOKYO展（日本オブジェ展）」（八四〜九一年）と、さまざまなイベント制作へと展開していった。失敗も多かった。増田さんは気に入らなければ、展覧会名も誌名も、発行回数も、躊躇なく変えた。しかし大成功もした。怖いおっさんだけど、気に入ればなんでもさせてくれるという、期待もあった。面白いことにはノーはない。「SUPER SCHOOL」（八〇〜一年）という塾や、ビデオアートのための「STUDIO Spoon」（八三〜四年）もやらせてもらった。仕事をしていても、私たちにはいつもどこか、仕込まれているという感覚があった。やはり天性の教師「マスダ先生」なのである。

一九八〇年『SUPER ART GOCOO』二月号での、田中一光、石岡瑛子、草刈順の鼎談「企業広告とアートディレクション」で、石岡さんはこう発言している。

――私は渋谷パルコのオープニングキャンペーンから企業広告を本格的に創ってきたんですが、実はパルコが、一体核に何を持っていきたいのかがわからなかった時期があったんですね。というのは私とその時期のチームの人間があるキャンペーンを手がけることになって、私たちなりの表現が出てくる。そうすると突然『ビックリハウス』あたりがポーンと出て、全く別個のパルコのキャラクターを創り出していく。そして西武劇場（現・パルコ劇場）からは田中（一光）さんが独自の世界を送り出していく。それがパルコのような企業にとって一つの非常に有効な方法論であると気がつき出したのは、渋谷パルコが動き出して西武劇場が本格的になって、『ビックリハウス』が登場し出してからだと思います。

うれしい一言である。私たちにしてみれば、石岡瑛子という存在は、パルコそのものと言ってもいいほど、カッコいい保守本流の堂々たるクリエイターである。西武劇場をふくめてカッコいいパルコのなかで、私たちはいわばいかがわしい異形の軍団、裏パルコのクリエイターであったことは、石岡さんの発言からも十分にうかがえる。

石岡さんが最初にニューヨークに拠点を移す少し前の頃、一九八〇年頃だったろうか、石岡さんと公園通りを二人でぶらぶら歩いたことがある。若い女性たちが華やかに歩いているその風景を見ながら石岡さんは、「今、援助交際なんていうのがはやっているみたいだけど、私たちがパルコの仕事なんかしてるもんだから、そんな子が増えるのかもしれないわね」と、ぽつりと言われた。強烈なメッセージを送るということは、それに煽情されてしまう人が必ずいるということで、想定外の結果を生み出してしまうということは、しばしば起こる。その後しばらくして、石岡瑛子は完全に仕事の拠点をニューヨークに移してしまった。

ともあれ、「なに？　あの汚らしい雑誌」と最初は思われていた私たちの『ビックリハウス』と、石岡瑛子を筆頭にした高級で上質なものとを取り合わせる多面体のパルコを選択したのは、ほかならぬ増田通二だった。しかもすでに、時代は猥雑と、禁忌を支持する若者たちのエネルギーに席巻されだしていた。

あるいは広告が表層のメッセージであるとしたら、私たちのやっていたことは、雑誌やイベント制作を通じて、まさにパルコのソフトウェアを作っていたのである。渋谷のパルコのみならず、その頃全国に急速に増殖し出したパルコ各店に私たちのソフトはばら撒かれていった。増田さんにしてもまさかの成果ではなかっただろうか。アートディレクターに石岡瑛子を起用するよりも、ずっと安易に選択しただろう。萩原朔太郎の孫でアングラ演劇崩れの若造と、その仲間にどんなことができるものか。だめなら切ればいい。それが仕込んだら、案外ハマッた！　賭け好きの増田通二は賭けに勝った。

しかし、増田さんの会長辞任は呆気なかった。株式上場の最中のごたごたで、さっと身を引いてしまった。しばらくして「増田さんに感謝する会」を企画した。会場のパブパルコのキングスベンチは、パルコのクリエイティヴに関わる錚々たる人々で埋めつくされた。私にはひとつの画策があった。絵画好きの増田さんにみんなで絵をプレゼントすることである。しかもみんなで一緒に絵を描いて。その頃私は日本テレビの『11PM』に出演していたので、番組に登場するヌードモデルを三人、極秘に手配した。宴もたけなわというときに、出席者にスケッチブックが渡され、突然ガウンを着たモデルが現れる。酒の入った場内は一瞬騒然となる。モデルたちが裸になると、ますますざわめき立ったが、そのうち急に会場は驚くほど静かになった。山口はるみは流麗な曲線を走らせ、日比野克彦は例のごとく、浅葉克己は陰毛だけを丹念に実物大に描写していた。アートディレクターがいた。イラストレーターがいた。写真家がいた。俳優がいた。糸井重里も川崎徹も描いていた。スケッチブックにカリカリとデッサンする音だけが会場を満たした。

その夜のうちに、増田さんは二〇〇冊に及ぶスケッチブックを手にすることになる。この増田通二というかいぶつ中のかいぶつも、『開幕ベルは鳴った　シアター・マスダへようこそ』(東京新聞出版局・〇五年)で、劇的な八〇年を記述する。私も今こうして自分の周辺を振り返っているわけだけれど、増田さんがあと十五年早く記述に取りかかっていたら、どんなに濃厚な自叙伝を仕上げていたか、それを思うと残念でならない。だがパルコの創生期からの二十年だけでも十二分に、増田通二の圧倒的な存在証明である。本をまとめられて二年後、呆気なく亡くなってしまった。

パビリオン 14

パロディ編集館

「アンアン」が「ワンワン」になった日

アイディアの源泉は徹底した自己満足

『ビックリハウス』ワンワン特集（1974） イラスト＝原田治

「技のデパート」といえば舞の海だった。その技は「猫だまし」に象徴されるように、際立って珍しい技はなぜか滑稽で面白い。しかしこれは相撲の世界ばかりではないと思う。「珍しいもの（こと）は面白い」のが普遍なのである。珍しいものに出会えば誰でも「なにこれ！」と騒ぐ。赤塚不二夫の「うなぎ犬」とか、座敷に丁寧に置き忘れられた人糞とか。咀嚼できるまでの間、人は驚くことをやめないか、わけもなく笑う。滑稽とは異物だ。当たり前のことはどんなことがあっても滑稽ではない。それを笑うのは奇人か、狂人だ。ときに古くなった当たり前が遺物のように珍しく、おかしくなることはあるが。

吉本新喜劇の笑いはマンネリズムだ。今風に言うなら「退廃力」である。突き押しと寄り切りでほとんど勝ってしまった曙が、強いのにかかわらずどことなく滑稽だったのもまた、マンネリズムである。そして異種格闘技に転向して負けつづけるのもマンネリズム。これは、他のことができない単質単純であること、愚行を見るおかしさである。そう、愚行は忌避されると同時に滑稽である。タブーは常に排除と笑いの対象になる。「笑い者」は常にそこから排除される。

例えば緊張した席での放屁、教室での脱糞。忌避されると同時に笑われる。「ウン坊」という三十歳にもなるバンドのマネージャーがいたが、そのニックネームは彼が小学校でウンコを漏らして以来つきまとっていた（秘密を漏らしてゴメン）。人は笑いと犯罪に対して、想像以上に執念深い。笑いは、迎えられないことを浄化し、清めようとする。

山口昌男が「笑うのは、人とハイエナだけ」と話したことがあった。ハイエナはせっかくの獲物を横取りされたとき、人と同じように笑うのだそうだ。自嘲か、虚空の来るべき略奪者に対する威嚇か、あるいは忌むべき記憶抹消のための浄化行為か、単なる空腹感からか。ともかく「ハハハハ……」と息を吐いて笑うらしい。

一応このくらい「笑いの定義」を心得ておけば、あとはわけない。実際私たちはこんなことも知らずに無自覚に、『ビックリハウス』を建てはじめたのである。最初は風が吹けば飛んでしまうぐらいの、恐ろしいほどのバラックだった。『ブーフーウー』という豚の三兄弟の絵本を読んでさえいれば、家はレンガ造りのしっかりしたのがいいのがわかる。しかしウケる家となるといささか違う。補強し、建て増ししながら、結局フェルディナン・シュヴァルの理想宮のような異形になったとき、『ビックリハウス』は押しも押されもせぬお笑いの殿堂になっていく。しかしそうなる前の創生期、ガタガタの『ビックリハウス』を救ってくれたのは、当時「ペーター&オサム・スタジオ」というときどきユニットで仕事を始めていたペーター佐藤と、原田治の二人だった。ともかく中身のない『ビックリハウス』を、二人のイラストレーションがチャーミングにフォローしてくれて、崖っぷちに建つバラックを面白くしてくれた。その後この二人に、秋山育、安西水丸を加えて、最初のメンバーの「パレットくらぶ」が誕生する。

自信満々、意気揚々に始まった私たちの『ビックリハウス』造りも、しかし当初はかなりな困難を極めた。『ビックリハウス』とはよく名付けたもので、雑誌作りも家造りも基礎は似たようなものである。土地の形状や特性の把握、施設の規模と目的、建築仕様、体育館を造るのかコンサートホールを造るのか、用途を明解にし、機能を整理して組み立てていかないと、とんでもない建築物になってしまう。いや漠然ととんでもないものを造ろうといった思いがあったのがさらにいけなかった。夏から始まった雑誌作り、それもA5判四八ページの小さな雑誌を作るのに、その冬の十二月までかかってしまったのをみても、いかに難工事であったかがうかがえると思う。それに施主パルコのマスダ先生からの激しいチェックが出る。印刷に入る直前のゲラを見てストップをかけたのも増田さんだった。

しかし私たちの心のなかには、何がなんでもこの難工事を完成させなくてはいけないという意気込みは案外希薄だった。なんとなく始まってしまったけれどそれはほんの行き掛かりであって、これが最終目的でもなんでもない。与えられたメディアはいずれ自分たちに有効なものに整備したいと安易に考えていた。それが意外や一筋縄ではいかない注文の嵐である。こうなると自分たちの実力のなさに腹も立つし、本気にもなってくる。トレーニングのつもりで走り出したトラックが実はレースであることを知る。当たり前である。誰が金を出して遊ばせようか。やがて私たちはかなり本気になって、雑誌作りレースを走り出すことになる。

私たちは当初「真面目を面白く」という編集コンセプトをとっていたように思う。『ホール・アース・カタログ』のような都市サバイバルマニュアル本を想定した雑誌作りだったのである。これがしばらく私たちの雑誌作りの足かせとなった。雑誌はメッセージを送るものという先入観が私たちを支配し、雑誌を作ると決まったそのときから瞬間冷凍されてしまったのだ。それがじわじわと自然解凍していく。やはり雑誌作りは「面白いを真面目に」である。最初のきっかけは、小中高校生にエッセイを書かせる「フルハウス」（創刊号から）というコーナーで、これが結構読める。これで若年雑誌であることをアピールし、雑誌のターゲットを明快化することができた。

続いて「ノンセクション人気投票」（六号から）は、アンディ・ウォーホルの「誰でも十五分ずつ有名になれる」といった警句を受けて、『平凡』や『明星』という芸能雑誌がやっていた歌手や俳優を対象にした人気投票を、無差別対象にして募集してみる。当時人気のアグネス・チャン、山口百恵、天地真理らを大きく押さえて、全く無名の「ニッポーのおねえさん」という早大近くのレコード屋さんの人・小林香津子さんが、半年間で三万一七五点を獲得して堂々の第一位。少なくとも「ニッポーのおねえさん」は数ヶ月間、有名人になってしまったのだ。既成の価値体系をひっくり返すバリューニヒリズム（価値懐疑）の宣戦布告である。その後猛烈な葉書の山が連日編集部に舞い込むことになる。

「ビックラゲーション（最近ビックリした出来事）」（七号から）は、例えば「映画をこうふ

今月のビックリハウス賞

ミスター・タモリ受賞！

知る人ぞ知る！　ミスター・タモリのウルトラ海賊放送！　時々、水曜パックなんかで北京放送始めたりする彼だ。幾多のライバルを蹴落として、ビックリハウス賞を受賞してしまった。デヴュー間もないミスター・タモリ、運に強いのだ！

「ビックリハウス賞」 受賞ミスター・タモリ（1976）

今月のビックリハウス賞

竹中直人殿

貴殿は、学生の分際で草刈正雄から萬屋錦之介、はたまたブルース・リー三本立てまでをうわぁ〜〜♪っと華麗に物真似せしめ、見る者を絶頂の窮みに導いてくれました。荒んだこの世にあって、己れをよく知り、己れの顔を出さずして国民の心を震えさせたことは絶唱に値します。よってここに謹んで、ビックリハウス賞を贈ります。

「ビックリハウス賞」 受賞竹中直人（1979）

『ビックリハウス』創刊号（1974）　中央の風呂で逆立ちしているのが榎本了壱

『ビックリハウス』24号表紙（1977）
イラスト＝原田治　モデルは榎本了壱

『ビックリハウス』の編集スタッフ、イラストレーターたちのブロマイドを作って売った（1977頃）　撮影＝沢渡朔

んして観ていたら、となりにいたセーラー服の女子学生に『あのう、鼻息がかかるんですけど』と、言われた」というような誰にもある日常的な変な体験レポート集である。この作品はちなみにビッグムーン大槻こと、大槻ケンヂ十三歳のときのものだ。この企画もすぐに『ビックラゲーション選』(ブロンズ社・七六年)という単行本になるほど、人気コーナーになった。

しかし私たちは雑誌作りをしているものの、売れている雑誌というものが、基本的にどのように作られているのかというノウハウがまったくなかった。経験した雑誌といえば、寺山修司責任編集の『季刊地下演劇』や、草月アートセンターが母体になって始まった『季刊フィルム』のような演劇や映画の前衛的な理論評論誌である。

どうしようかといったところで、私たちが始めたのが、人気雑誌の研究だった。特集の作り方、原稿の書き方、誌面構成デザイン、そうやって見てみると、一九七〇年に創刊の新しいタイプのファッション誌『an・an』は、なるほどすべてが斬新だ。文体は若い女性言葉、書体(フォント)は丸文字風のタイポスやナール、タイトルコピーの作り方がシャレている。いっそのこと『an・an』スタイルで『ビックリハウス』を作ってみようかということになり、犬の特集を組んでそのタイトルを「wan・wan」としてしまった。

本表紙は原田治による歯磨き中の犬のイラスト。特集の扉イラストはペーター佐藤のベレー帽をかぶった犬。『ELLE JAPON』を「INU JAPON」にして、パンダのキャラクターを白黒のブルドック犬に変える。犬の美容院、病院、ドッグフーズ、アクセサリーと「ブティック探し」コーナーがあり、その頃『an・an』でイラストマップを描いていた原田治さんが表参道、明治通り周辺の犬地図を描いた。フランスの女子高生リセエンヌならぬリセイヌのファッション写真。料理や、ヘアスタイルやアクセサリーのコレクション。イヌ情報満載の「ワンワンジャーナル」、おまけに犬飼智子さんの掌編小説とすべてが『an・an』風。ヤケクソ半分、イナオリ半分、こんなことアリ？ ヤバくない？ おっかなビックリやった。しかしやってみると犯罪を犯しているみたいにスリリングで面白い。結果、この企画は本家の『an・an』編集部にも好評を博した。のちにパロディ雑誌と言われるようになる『ビックリハウス』の夜明けである。一九七五年十一月号（通巻一〇号目）のことだった。

これに気をよくして、「CORO」（『GORO』のパロディ）、「ドーロショー」（『ロードショー』）、「その日暮しの手帖」（『暮しの手帖』）、「青少年チャンピオン」（『少年チャンピオン』）、「主婦のナヌ」（『主婦の友』）、「なかよし幼稚園」（『なかよし』と『幼稚園』）、「カメラ毎月」（『カメラ毎日』）「教養と料理」（『栄養と料理』）、「終刊ポスト」（『週刊ポスト』）と手当たり次第のパロディ特集が続き、嵐山光三郎責任編集の「平本」（『平凡』）や、原田治編集の「タヌキハウス」（『ビックリハウス』）などの特番も組んだ。これがやがて日本パロディ広告（ＪＰＣ）展の公募につながり、日本グラフィック展などのアートコンペティションのさきがけとなっていくのである。

「石橋をたたいて割る」「ブルータス、おまえモカなら、おれコロンビア」というスタンダードなことわざから、「クロネコヤマトの卓球部員」「昔のナマコで出ています」というコマーシャルや歌詞のパロディまで、「御教訓カレンダー」（七七年十月号から）は萩原朔美の発案。朝日新聞の「百人一首」のパロディが評判になったとき、教訓やことわざでやったら絶対ウケると閃いた。母屋の『ビックリハウス』がなくなった現在でも公募しており、ロングセラー、ベストセラー・カレンダーとして健在だ。一九九九年十一月には二十五年分の御教訓をまとめた『御教訓大語海』（パルコ出版）も出版した。ともかく『ビックリハウス』誌上空前の大ヒット企画となった。

企画の基本は成功例の活用、しかもただ単なる流用ではなく、笑う、冷やかす、もてあそぶ。文学をやろうとすればまずは芥川賞となる。『ビックリハウス』の芥川賞は「エンピツ賞」として登場する。年二回の募集で（中間報告になるが）十年間（二〇回）の応募総数が三万一〇三三作品。ここからは作家の窪田僚、ヤサグレ評論家で作家の乗越たかお（本多未知鷹）、そして「エンピツ賞」二連覇、おまけに「カートゥーン大賞」も受賞して、人気実力放送作家になった鮫肌文殊、しかし思ったほど人材は出なかった。『ビックリハウス』は結構そういう雑誌なのである。優秀な読者が必ずしも優秀な作家ならず。確かに出版や、広告デザイン、音楽などの業界に入っていった人々は多いのだけど。これが『ビックリハウス』なのだ。この企画も『57人のブラッドベリアン』（新書館・七七年）や、『エンピツ賞傑作選』（パルコ出版・八四年）などの単行本にもなっている。
単行本化といえば、糸井重里責任編集の一九八〇年十月号から八二年七月号まで連載の『ヘンタイよいこ新聞』（単行本はパルコ出版・八二年）だ。これについては別の項で話すが、終了時には「白昼堂々秘密の大集会」も盛大に開催した。この「ヘンよい」は、現在大人気のインターネット新聞『ほぼ日刊イトイ新聞』に見事その精神が継承されている。ちなみにURLは、http://www.1101.com である。

この「ヘンよい」に先んじること一九七七年七月号から始まった「日本勉強協会」は、「ジャパベン合衆国」に成長し、ゴミン大統領として雑誌内独立国を統治し、のちにオメイ二師に転身して国を逃れたのが私だった。成績のよい者には国民番号を与え、「トモノエ！　トモノエ！」と私の苗字を逆さから叫ばせた独裁者だった。ここで展開された「商売半畳＝小さな店」みたいな新解釈の「専門熟語講座」や、「エルビス＝肥満で死ぬ」のような英訳動詞の「新動詞大系」、あるいは「ナバロンの洋裁＝ナイロンに変わる繊維ナバロンがひきおこした洋裁革命とそれをめぐる人々のみにくい争いを描く」といった「ＵＳＪ大事典」は、言葉遊びをまとめてベストセラーになった単行本『ビックリハウス版・国語辞典　大語海』（パルコ出版・八二年）に多大な貢献をすることになる。所ジョージの「四文字烈語」などの源泉的なコーナーだった。「ジャパベン」は一九八一年十一月号まで続いた。

言葉遊びでは「全国流行語振興会」（七八年八月号〜八三年十二月号）が、「めざせ広辞苑！」を標榜して始まった。「ムキンポ」「えびぞる」「びでんぶ」「エガワル」等の傑作を生んだ。今では『カガクル』などという雑誌が何の違和感もなく出版されているのを見ると、私たちの地道なダジャレ活動が敷衍され、一般化していることをつくづく思う。『現代用語の基礎知識』もこの「全流振」をよく取り上げてくれていたから、「流行語大賞」のきっかけになったのではないだろうか。

「筆おろし塾」（八二年四月号〜八三年二月号）は、町の習字教室のガラス戸に貼られている「青い海」とか「希望の光」とか、季節の情景や教条的な言葉を筆で書くアレを募集した。中高校生はみんな習字の道具を持っている。学校の授業の習字は嫌いでも、勝手なテーマで書けるとなると、俄然変わる。道具は重要である。「さるまた」「カエル耳」「冷凍枝豆」「妻が猿と」「星飛雄牛」「芸者呼べ」「で具合」。ついにはなぜか、ジャズシンガーの「ロミ山田」が出て来たところで大ブレークしてしまった。月に一〇〇〇作品は超えた。しかしこのコーナーがきわめて短命だったのは、作品が過激になりすぎ、傑作が紹介できない。押さえが効かなくなってしまったからだ。

「おもこ」（八一年三月号〜八三年四月号）は、「ドカンは、こじきが眠るために置いてあるのだと思っていた」「私は『凱旋門』を、いつも『らしょうもん』と読んでいた」「ヤクザが『シャブを打つ』というのは、『シャブ』という鳥をピストルで撃ち落すことだと思っていた。そしてさらに、ヤクザがその鳥の肉でシャブシャブをしている姿まで想像した」といった類の、間違った思い込みをすることが、「おもこする」という流行語になっていて、できたコーナーだった。

「モシラ」（七九年一月号〜八一年十二月号）は、「もしも下痢がひどくていつもコウモンに力を入れていたら……コウモンに力こぶができるだろう」「もし口唇がタラコだったら……口唇をかむたびにプチプチたまごがでてくるだろう」といった仮定と結果のコント集だった。

「ハジラ」（八〇年一月号〜八二年九月号）は、それぞれのコーナーに投稿して、箸にも棒にもかからなかったような駄作コーナー。劣等生も登場できるという、SMの世界でいえば放置プレイのような場所だった。ともかく創作力はなくても、参加できるコーナーというので考案したのが「全国高校ジャンケン選手権」だ。「チチパグパチググパ」といったぐあいに、グー・チョキ・パーを書いて送るだけでジャンケンのトーナメントにエントリーでき、運がよければ優勝もしてしまうという、安易な誌上競技だった。ビジュアルのコーナーもたくさん作ったが紹介を割愛する。

〔こうしたコーナーをアンソロジーにしたもので『ビックリハウス驚愕大全』（萩原朔美監修・NTT出版・九三年）がある。そのいちいちに興味のある方は探して読んでいただきたい。〕

『ビックリハウス』は新しい価値を生み出すというよりは、生まれはじめた価値を素早く察知して、評価すること。株でいえば先物買いというところもあった。しかもちょっと変わった価値でなくては意味がない。そしてともかく誉める、かまってあげる。創刊号から始まり一九七九年十一月号まで五年続いた「今月のビックリハウス賞」はその点では象徴的な企画である。雑誌というジャーナリズムは基本的に批評批判するのが務めと思っているふしがあったが、『ビックリハウス』は馬鹿らしいことを大いに推奨していくという態度に変わっていった。それが若い読者に受けた。

エンゼル体操のムキムキマン（七七年十二月号）、『ビックリハウス』の編集部に遊びに来て、松田優作やブルース・リーの模写のネタ下ろしをしていた頃の竹中直人（七九年三月号）にも贈った。世田谷の下野毛にある「シモノゲ美容室」にも店名が凄いので勝手に賞を贈りつけた。一九七九年三月の通巻五〇号記念に「あの賞（ビックリハウス賞）を獲ると売れる、とまわりから言われたけど、アタリましたね」とコメントしているのは、一九七六年三月号受賞のタモリだった。

深夜ラジオで「北京放送の赤穂浪士討ち入りニュース」や「中韓米独人による麻雀実況」中に喧嘩が始まり、それを当時の美濃部東京都知事が解説するといった過激芸をしていたミスター・タモリ（そう呼ばれていた）三十歳の、授賞式会場になったのは深夜の新宿のバア「ジャックの豆の木」。まだサングラスもしていない、照れくさそうに入ってきたタモリさんは、まるでコンピュータ・エンジニアか、信用金庫の集金人のように丁寧な人だった。私は手書きの賞状を書き、写真を撮り、インタビューをまとめた。そのあとほんとにあっという間に、タモリは日本を代表するエンターテイナーになっていく。

萩原朔美は二年ほどで初代編集長を降りたいと言い出し、かわりにお茶汲みバイトみたいにして入った、対人恐怖症だった高橋章子が編集長になる。ときどき編集室に遊びに来ていた寺山修司の推薦だった。寺山さんはアッコちゃんの作る、クリープやニドの乳粉末をお湯で溶いてたっぷり砂糖を入れた奇妙な特製ドリンクがすっかり気に入って、アッコちゃんを変なところから評価していた。これもとても寺山修司らしい。この大抜擢の人選は大当たりして、花の編集長を略して「花編アッコ」を自称するアッコちゃんの人脈造りは、糸井重里、鈴木慶一とムーンライダーズ、ＹＭＯ、とんねるず、鴨沢祐仁、みうらじゅん、ナンシー関と、一九八五年十一月終刊号まで、凄まじい勢いでネットワークを築き上げていった。

終刊号には、糸井重里、橋本治、浅田彰をゲストに、萩原朔美（初代）、高橋章子（二代目）編集長の座談会があった。少し抜粋する。

糸井　本物志向というか、アヴァンギャルドの匂いを残しつつね。とにかく孕んだ女とアイビーカットの男が並んで歩いているという、そういう時代だったんだ。「若者」というと、それになってしまう。ぼくはちょうどその歳だから、どうやって反論していいか分からなかった。そこに、パルコのような、セロリを前歯で喰うみたいな、えーいっというのが出てきた。助かったと思って、その反動で、オレたちは『御用刃』(糸井重坊原作・湯村輝坊劇画の漫画・七五年十月号)のようなわざと汚い絵を出したりした。カウンター・カウンター・カルチャーなんだよ。

橋本　見事やめられるというところで教育は一貫していたから、いいと思うよ。俺、別に教育が悪いことだとも思ってないし。子供を突っ放すことによって「教育」は完結するわけだからね。売れなくなってから止める雑誌はざらにあるけれど、そうじゃないわけだから。基本的には、今までは子供が元気になればいいなぁ、と、元気になる雑誌をつくってきて、わたしも元気にやってきたんだけど、このままでは子供は依頼心ばかり強くなって、ちっとも元気にはならない、だから、お母さんはやめて、家を出ていきます、ということよね。

浅田　まあ、全体的に景気は悪いんだけど、第三世界の収奪を基礎に、消費社会を華やかに演出していこうっていうのがあるでしょ。『ビックリハウス』だって、「若者」という第三世界から、アイデアをただでかき集めてきては、使える部分は大人がひっさらってね、それで不況の乗り切りに使っていたということはあるのよね。だけど、第三世界だけでいじいじやっていてもしょうがないわけだし、むしろその連中が主導権をもって楽しく遊んだっていう側面の方が大きいんだから、すごくよかったんじゃない?

高橋　いやー、でも実に楽しい十年間でしたーなんて、唐突にまとめに入ったりして。(笑)

パビリオン 15

トラジコメディ館

二十八年目の悲喜劇

永すぎた少年期の終わりの物語

東京キッドブラザースのレコードジャケット（1970）　左から「八犬伝」「帰ってきた黄金バット」　デザイン＝榎本了壱

梅ヶ丘にあった萩原の自宅「ウメスタ」で当初は『ビックリハウス』の編集をしていたが、創刊号が出るとすぐに渋谷パルコ・パート1の五階、トイレの横の小さな倉庫を空けてもらい、そこが編集室になった。その関係で夜遅くまで作業ができない。その日にでき上がった原稿を抱えて六本木の河鹿荘に帰り徹夜の作業となる。一人で大半をレイアウトするのだから仕方ない。それにいろんなペンネームを使った原稿も書いていた。「本野常男」はそのひとつで、ホンノジョウダン（ほんの冗談）と読む。

河鹿荘には、パリ時代、シャローン通りのアパートの隣人で、東洋語学校生だったクロードが、ジゼールを頼って転がり込んできたから、三人の共同生活になっていた。六畳二間に四畳半、そして四畳ほどのキッチンだけのその部屋には、相変わらず来客が多かった。そのほとんどは萩原が友達を連れて遊びに来て、結局、電話をかけては人を呼び集めるのだ。代官山猿楽町にあったマンションの狂騒と一緒である。

結構な日本語を話すフランス人女性が二人もいるアパートは、それだけでも覗きにくる価値があったのかもしれない。しかも私は『ビックリハウス』だけを専従でしていたわけではなく、それ以外にいろいろとデザインの仕事があったので、来客の相手もそっちのけで仕事をこなさなくてはいけない場面が多々あって、悔しい思いをしていた。

当時、萩原は、私がパリから帰ったときに一緒に住んでいた、山口百恵系の伊藤ノブと結婚して、ノブも『ビックリハウス』創刊から、編集スタッフとして参加していた。九号目の「Ms.」という特集は、ノブを中心とした女性ばかりでほとんどを編集してしまうという強引さもあった。真面目ゆえに考えを曲げない人なので、衝突が起きる。それでなくても若い夫婦が他人と一緒に仕事するというのは互いに辛い思いもする。結局、仲がギクシャクしてくる。

ある夜遅くに、ノブが珍しく河鹿荘を訪ねてきた。しかし少し様子がおかしい。「エノモト(ノブは私をそう呼んだ)、具合が悪いので救急車を呼んでくれない?」と、部屋の隅にうずくまり震えながら言う。「どこが悪いの?」と訊ねると、「精神病院に入らないとだめ」と言う。私が慌てて119をコールすると、病状を尋ねられる。「震えが止まらないのですが、詳しくはわからない」救急車はすぐに来た。車に乗り込むと救急隊員がノブに病状を尋ねた。「精神病院に連れていってください」すると隊員の態度は一変した。「精神症は緊急の病気ではないので、救急車は使えない」と言う。結局、精神病院をあたるということで、私たちは麻布警察署で降ろされてしまった。

警察では目白にあるS病院を紹介してくれ、緊急診断ができることを確認してくれる。しかし変なものである。精神病院に入りたいという本人が警察を訪ねているのだから。タクシーをつかまえて病院に向かった。門の外からインターフォンで来院を告げると、中からナースが、「伊藤さんですね、Kさんから連絡がありましたよ」という声。それを聞いてノブが怖気づき「Kさんが怖い！」と叫んで、驚いたことに二メートルもある鉄扉をよじ登りだした。私も慌てて後を追う。

診察にあたった若い医師はノブの様子を診て、「マリファナかなにかやりましたか、ここだけの話として聞きますから」然りだった。編集の仕事をしているK氏と一緒にマリファナをやっているうち、強迫感に襲われ逃げ出し、河鹿荘に来た。おそらくはそこを出る前にノブは、精神病院に行くとK氏に言って飛び出したのだろう。それでK氏がいろいろ電話で病院をあたっていた。そこにノブと私が来院したという次第だと考えられた。

問診を受けているうち、ノブの症状も安定してきた。「心配なら明日もう一度、診察に来なさい」ということで病院を出、家に戻りたくないと言うノブを、信濃町あたりの小さなホテルに泊めることにした。村上春樹の小説にでも出てきそうな薄暗いホテルで、尻ごむノブを部屋まで連れていき、しばらく話を聞いているうち、眠くなったと言うので部屋を出た。外はもう空が白み始めていた。

ノブはそのまま、しばらく入院することになった。マリファナが原因ではなく、以前から少し精神的なトラウマを抱えていたようだった。退院すると、ノブのほうから離婚届を希望し、『ビックリハウス』からも退いた。私は萩原のために最初の女房との離婚、ノブとの結婚そして離婚と、三度目の判子を押した。

ずいぶんたって、ノブはまた長く入院していたようだったが、出てからも何度か電話があった。最後の電話では「キョウカイの仕事しているの」ということだったが、それがどこかの教会なのか、何かの協会なのかはわからなかった。それから何年かして、萩原からノブが亡くなったことを聞いた。詳しいことは訊かなかったし、話してもくれなかった。私は妙に寂しい気持ちになった。

ジゼールは七一年に日本にきたとき、しばらくして外国語学校の教師を始めた。それがすぐにその学校の広告に顔が出て、地下鉄などに乗るとその広告をよく見かけるので、仲間内では結構話題になったりした。七三年にフランスに帰国し、再び日本に帰ってからも、六本木の芋洗坂にできたアンティーク・ショップと喫茶店を兼ねた店に勤め出し、すぐに青山にある「J」という、ヘアサロンとレストランバアをやっている店に、クロードと一緒に勤めるようになった。「お金がいいからね」ということだったが、いくらもらっていたかしらない。とにかくじっとしていられないたちなのだ。

ある晩、ジゼールの帰宅が遅かった。いつものように徹夜仕事をしていると、電話がかかった。「リョイチ、(この頃はもう、こう呼んでいた) 今日私、帰れないよ」と、ジゼールは沈んだ声で言う。「なんで」と尋ねると、「友達が病気なの。リョイチも喘息だったからわかるでしょ、彼は今夜喘息がひどいの」「でもなんであなたが面倒見なくちゃいけないの?」ジゼールはしばらく沈黙してからこう言った。「彼に興味あるから、かわいそうでしょ」「なにしてる人？」「カメラマン」「でも帰ってきてほしいよ、だっておかしいじゃない」しばらくジゼールは電話の向こうで話し合っている様子だったが、「わかった」と言って電話を切った。三〇分ほどして河鹿荘に帰ってきた。

その夜、私たちはずいぶん話し合った。が、事態はだんだんと悪いほうへなだれ落ちていった。クロードも家に帰らないことが増えてきた。思えば、その頃ジゼールはアトピーに罹ったり、そんなに太ってもいないのに成田山に行って断食のダイエットを試みたりしていた。私にはその黄信号がまったく察知できなかったのかもしれない。ムシの知らせとでもいうのか、急に「J」にジゼールがいることが不審に思えて、萩原を誘って「J」に行ってみた。案の定、閑散とした「J」にはジゼールがいなかった。クロードに訊くと「知らない」と答えた。店にはAMERICAの曲が切なく流れていた。私たちは二、三杯酒を飲んでから「J」を出た。さすがに萩原も私を慰める言葉を失っていた。（私は今でもときどきAMERICAの曲を耳にすると、この頃のことを思い出して悲しくなる。）

そんなことを前後して、萩原はなぎさというまだ高校生だった天井桟敷の研究生を河鹿荘に連れてきて、泊まったりすることがあった。私たちは同時に傷心の身の上だったとでも言えるのだろうか。何かから脱出でもしようとしていたのだろうか。なぎさはお下げ髪の綺麗な顔をした娘だった。やがて彼女が萩原の三番目の女房になるのだが、私は結局ジゼールと別れることになる。

『ビックリハウス』の創刊を前後して、ジゼールとコミュニケーションをとる時間が少なくなったことも、遠因であったかもしれない。河鹿荘はジゼールとクロードに明け渡して、私は中目黒にある和菓子屋「青柳」の奥の二階に一人、引っ越した。六畳二間と四畳半、同じような間取りだったが、大きなベランダもある。傷心の、屈辱の、そして自由の一人暮らしが始まった。二十八年目のトラジコメディ（悲喜劇）の始まりである。

しかしそれは意外にも、友愛に満ちた楽しい暮らしとなっていく。同情かもしれない。好奇心だったのかもしれない。いずれにしても、四年半、外国人女性と暮らしていた男が、一人暮らしを始めたということで、幸運にも少なからず好奇の対象となっていたようでもあった。人生のなかで二十八歳という年は、そんな一年になった。いろいろなことも学んだ。結局、以前ノブと一緒に女性誌を編集していた現在の女房と出会うのもこの時期で、それから生活はずいぶん変わったと思う。

ジゼールといえば、喘息のカメラマンとはじきに別れたが、外国人登録のこともあって、しばらくは離婚することができなかった。河鹿荘が契約切れになり、クロードと大岡山の部屋に移ることになると、私はその引っ越しも手伝った。奇妙な気持ちだった。それからすぐまた、ジゼールから電話がある。「私、土方巽のところで舞踏やりたいんだけど、リョイチ紹介してくれない？」またか、と思いながら、中心的なダンサーの芦川羊子さんに電話をしてお願いした。

目黒のアスベスト館に公演を見に行くと、ジゼールは白塗りして上目づかいのもの凄い形相でちょろっと出ていた。それから閉演のナレーションをフランス語でやっていたりした。表に出ると、白塗りのまま大きな荷を背負って、クラブのショウに出かけるところに出くわした。当時の舞踏団はほとんどこうして、公演のための資金を稼いだり、生活費を作ったりしていたが、「ちょっと、サクシュがひどいからね」と言って、ジゼールはしばらくしてアスベスト館をやめてしまう。

その後、コミューン（共同体）の幻想を持ちつづけていたジゼールは、同想の男性と山梨県の山峡に入り、廃屋を借りてシイタケ栽培などで生計を立てはじめる。もんぺなどを穿いて、ほんとに百姓になってしまった。そしてジゼールは男女の双子の子供を産んだ。

それから五、六年もして、玉川学園に引っ越していた私のところに、ジゼールは子供を連れて泊りがけでやってきた。私の家にも長男（彩希）と、双子の弟たち（弐輝・起良）が生まれていた。夜、話しているうちに「やっぱり私たち、フランスに帰るよ」とジゼールは言いだした。「お金はあるの？」「ないよ、そんな」それを聞いていた女房が「出してあげたら」と言ってくれた。ジゼールがこうした人生を生きることになる責任の一部が、私にあるとでも考えたのだろうか。小さな金髪の激しいかいぶつは、双子の子供を連れてフランスに帰っていった。二十八歳前後から始まった私のトラジコメディも、やっと幕となった。

二十八歳のときから住みだした中目黒の和菓子屋「青柳」の奥の二階にも来客が多かった。ある夜ドドドッと一升瓶を二本ぶら下げ、東由多加がやってきた。東京キッドブラザースを主宰する彼は劇団員を何人か引き連れていた。『復活版・黄金バット』か『黄色いリボンII』(七七年)かの公演のポスターと、パンフレットのデザインを頼みに来たのである。アングラ演劇と呼ばれていた世界は、いくつかの共有性を持っていて、横尾忠則が天井桟敷と、唐十郎の主宰する状況劇場の両方のポスターを描いていたように、漫画家の林静一や私は、天井桟敷と東京キッドブラザースの両方の仕事を手伝ったりもしていた。だいたい、寺山修司初のATG映画監督作品『書を捨てよ町へ出よう』(七一年)の主役(少年詩人の佐々木英明)の妹役も、キッドの小林由紀子だったし、林静一と私とで美術を分担したりしていた。天井桟敷とキッドは、なにはともあれ兄弟、親戚のような関係であった。

一九七一年、寺山さんが『書を捨てよ町へ出よう』を撮り終えた直後のヨーロッパ公演に参加した私は、同時に東京キッドブラザースの『八犬伝』のポスターやチラシも作っていた。彼らも『八犬伝』を持ってヨーロッパツアーを開始し、アムステルダムの街でデモンストレーションをしているところに、バッタリ出くわしたこともあった。

東京キッドブラザースとの最初の仕事は、ニューヨークで大成功した『黄金バット』のLP、『帰って来た黄金バット』(七〇年)のジャケットデザインだったと思う。『西遊記』(七二年)

はポスターだけではなく、舞台美術もやらせてもらった。

東さんは持ってきた一升瓶をぐいぐい呑みだし、上目づかいに睨みつけるかと思えば、やさしく微笑みかけ、やたらと私のことを持ち上げる。そしてどういう根拠からか、「あなたは、創価学会の人ですか。いや失礼、デザイナーじゃなかったら、あなたはほんとに宗教家になっていたでしょうね」などと言う。そう言われてまんざらでもないのだから、私は宗教家が嫌いなのではないのかもしれない。宮澤賢治が好きなのもそうした性向のせいだろうか。東さんは寺山さんとは正反対に、いつも酒を呑んでいたような気がする。そしてよく話相手のことを「あなた」と呼んだ。これは寺山さんもそうだったし、萩原も同じように言った。誰かが起源であるはずだった。

その後、中目黒の「青柳」の奥の二階に、パンフレット原稿を何度か届けに来てくれたのは、Tシャツにジーンズのオーバーオールをざっくりと着た細くてかっこいい、丁寧で気持ちのいい青年だった。彼はすぐに『かれが殺した驢馬』(七七年)で主役に抜擢され、東京キッドブラザースのスターになっていく。柴田恭兵がその人だった。

雑誌『ペーパームーン』の寺山修司追悼特別号「さよなら寺山修司」(新書館・八三年七月)に、東由多加はこんな想い出を寄せている。

――私は寺山さんと兄弟のようにつきあったような気がする。私が「天井桟敷」を退団して

東京キッドブラザース公演『黄金バット』ポスター（1977）
デザイン＝榎本了壱

東京キッドブラザース公演『八犬伝』ポスター（1970）
デザイン＝榎本了壱

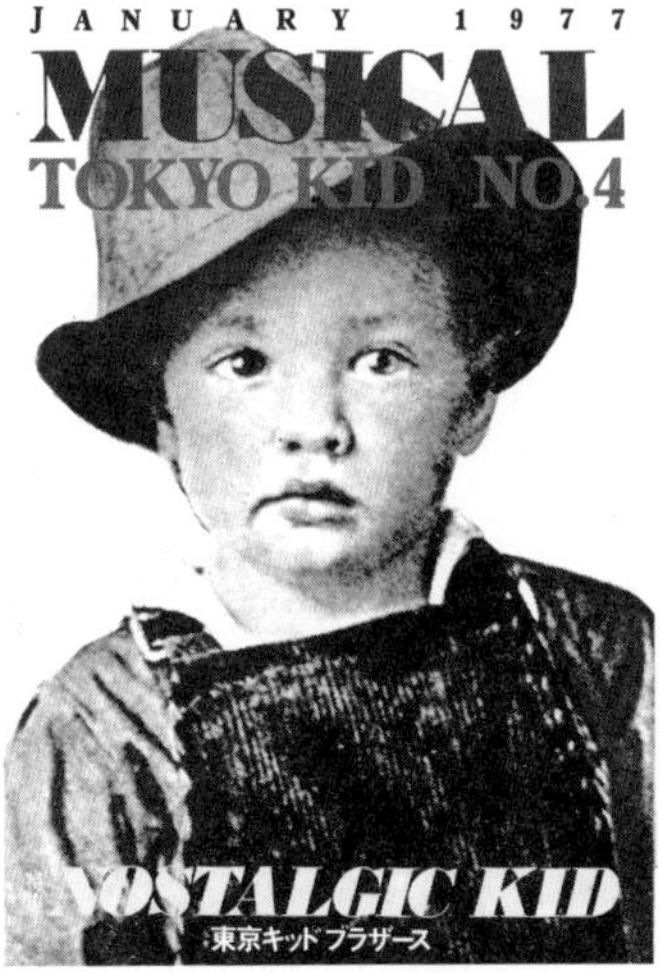

東京キッドブラザース・ジャーナリー「MUSICAL」（1977）
デザイン＝榎本了壱

東京キッドブラザース公演「黄色いリボン」ポスター（1977）
デザイン＝榎本了壱

から三日間二人で旅をしたことがあるが、その時も私たちは笑ってばかりいた。汽車のなかで寺山さんが吹きだして言った。「汽車のトイレを待っていたら、出てきたやつが十年ぶりに会う高校時代の友人だったんだ。やあ、と言ってトイレに入ったんだがそれっきりまだ会っていない」

私たちがある料理店へ入ってテーブルに座ると、すでに味噌汁から湯気が出ていて、御飯と魚が用意されていた。私たちは無言で箸をもち、食べ、支払いを済ませて外に出て、しばらく笑いころげた。他のテーブルにもずらっと同じ味噌汁に湯気がたち、魚がおかれ、御飯が盛りつけられていたからだ。私は、こんな他愛のない想い出をいくつも持っている。

いい想い出だなーと思った。大それた記念碑的な一日よりも、他愛のない想い出がいちばん心に滲みる。思いはそれぞれにあっただろうに、だからこそ、やさしく会話している汽車の中の二人も好きだ。キッドのメンバーだった芥川賞作家の柳美里が、『週刊ポスト』に東さんの闘病のことなどを綴っていたので気になっていたが、二〇〇〇年四月二十日、東由多加は亡くなった。千日谷会堂で彼の棺をみんなで運んだ。小さな体の東由多加の棺が法外に重かった。想い出が入りきらないほど詰まっているなと思った。五十四歳。四十七歳で亡くなった寺山修司にはかなわないけれど、それでもやっぱり早すぎる。寺山さんの命日の二週間前であった。弟は兄の命日の近くを選んで亡くなったのだろうか。ここにも人恋しい熱烈なさみしがり屋のかいぶつがひとり、人生という劇場を去っていった。

パビリオン 16

テレビメディア館

『11PM』というメディアモンスター

『美の世界』『ザ・テレビ演芸』『マルチスコープ』に出る

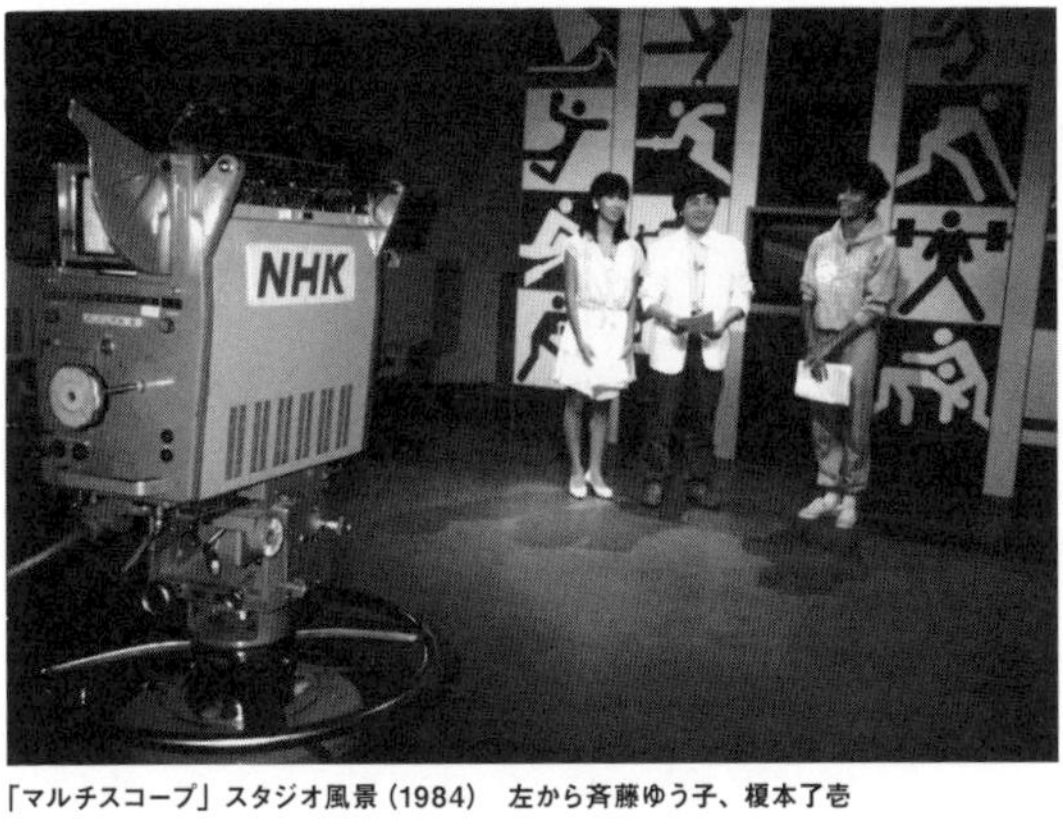

「マルチスコープ」スタジオ風景（1984）　左から斉藤ゆう子、榎本了壱

パロディのどこが面白いのかなどと説明している間に、笑いの神様は姿を隠し、けっしてもうおかしなものではなくなってしまう。笑いやパロディというものはそういうものなのだけど。この人は「で、この作品のどこが面白いんですか。それをちょっと説明してくれますか」と言った。「第一回日本パロディ広告（ＪＰＣ）展」（七七年）の入選作を前に彼はそう言うのだ。当時、夜のワイドショウ番組で絶大な人気のあった『11ＰＭ』のプロデューサー高橋進氏である。私はしばらく言葉に詰まって彼の顔を見ていた。「つまり、テレビを見ている人みんながわかるように話してもらわないと困るんですよ」さらに威圧的に追い討ちをかけてくる。私も必死になって「つまりこれは…」と、パロディのキモの部分を指摘する。「なるほど、これは？」結果的に翌週の『11ＰＭ』で紹介することが決まる。高橋氏との問答は番組出演のためのオーディションのようなものだったのだ。以降、『11ＰＭ』が終わる平成元年（八九年）までの十二年ほどを、私はイレギュラーながら延々とこの番組に出演することになる。

『11ＰＭ』での紹介が功を奏して、渋谷パルコ・パート2催事場で開催された「ＪＰＣ展」は、会場のある九階からの階段が人で埋まり、道路に出て一〇〇メートルほどの行列ができた。私たちにとっての初めてのイベントだったが、この成功がのちの「日本グラフィック展」や「オブジェTOKYO展」などのコンペティションにつながり、そして数々のイベントの引き金となっていく。

例えば一九八〇年に西武劇場で開催した「エビゾリングショウ」は、立ち見の出る盛況さだった。司会がおすぎとピーコ、審査員が赤塚行雄、三遊亭楽太郎、ツービート（ビートたけし、きよし）、『ビックリハウス』編集部。ツービートはその頃マンザイブームの新興勢力で、西武劇場で「笑売人シリーズ」のライヴなどで人気急上昇中だった。「エビゾリングショウ」はいわばパロディ・パフォーマンス大会のようなものである。つまらない作品には情け容赦なく、二メートルほどもある大きなスプーンがステージに投げ込まれる。「匙を投げる」というわけだ（これは私の発案）。

まず第一次予選で怪獣とウルトラマンが左右半分ずつになった着ぐるみで登場し、熱演しながら落とされたことに猛抗議したのが、のちのデーモン小暮閣下だったという。最終結果は竹中直人と、石橋貴明の一騎打ち。青年座に入団が決まっていた竹中直人がかろうじてその芸のバラエティでエビゾリング大賞を受賞。すでに女性人気と元気さが光っていた石橋は、サテンのガウンでアントニオ猪木を熱演してパルコ賞。飛び入り参加した木梨憲武がクリスタルキングの『大都会』を熱唱して特別賞を獲得した。二人はご存知のように「とんねるず」を結成するわけだが、みんなたちまちのうちにスターダムを駆け上っていく。

愛川欽也さんが「水曜イレブン」と呼ばれた水曜日の『11PM』のメイン司会者だった。大橋巨泉さんがやっていた月曜、金曜にも出たが、「水曜イレブン」の出番が多かった。火曜、木曜は大阪から藤本義一さんの司会。JPC展の評判がよかったのか、すぐにパロディネタを番組で紹介してくれという連絡がくる。『ビックリハウス』の毎月のトピックを紹介するようになった。そのうち『ビックリハウスSUPER』を始めると、パロディだけではなく、カルチャーネタを紹介しようということになる。「日本グラフィック展」で大賞（八二年）を獲った日比野克彦や、スパイラルホールで『月と水銀』（八七年）を上演する勅使川原三郎、イラストレーターとして注目されだした伊藤桂司など、若手の面白い人材をずいぶん紹介した。こうしたテレビとの連動は明らかに『ビックリハウス』の売り上げを伸ばしていく。

一九八〇年代当初、すでにカウンター・カルチャーの時代が終わり、「サブカルチャー」といわれる新しい症候群が始まろうとしていたのである。ほかのプレゼンテーターには、パリから帰ってきたての美術評論家・伊東順二がアート情報、新しいディスコやカフェバアの空間プロデューサー・松井雅美が街のスポット情報、後半フランスネタになるとフランソワーズ・モレシャンの旦那さまの永瀧達治とそれぞれ担当し、MC席に並んだ。サブキャスターに音楽や映画の評論をしている今野雄二、アシスタントにかたせ梨乃、その後、朝倉匠子や、RIKACO（村上里佳子）が座っていた。私はその頃菊名、それから引っ越して玉川学園に住んでいたので、麹町の日本テレビから、同乗のコンチャン（今野雄二）を代官山経由で降ろし、深夜の送迎タクシーで帰った。闘争や異議申し立ての抵抗の時代から、オシャレで享楽的なライフスタイルに向かって、人々の好奇心が恐ろしいほどに動きだしていた。

例の高橋進プロデューサーのほかに、新人の放送作家だった坂内宏、のちに中心的なプロデューサーになる笹尾光、ＡＤだったと思うが、小路丸哲也、大草四郎（ほんとは四郎ではないが、天草四郎からの連想でみんながそう呼んでいた）といったスタジオの若い人と仲良くなった。もちろん、高校生のとき『かいぶつ』で一緒だった盛岡純一郎（矢野義幸）もスタジオにいた。

番組での役割も少しずつ増え、『蒲田行進曲』（八二年）が映画化されたときは、主役の松坂慶子さんと、原作者のつかこうへいの生インタビューをした。直前に見た『蒲田行進曲』の松坂さんに圧倒され、さらに実物の言語道断な許しがたいほどの妖艶さにすっかり幻惑されてしまい、最後まで私は松坂さんのことをどういうわけか「マツザキ」さんと呼んでしまい、松坂さんに「マツザカ」ですと、訂正される始末だった。結構、アガリ症なのである。

また正月早々の番組で、渋谷道頓堀劇場の楽屋に取材に行き、当時大人気のストリッパー清水ひとみのインタビューをさせられたこともあった。ストリップ劇場の楽屋は狭く、濃厚な化粧の匂いが充満していて、眩暈がしそうな居心地の悪さだった。そんな私もときどき早めにスタジオに入り、ガランとしたスタジオの一隅で先撮りするカバーガールのオープニングとクロージングのための、セミヌードの撮影を遠くからぼんやり見ているのが好きだった。

私は今でも『ビックリハウス』のエノモトさんとか、『11PM』に出ていた人と言われる。『ビックリハウス』も『11PM』も終わって二十年がたつというのにコレである。（そういえば、両方ともほぼ昭和で終わっている。）それ以後のほうがはるかにいろいろな仕事をしているのであるが、とかく雑誌やテレビの仕事は人の記憶に残りやすいのだろう。もっともこうしたおかげで一九八〇年には同じ日本テレビから『美の世界』のレギュラー進行役の話がきたり、テレビ朝日の『ザ・テレビ演芸』（八一年）の審査員、一九八四年にはNHK総合テレビから『マルチスコープ』という、週五日の帯番組の司会の役が回ってきた。これは『YOU』の司会をしていた糸井重里さんの推薦だった。

美術ドキュメンタリー番組『美の世界』の進行役は、夕陽写真家の油井昌由樹さんが務めていた。ところが黒澤明監督の『影武者』で徳川家康役に抜擢されて降板、急遽私の出番となった。最初の相棒はマリリン。美術のことは何もわからない人だったが、とてもチャーミングな人。しばらくして局アナの井田由美さんに替わった。隔週番組だったけれど結局、井田さんと六年ほども一緒に番組を作った。漆工芸家の松田権六、書家の榊莫山、建築家の谷口吉生、陶芸家の加藤卓男、さまざまな創作者たちに出会うチャンスをもらった。特に亡くなる直前の人間国宝・松田権六さんの話は絶妙の面白さだった。

益子窯の高内秀剛さんにも肝を潰した。私はお酒が好きなものだから、彼の豪放磊落で男っぽいぐい呑みがとても気に入った。高くて手が出せそうにないから恨めしそうに見ていた。しかし収録が終わってすぐ、高内さんからぐい呑み二つと、大きなコーヒーカップが送られてきた。びっくり慌ててお酒を何本か贈ったら、今度は四〇センチ角ほどの大皿が届いた。こうなったらと、彼の個展に出かけて大きな片口を買った。そのうれしさを手紙で伝えると、今度は豆腐など茹でてはもったいないような、火焔土器を思わせる豪華な土鍋が届いた。これには参った。しばらくして広島で行われたアジア競技大会の芸術プログラム「アジアの心とかたち」展（九四年）のプロデュースをしたときは、高内秀剛作品の出展依頼を忘れなかった。

余談。私が議長をした「日本文化デザイン会議'91島根」（九一年）で知り合った李白酒造の田中竹次郎（現・竹翁）さんは、毎年『御教訓カレンダー』を送ると、新酒を二本届けてくれる。海老で鯛を釣るようで申し訳ないのだけれど、とにかくうれしい。この銘酒「李白」や「月下独酌」「峨眉山」などは、必ず高内さんのぐい呑みでいただくことにしている。

テレビ朝日の『ザ・テレビ演芸』は、横山やすしさんが司会だった。ともかく凄まじい司会で、芸の未熟な新人たちは観客の前で怒鳴りつけるわ、張り倒すわ。審査員の私たちも気が気ではない。審査員には映画監督の大島渚、演芸評論家の神津友好、漫画家の高信太郎、芸能記者の花井信夫、当時バリバリの落語研究家でもあった山本益博、それにコピーライターの糸井重里らが並んだ。ここからは「コント赤信号」の渡辺正行、ラサール石井、小宮孝泰や、「東京バッテリー工場」の中村ゆうじ、当時まだ「まんだら〜ず」という名前でコントをやっていた春風亭昇太らが、グランドチャンピオンになって飛び出していった。

この時期、漫才ブームとしてお笑いが大フィーバーしていくわけだけど、結果、お笑いタレントで生き残った人たちはすべて、ネタ芸で商売することをやめて、司会業に転身してしまっている。たけし、さんま、タモリ、紳助、「ダウンタウン」、以降の「ロンブー」の世代までもだ。お笑いタレントとしてサバイヴしていくのは大変なことだけど、テレビタレントの登竜門としてお笑い芸があるとしたら、それはかなり切ない。お笑い芸は刹那的になってやせてしまう。今のお笑いブームにも同じようなものを感じる。

さて、『ザ・テレビ演芸』の舞台裏。大島渚さんはテレビ画面で過激な論争を繰り広げる人だが、楽屋では実に穏やかな笑顔を浮かべながらみんなの雑談を聞いている。イトイ（糸井重里）さんはその頃すごいヘビースモーカーで（今はもうやめたので少し太った）、いつもおかしな話題を提供してくれる。山本益博さんには収録の後、旨い寿司の食べ方などを実地で教わる。ヤッさん（横山やすし）は、ときどきベロベロに酔っていて、司会がままならないこともあった。また別の日、競艇で優勝して機嫌の良いときなど、テレ朝の近くの中國飯店で、みんなに食事を大盤振る舞いしてくれた。それにしてもヤッさん、死に方まで凄まじいかいぶつ芸人だった。

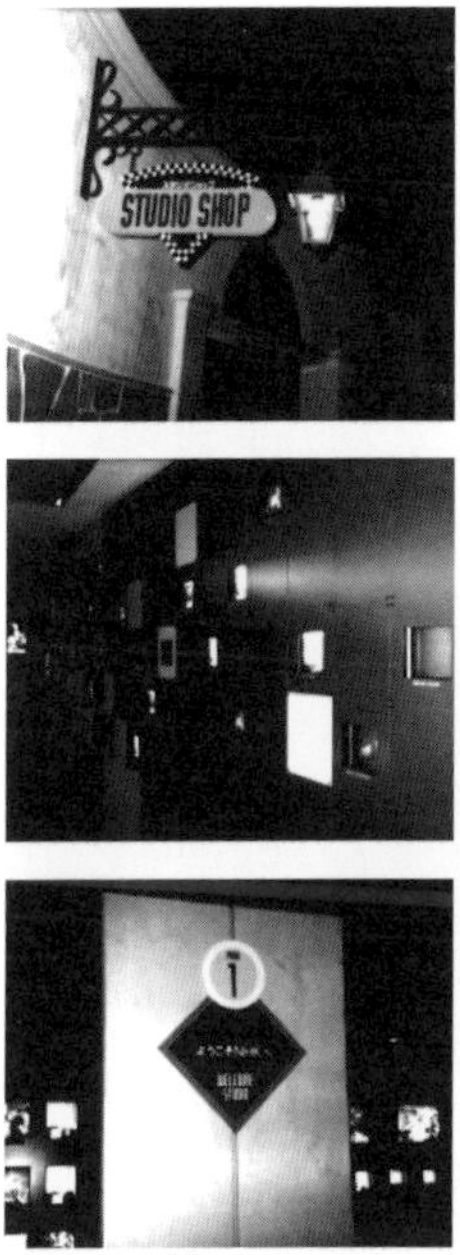

NHK スタジオパークの内部デザイン（1995）

『美の世界』取材現場（1980 代後半頃） 中央が井田由美

高内秀剛氏から贈られたぐい呑みとコーヒーカップ

ＮＨＫ総合テレビの『マルチスコープ』は午後六時台、二〇分の子供教育帯番組。私とアシスタントの女の子は、大きなリンゴのセットの中から登場する。アシスタントの女の子は最初、写真家・立木義浩さんの姪の加奈子さんだったが、斉藤ゆう子（現・祐子）に替わる。ゆう子さんと私の女房は同系の顔（？）をしているということで仲良くなった。テーマ音楽は豪華！大瀧詠一、歌も大瀧さんが歌っていた。大瀧さんは以前『ビックリハウス音頭』を作ってくれたことがあった。

『マルチスコープ』は例えば、ごはんとか、コンピュータとか、ひとつのテーマで五日間を構成していた。ある週、マンガがテーマとなり、最終日に手塚治虫さんの登場ということになった。それだけでスタッフ一同大興奮。いよいよ収録(ナマ番組ではなく、数日前に収録してストックしていた）という日、約束の時間に手塚治虫先生は一向に姿を見せない。玄関にへばりついているスタッフからも「まだ見えません」と報告。プロデューサーが手塚プロダクションに連絡を入れると、「ただいま出ました」との返事。ディレクターたちも、「いや、高田馬場からですから、三〇分もあれば来るでしょう」と胸をなでおろして打ち合わせに入る。ところが三〇分たっても手塚さんは現れない。「クルマが混んでいるのかな」、スタッフが手塚プロに電話を入れると、「申し訳ありません、今から出ます」との応え。「なんだ、まだ出てなかったのか！」と、ディレクターもキリキリしだす。ところが、また三〇分たっても手塚さんは現れない。そんなこんなのやり取りが続く。ＮＨＫのスタジオというのは、コンピュータで使用時間をコントロールしているため、簡単には収録時間を延長などできないのだ。もうアウトかという寸前に、あの手塚さんが少し照れくさそうにニコニコと神様のように現れた！　もう怒りとストレスで卒倒しそうになっていたディレクターの顔が、まるで奇跡を感謝するように崩れた。もちろんリハーサルの時間などあろうはずもなく、ぶっつけ本番のその収録をどう進行したか、私にはまったく記憶がない。

またまた余談。『マルチスコープ』に出演が決まる直前、私は当時住んでいた菊名の家から、玉川学園に引っ越しを準備していた。アメリカのイェール大学で教鞭をとりながら、日本で設計の仕事をしていた奇才の建築家、石井和紘氏に設計を依頼。国会議事堂が空転しているような、「スピニングハウス」（37頁参照）という名前が付いた、ガラスと鉄骨とコンクリの凄まじくラジカルな設計である。予定の予算もずいぶんオーバーしていた。困ったなというところに『マルチスコープ』の話。ワンクール（三ヵ月）で七〇〇万円という出演料を手に入れて凌げた。

ＮＨＫには、その後もいろいろ縁があった。『マルチスコープ』が終わってすぐに、広瀬久美子さんがパーソナリティをしている『広瀬久美子の土曜ワイド』で、一五分間の若者カルチャー情報を二年ほど担当した。一九九三年五月は、寺山さんが亡くなって丸十年、ＮＨＫ総合ラジオで「寺山修司特集」を三日連続で六時間放送、その総合司会も私がやる。ゲストは、谷川俊太郎、篠田正浩、山口昌男、萩原朔美、九條今日子ら。この番組のディレクターの一人が私の長男（彩希）の同級生のお母さん、迎康子さんである。

一九九五年には、トータルメディア開発研究所のチームの、企画展示プロデューサーとして「NHKスタジオパーク」作りに関わった。公園通りをメディア門前町と位置づけたコンセプトで、公園通りで十年以上も仕事をしてきた私には、里帰りしたような気持ちだった。

そのすぐ後、迎康子さんをディレクター兼アナウンサーとして始まる『日曜ラジオマガジン』（九六年）は、音楽評論家のピーター・バラカン、映画評論家の永千絵、演劇評論家で歌人の林あまりさんとルーティンで、二時間番組を進行した。私は何評論家で選ばれたのだろうか。「笑って怒って五七五」というコーナーがあって、川柳のような俳句のような作品を集めて発表した。ゲストも毎回多彩で、杉浦日向子、手塚眞、内田春菊、大槻ケンヂ、やくみつる、ベンガル、増田明美、矢部達哉、中島らも、熊本マリ、熊谷真美、日色ともゑ、市村正親、近藤正臣、根岸季衣、加藤登紀子、松木安太郎、立川志らく、中尊寺ゆつこなど、珍しい人たちとしっかり話ができた。亡くなった人もいる。金原亭世之介ともここで出会って「かいぶつ句会」に誘い、今では同人として一緒に俳句をひねっている。この番組も六年続いた。「土曜の午後、車の中でエノモトさんの声聞くよ」と、ときどき言われた。

話は『マルチスコープ』のときに戻るが、その頃、NHK教育テレビでは、イトイさん司会の若者参加番組『YOU』が盛り上がっていた。時間があるとスタジオの楽屋を覗いた。イトイさんは「ウォスッ！」と大きな声で手を挙げる。

パビリオン 17

ヘンタイよいこ館

糸井重里と『ヘンタイよいこ新聞』

御教訓カレンダーから弐千円札が生まれるまで

単行本『ヘンタイよいこ新聞』(1982) 表紙画=梁川剛一 デザイン=横尾忠則

イトイさんはおかしな人だ。もしかしたら私の友人のなかでいちばん面白い人かもしれない。対抗できる人としたら、アラーキー（荒木経惟）さんか、二〇〇七年に都知事選に立候補したあたりからの黒川紀章さん。残念ながら参議院選挙後に急逝されてしまった。イトイさんは、いろいろやっているのに仕事の重さを一切感じさせない。アラーキーは写真、黒川さんは建築のことに話が及ぶと､ぐっと重力が出てしまう。それがイトイさんにはない。けれども結果的に、例えば『ほぼ日刊イトイ新聞』にしても、多大な人に影響を与えてしまっている。人物が面白いだけではダメで、やっていることが面白くなくては本当に面白い人とはいえない。だからイトイさんは「オモツライ」。なのに、絶対に軽い。実際、少し猫背でフワフワ小幅に歩いてくる。

一九八〇年代の初め頃だったか、花編アッコ（高橋章子）たちとみんなで、成人式の晴れ着の女の子を見ようということになり、原宿駅前に集合した。イトイさんはその頃、原宿セントラルアパートに東京糸井重里事務所を構えていて、愛犬トロちゃんを連れてやってきた。（ちなみにイラストレーターの原田治さんの愛猫はシャケといった）「ウォー、いるねー、着物、ハハハッ」イトイさんは笑って、そのままセントラルアパートの住人たちが利用する喫茶店「レオン」に行き、二時間ほどインベーダーゲームに一人熱中して、「じゃあ、トロちゃんの散歩に行くわ」と帰ってしまった。集まった一堂唖然として、それからぞろぞろカルデサックあたりに移動して二次会をした。イトイさんは飲まないのである。

インターネットで大成功する『ほぼ日刊イトイ新聞』は、衆目の認知するところだろうが、この成功の原図が、『ビックリハウス』誌上に一九八〇年九月からスタートし、八二年六月までの一七回連載していた『ヘンタイよいこ新聞』であることは紛れもない。

セイジョーよいこは、ゆっくりと、じょじょにヘンタイよいこを、めざします。
ヘンタイわるいこは、なるべくすみやかに、ヘンタイよいこをめざします。
セイジョーわるいこは、ヘンタイよいこの生活《せいかつ》をおびやかしてはいけません。

から始まる「十《とお》のお約束《やくそく》」は、

十、ヘンタイよいこは、カラダをいつも清《きよ》くしています。

と、締めくくる。それに続く「永遠《えいえん》のテーマ」というのが、この新聞の基本編集方針ということになる。

A　キモチワルイものとは何《なに》か？
B　コワいものとは何《なに》か？
C　キモチイイものとは何《なに》か？

それに続く、オイシイもの、スケベなもの、オカシイもの、キタナイもの、カワイイもの、ホシイもの、ビンボー、となっている。例えば、「大三合」（三号）目に早速傑作が紹介されている。

――ぎょうざはなかなか、スケベな食べ物です。皮に具を包んで、ひだひだをよせるのも充分スケベですが、（ぎょうざの皮のひだひだを、ずーっとよせていたい気持ちに、時々なります）一口、噛み切ったあと、白いびろびろの中にほろほろした具がのぞくと、もっとああスケベだなぁと思います。ぎょうざの、ひだをよせた口を、割りばしで一つ一つほぐして、ぺろんと口をあけると、なかにぐっちょりとしたほろほろが入っていて、なんかせつなくスケベな気持ちになります。（後略）東京都・井上聡子（註：原文はすべてルビ付き）

餃子一つでこれだけポルノグラフィックな表現をできるのは、並みの筆力ではない。これは責任編集長・糸井重里自らが楽しく描いたサンプルではないかと睨んでいる。ちなみにワープロが流通しはじめた頃、イトイさんは漢字変換能力のチェックに、チ・ツ・ア・ツという言葉を選んでいた。「膣圧と出ると、ウォー、出るわ」と感嘆した。単行本『ヘンタイよいこ新聞』（パルコ出版、八二年）に入っている渡辺和博の漫画は、セントラルアパートにあったイトイさんの事務所を紹介しているが、布団を敷き詰めた和室の部屋（実際にあった）に、「膣前庭」と書かれた掛け軸がかかっている。さすが！　今は亡きナベゾ（渡辺和博）の観察眼である。こうした証左からも右の文はイトイさんのものだと断定したい。

この「ヘンよい」の後に実はもう一つ、「ほぼ日」につながる新聞が存在する。一九八五年に出版された『糸井重里画報』（学研）の中に『チクワ批判新聞』なるものがあり、山口昌男との「真空対談・チクワ談義」というのが併載されている。山口さんとの対談でイトイさんはこう告白している。

糸井　「お前は本当は何なんだ」ってよく言われるじゃないですか。それも言われ続けてくるとだんだん腹が立ってくるんですよ。「本当は」ってのはきっと中心があるだろうってことですよね。チクワってつくるとき芯棒があって、その芯棒を抜いちゃった状態がチクワじゃないですか。その芯棒というのは抜かれちゃっているものだからチクワ本人にはわからないんだというようなことを言い出したのがきっかけかな。

山口　その抜いちゃったやつを持っていったら南伸坊になった。（笑）

山口さんは相変わらずの駄ジャレ攻勢である。「チク新」にも「ヘンよい」と同じような「十《とお》の提言《スロオガン》」がある。

チクワは、まったく骨《ほね》のないヤツである。
チクワは、空洞《カラッポ》によって自立しているふりをしている。
チクワは、カマボコのように立派《りっぱ》で硬《かた》い支《ささ》えを持《も》っていない。

以下、ナルトのように螺旋状の中心を持っていない。チクワブに穴を穿って仲間に引き込もうと画策している。周囲にすぐ味付けされる無節操な存在である。チューブやホースの真似をして人を欺くことがある。どんな棒でも挿入して芯にするマゾヒストである。近頃中身のない女子大生とは異母兄妹である。だからあの糸井重里なのである。

そうか！　イトイさんが軽いのは、中心を捨ててしまったからなのか。あるいはわざと透明でぐにゃぐにゃの芯に入れ替えてしまったのかもしれない。こうした自己解析と、自己認識によって、寺山修司の職業が寺山修司であったように、糸井重里の仕事は、チクワのように中心真空状態の糸井重里を自立させてみせることだったのである。

かくのごとき奇妙な論理体系を実践してみたり、日常の瑣末な発見を面白く報告し合うというコミュニケーション遊びに熱中するイトイさん責任編集の「ヘンよい」には、細野晴臣、南伸坊、和田誠、横尾忠則、渡辺和博など、単行本には、村上春樹、栗本慎一郎、谷岡ヤスジ、赤瀬川原平といった人たちが投稿寄稿するに及ぶ。このへんのネットワーク作りがイトイさんの真骨頂で、まあみんながイトイさんの友達になりたくなってしまうのだった。一九八一年「ヘンタイよいこ白昼堂々野音を目指す秘密の大集会」を池袋西武百貨店スタジオ200で、翌一九八二年、品川プリンスホテルのゴールド・ホールで「ヘンタイよいこ白昼堂々秘密の大集会」を開催する。もちろん、大盛況だった。(そしてこれを契機に「ヘンよい」は終刊する。)出演者は、YMO(細野晴臣、高橋幸宏、坂本龍一)、鈴木慶一、忌野清志郎、仲井戸麗市、井上陽水、矢野顕子、コント赤信号、東京乾電池、三遊亭円丈など。このうちの何人かが十六年後、一九九八年六月六日午前〇時(バリ島時間)に始まる『ほぼ日刊イトイ新聞』の、主要筆者になっていく。

またまたイトイさんが『YOU』の司会をやっていた時代に時間を巻き戻す。私がNHKのスタジオで番組の打ち合わせをしていると、ひょっこりイトイさんが覗いた。「エノモッちゃん、今日、一緒に帰んない?」と言う。「いいですよ」と言って時間を決めて、一緒にタクシーに乗ると、イトイさんは座席深く潜り込んだ。「オレさ、今日、取材の連中がNHKに押しかけて

霜田恵美子

高田せい子

上野よしみ

中村幸子

藤本ひづる

渡辺和博

友沢ミミヨ

川上和生

ラジカル鈴木

ほししんいち

寄藤文平

タナカカツキ

リリー・フランキー

杉谷知香

花くまゆうさく

原田治

佐藤雅和

南雲晴樹

西脇龍二

伊藤桂司

杖村さえ子

石丸千里

伊藤秀男

蛭子能収

テリー・ジョンスン

田中修一郎

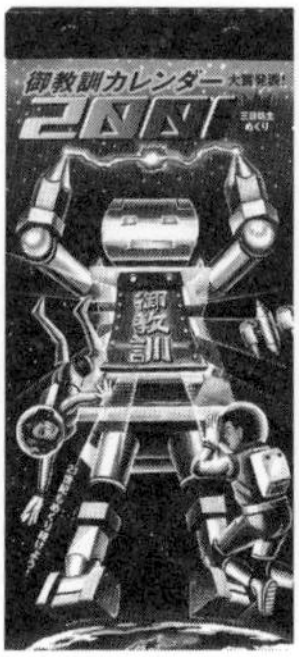

白根ゆたんぽ

天明幸子

ばばかよ

大田垣晴子

いてさ、ヤバイの。エノモッちゃんのマンションまで一緒に行くからさ」「えっ、乃木坂に?」「あそこさあ、Nの部屋があるんだよ」「そうだったの」

私はその頃、乃木坂の健保会館(ホテル「はあといん」)の向かいのマンションに事務所を持ったばかりだった。隣には新進女優の渡辺典子、階上の部屋には黒柳徹子さんがいることは知っていたが、コピーライターのNさんの部屋があるとは知らなかった。それにいったいイトイさんがどうして取材陣に追われているのかわからなかった。Nさんの部屋にイトイさんがどのくらい潜伏していたか知らないが、すぐにワイドショウでそのニュースが報道されだした。モデルのKさんとの仲を取材陣が追っていたのだ。その人とは結局別れたが、そのあと出逢った樋口可南子さんとはめでたく結ばれることになる。

イトイさんと最も長い付き合いになるのが、『ビックリハウス』から生まれた『御教訓カレンダー』の審査だ。『ビックリハウス』誌上で始まった『御教訓カレンダー』は、一九八〇年からカレンダーとして売り出され、最盛期一〇万部を刷る一億円事業のおばけカレンダーとなった。この利益でしばらくわれらエンジンルームのスタッフのボーナスが払えた。いまでも母屋の『ビックリハウス』が終刊しても生き残り、テレビ番組『ボキャブラ天国』にパクられ、所ジョージの『四文字熟語』になったり、近くは松本人志による類似商品も出ているが、イトイさんはその審査を二十年以上にわたって一緒にやってくれている。年に一度、今でも続く楽しい行事である。

その二〇〇〇年版を選考しているときだった。「二千円札が出まわっているので御注意下さい」（大方直哉）という作品があった。この「二千円札」は、「ニセ円札」にも音が紛らわしく、評価が高かった。するとイトイさんが、「これさあ、あるといいね。ほぼ二千円とか、約二千円とか、タクシー代払うときなんか、つりはいらねえとか言えそうだし」「いいね、二〇〇〇年に二千円札というのは、ミレニアムの記念紙幣になるよ。堺屋さんに連絡してみよう」ということで、私は日本文化デザインフォーラムで何度かお目にかかっている、当時経済企画庁長官をしていた堺屋太一さんに手紙を書いた。しかし議会中で忙しいのか一向に返事がない。それで、当時の大蔵省の有能なキャリアだった友人の岸本周平さんに連絡すると、「それは面白いですねえ、でも、紙幣を作るのは日本銀行だし、やっぱり政治家を動かすのが手っ取り早いでしょう」というので会ったのが、民主党の鳩山由紀夫氏だった。

「アメリカのATMも二十ドル紙幣が出てきますし、今、千円札一枚で足りる支払いというのが減ってますよね。単行本も千数百円みたいに」等々、私が二千円札の効用をプレゼンすると、鳩山氏はダビデ像のような大きな目でにらみ返しながら、「なるほど、大変面白い、早速、超党派の議員団を組織して実現に動きましょう」と言ってくれる。しかし鳩山氏は直後、民主党の党首選に出て、なかなか進捗しない。一方、岸本氏は大蔵省内や、日銀の関係者に動いてく

PM4:00

意外！初2千円札の「発案者」は糸井重里だった

本人に代わって共同"提案者"のコピーライター・榎本了壱《りょういち》氏が明かす"発想"秘話

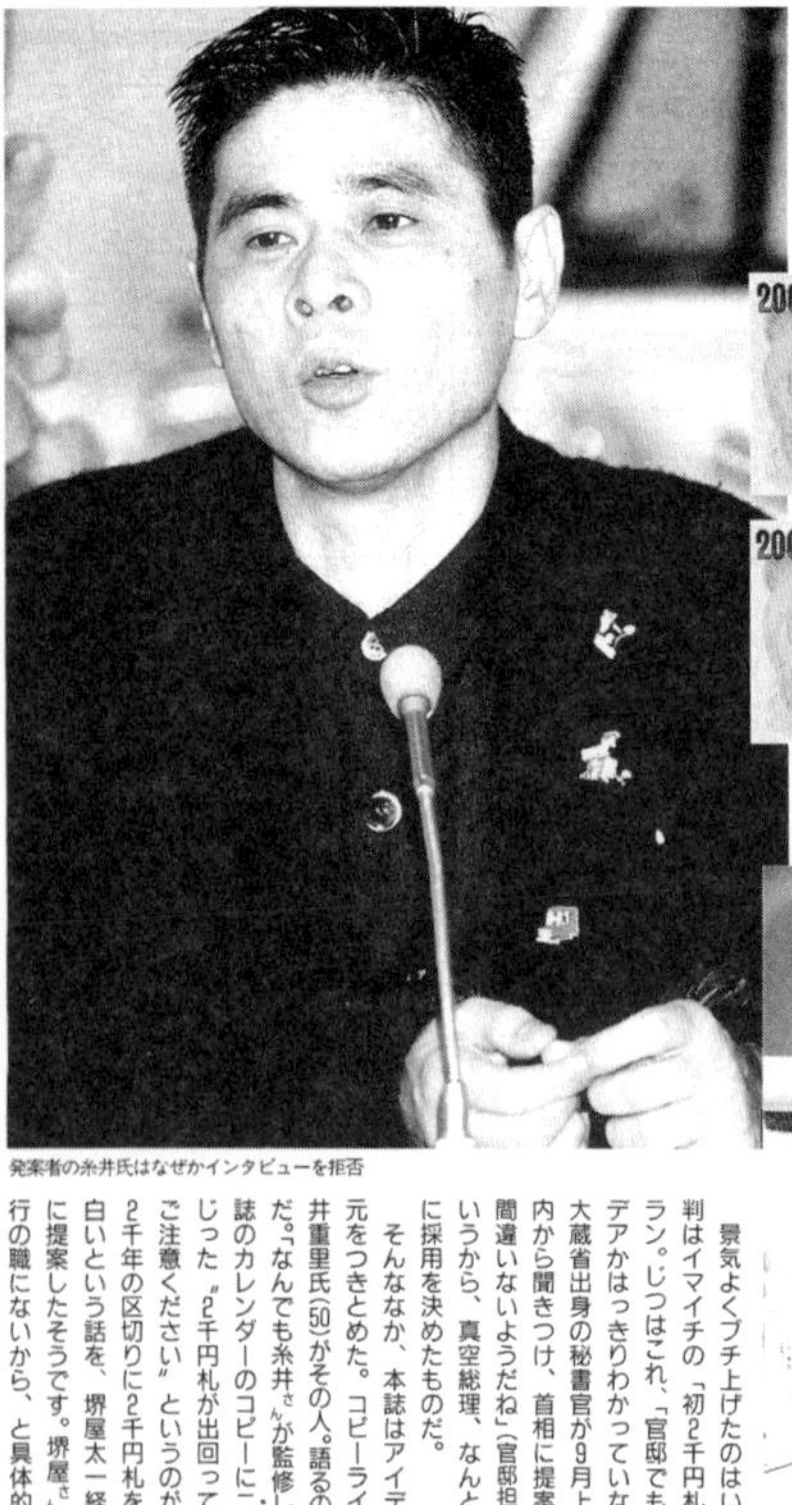

発案者の糸井氏はなぜかインタビューを拒否

上は沖縄・守礼門の小渕案。下は向井さんの糸井案

2千円札発案の基(？)のカレンダーを手にする榎本氏

景気よくブチ上げたのはいいが、評判はイマイチの「初2千円札」発行プラン。じつはこれ、「官邸でも誰のアイデアかはっきりわかっていない。ただ、大蔵省出身の秘書官が9月上旬に同省内から聞きつけ、首相に提案したのは間違いないようだね」(官邸担当記者)というから、真空総理、なんともお手軽に採用を決めたものだ。

そんななか、本誌はアイデアの発信元をつきとめた。コピーライターの糸井重里氏(50)がその人。語るのは事情通だ。「なんでも糸井さんが監修している雑誌のカレンダーのコピーにニセ札をもじった"2千円札が出回っています。ご注意ください"というのがあって、2千年の区切りに2千円札を出せば面白いという話を、堺屋太一経企庁長官に提案したそうです。堺屋さんは貨幣発行の職にないから、と具体的に何かをしたということはないようですが」。

さっそく、糸井氏に真偽を確かめようとしたのだが、なぜかこの件での取材はNO。代わって糸井氏とともに「2千円プロジェクト」を進めていたという榎本了壱氏がこう話す。「今年6月に大蔵省にいる友人に相談しました。このときは、記念紙幣として発行できないかという話でした。また、以前からおつき合いのあった堺屋さんに提案したのも事実です。もっとも、どちらもなしのつぶてなので鳩山由紀夫さんにも相談したところ、非常に乗り気で実際にお目にかかったりもしましたけれど、代表選が始まって間があいてしまったんです。そうこうしているうちにあの発表でしょう。いやぁ驚きました」。ちなみに、榎本氏には小渕首相も謝意を伝えていたとか。「私の知り合いの記者に(小渕首相から)ブッチホンがきて『2千円札の件で榎本さんによろしくお伝えください』と言っていたそうです。何がよろしくなんでしょうかね」(榎本氏)。

なお、鳩山氏には図柄も含めた具体的な提案もしていたそう。肖像画候補としては、向井千秋さん、野口英世、朝永振一郎、湯川秀樹の各氏をあげていたという。そこから本誌が製作したのがご覧の2千円札である。世間の評価には不満があるという榎本氏はこう締め括った。「流通して半年もすれば評価は一変しますよ」。

写真・伊藤 修、佐々木恵子

弐千円札記事 「FLASH」1999年11月25日号

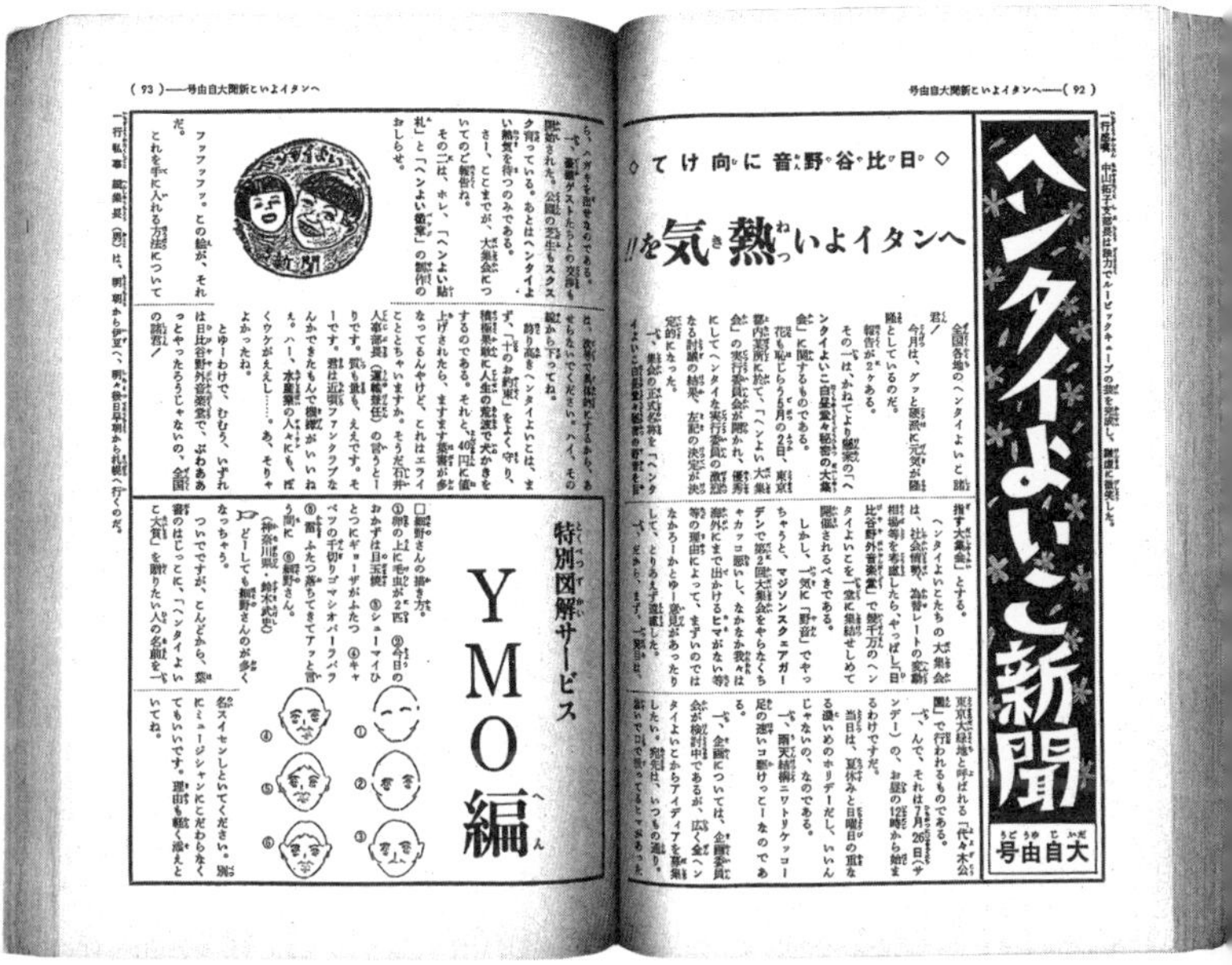
（93）――号由自大聞新こいよイタンヘ
号由自大聞新こいよイタンヘ――（92）

ヘンタイよいこ新聞

大自由号

◇日比谷野音に向けて◇

ヘンタイよいこ熱気を!!

特別図解サービス

YMO編

単行本『ヘンタイよいこ新聞』パルコ出版（1982）

『情熱のペンギンごはん』（1975）
文＝糸井重里
画＝湯村輝彦

左から『御教訓大語海』（1982）、『御教訓大全』（1991）、
『ビックリハウス版国語辞典・大語海』（1999）
表紙画＝渡辺和博　デザイン＝榎本了壱

れていた。そのニュースをキャッチしたのが、小渕恵三首相だった。第二次小渕内閣発足の目玉として、沖縄サミットと、弐千円札（正式にはこう表記する）紙幣の発行を発表した。私は「やられた！」と思ったが、一方で「実現するのか」という驚きもあった。

この発表の直後から、どういう経路でか、イトイさんと私が弐千円札の提案者であるという情報が流れて、新聞や、週刊誌、テレビなどの取材攻勢が始まる。イトイさんは「エノモッちゃんが動いたのだから」と、取材をすべて私のほうに振ってきた。数日して夕方、事務所に内閣官房庁から電話が来た。「来たか！」と思った。その頃、小渕首相は午後のある時間から、いろいろな人に電話を掛けまくっているという噂が立っていた。それを世間では「ブッチホン」と呼んでいた。「小渕です。エノモトさんですか」明るい声が耳に飛び込んできた。結局直接には弐千円札の話はまったくなかったけれど、「いろいろよろしく」とのことだった。一部の新聞や週刊誌が、イトイ・榎本組の提案を小渕首相がパクッたという報道に対する、ご挨拶であったようだ。すぐに娘さんの書かれた絵葉書が何葉か送られてきた。しかし驚いたことに、その後、小沢一郎氏の自民党離反のショックなどから、あっけなく亡くなってしまう。遺体を運ぶ霊柩車を捉えたテレビニュースは、国会議事堂の前を通過するあたりで、急激な雨と雷光雷鳴に見舞われた。将門の怨霊が雷となって襲ったように、小渕恵三氏の無念が国会議事堂を青白く照射しているように見えた。

パビリオン 18

日グラコンペ館

「日本グラフィック展」と日比野克彦

天才ダンボールアート少年はにこやかに登場する

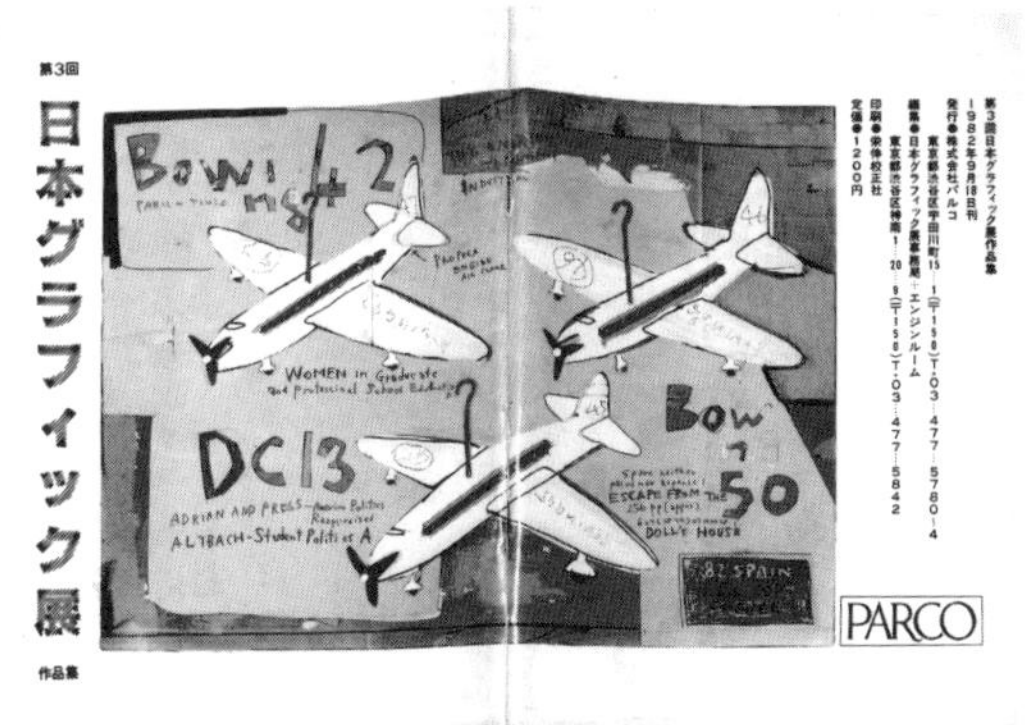

第3回日本グラフィック展カタログ（1982） 表紙作品は日比野克彦

「エノモトさん、NHKの『YOU』の司会をやらないかって話があるんですけど、どうでしょうか」ヒビノ（日比野克彦）君はうれしいような、困ったような表情で言った。ヒビノ君は一九八二年、東京藝術大学大学院生のときに、私のプロデュースしていた「日本グラフィック展」の第三回大賞を受賞し、翌年の「日本イラストレーション展」でもグランプリを獲って、一朝、新鋭アーティストとして注目を集めだしていた。その「日グラ」の授賞式の会場にストーンウォッシュの革ジャンを着て、かわいらしい笑顔を浮かべて賞状を受け、スピーチをするその姿は、すでに十分に新しいタイプのスターアーティストの登場を納得させるものがあった。

「イトイさんの後か。それは受けるべきだよ」私はヒビノ君が旧来どおりのアーティストになるような人ではないことを、最初から直感していた。彼のクリエイティヴの本質には、多くの人をひきつける磁力のようなものがある。ヒビノ君は美術館やギャラリーに閉じこもるタイプのアーティストではない。街そのものがヒビノ君の仕事場なのだと考えていた。しかしこうした潜在的にヒビノ君が持っているポピュラリティは、広く好奇の対象となると同時に、アートというきわめて閉鎖的な領域での評価を失いかねない、両刃の剣でもある。以後、デヴューから三〇年近く、ヒビノ君の活躍は衰えることなく、ますますその先鋭さを強めている。その知名度といえば、かつての岡本太郎、池田満寿夫に並ぶ。しかし必ずしもそうした活動を、アートの領域では正当に評価しているとは思えない。それは『YOU』の司会を受けるようなそうした行為を、アートの世界では禁忌しているからなのである。しかし、私自身も、美術館のキュレーターのような仕事は向いていなかった。原野のどこかに二本の杭を打てば、そこがわがクリエイティヴワールドの入り口である。「日グラ」「オブジェTOKYO展」の後の「URBANART」「東京コンペ」等のネーミングも、まさに都市そのものをテーマにしたアートコンペを意味している。

ヒビノ君は一九八五年十月から『YOU』の司会を始める。これは彼が全国的に知名度を上げる最初のきっかけになった。イトイさんは洒脱に軽やかに、ヒビノ君は素朴に穏やかに、その違いは歴然だったが、それがヒビノ君の持ち味にもなった。ところで先日、香山リカの『ポケットは80年代がいっぱい』(バジリコ株式会社刊)を読んでいたら、中沢新一との対談『「ニューアカ」と「新人類」の頃』で中沢さんが、

――あと、糸井さんは当時『YOU』という、若者のオピニオンリーダーみたいな人を司会者にすえるNHKの番組で司会者をやっていた。ぼくもちょっとの間だけ司会者をやったことがあるんですが、やっぱりぼくはちょっと毒気が強かったみたいで、すぐ日比野克彦さんに変

わりましたね。テレビにはずいぶん引っ張り回されたけど、つくづく、自分はテレビ向きじゃないな、とは感じました。

と回想していた。そんなこともあったんだ。そういえばヒビノ君も、中沢新一や浅田彰といった人たちと一緒に「新人類」とか、「若者たちの神々」と言われた一人になった。ヒビノ君が出てきたとき、寺山（修司）さんが、「ヨコオ（横尾忠則）ちゃんにはスキャンダルがあるけど、ヒビノにはないね」と言ったが、それをヒビノ君に言うと、「スキャンダルですか……」と言って、遠くを見るように黙った。横尾忠則さんはバッドな夢の世界に潜り込むのが巧みである。しかしヒビノ君は日常の何気ないものに身を寄せていく。それが二〇年という世代間のテーマの変化なのだろうか。

一九八四年五月、寺山修司が亡くなった一周忌に渋谷パルコ・スペースパート3で上演された『時代はサーカスの象に乗って』（萩原朔美の再演出）で、ヒビノ君は美術を担当し、さらに強姦魔の役で出演した。その空間演出と熱演ぶりは充分なほどにスキャンダラスであったが、もちろんそれを寺山さんが観られるわけもなかった。

いずれにしても、ヒビノ君が「日グラ」で大賞を獲ることによって、私がコンペティションの仕事をするのが非常にやりやすくなったのも事実だ。そしてそれが私の三十代、四十代の中心的な仕事になっていく。

「日グラ」は、「日本パロディ広告（ＪＰＣ）展」へ出品されたイラストレーションや写真などのクォリティが良かったことから、純粋に写真やイラストだけの公募展をしてみようということで始まった。同時に私が編集していた『季刊ビックリハウスSUPER』が、アート情報誌『SUPER ART』となり、さらに『SUPER ART GOCOO』として再々出発する、デモンストレーションとしての企画でもあった。

当時、デザインの世界では、一九七〇年に「日宣美（日本宣伝美術協会展）」が、学生や美校の若い講師たちによる革デ同（革命的デザイン同盟）や美共闘といった団体によって糾弾され、結果的に公募を含む展覧会を停止してしまう。それから十年間、デザイン系の若い才能を発掘する積極的な孵化装置（インキュベーション・システム）を失っていた。浅葉克己や、松永真、上条喬久あたりを最後に、若手のスターたちが注目される機会を逸していたのだ。「日グラ」はそんな渇水状態のデザイン領域に北上してくる、台風のような存在だった。それはさらにニューペインティングとも、バッドペインティングとも呼ばれる、現代美術の世界に起こりだしていた絵画の復権が、アートやデザインを志す若い人たちの心を捉えだしていたことも追い風になった。

一九八二年、ニューヨーク近代美術館（ＭＯＭＡ）で開催された「ピカソ展」に啓示を受けた横尾忠則が画家宣言をし、日比野克彦が「日グラ」で大賞を獲る。これを私はアート・デザイン界の「一九八二年事件」と命名したが、デザインの領域のインキュベーション・システムとして立ち上げた「日グラ」が、やがて反デザイン的なクリエイターを生み出す結果になっていく。その最初の大きなきっかけをつくったのがヒビノ君だった。

ヒビノ君の「日グラ」大賞作品は、ダンボールで造られたテーブルサッカーゲームや、サッカーシューズ、飛行機などである。（その後、日韓ワールドカップの公式ポスターを作るヒビノ君は、この頃からすでにサッカー少年だった。）その作品が五、六ミリの厚さを持っていたことで、その後の大きな異変につながっていく。グラフィックというのは、平面造形の表現をいうもので、それは視覚イメージを問題にするものである。ところがヒビノ君の作品素材はダンボールで、そのわずかな物質性と、カッターナイフでザクザク切った工作性と、その上に描かれたグラフィティ（悪戯描き）のようなヴィジュアルが、写真やイラストレーションのフラットな作品群の中で、際立って異質なものに見えた。審査員たちは虚をつかれたように困惑し、やがて幻惑され、賞賛していくことになる。

というのも、第一次選考のときに、B全判四点連作で応募していたヒビノ君の作品は一点しか残っていなかった。それが最終選考まで残り、さて大賞作品はというところで、審査が難航してしまう。そこに審査員の一人だった山口はるみが「この人の作品がほかに三点くらいあったと思うのだけど、出せますか？」と言い出した。二〇〇〇点以上の落選作の中から、作品を探し出す作業はそう簡単ではない。しかし応募番号を手がかりに残り三点を引っ張り出して並べると、審査員の表情が一気に変わった。ヒビノ君の作品に審査員の目が集中する。

というのにも理由があった。ヒビノ作品はダンボールを工作した上に描かれたもので、当時、純粋にイラストレーションとして見るにはいささかルール違反のように、審査員の目には映ったのである。それがヒビノ作品に対する最初の評価だった。しかし全作品を見終わり、山口はるみの提案でヒビノ作品を並べて見てみると、あらためてその斬新さ、先端性、実験力などが際立って魅力的に見えてくる。一挙にヒビノ作品は大賞受賞へと固まっていった。このことは、デザインの領域の中で優秀なイラストレーターを捜し出すという目的から、応募する作家たちの力によって、むしろアートの領域で評価されるべき才能を選び出す審査に転換していくきっかけになる。当時の審査員の意見を少し再録してみる。

中原佑介は、「藤原（新也）さんだったと思うけど絵画か芸術かって言葉、さっきいわれたと思うけど、ま、浅葉（克己）さんもそうです。僕は、多分、こういう傾向は、強まると思いますねえ。（中略）イラストレーションのいろんなむずかしい機能など考えなくて、要するに、グラフィック展に出す自分の作品に、自分自身を一番込めることができるっていう期待がある。」

永井一正は、「時代の潮流として、あるいは感性としての「今」というものを非常に現していたし、たまたま、ああいうコラージュ的なものっていうのが、今の一つの先端であり、しか

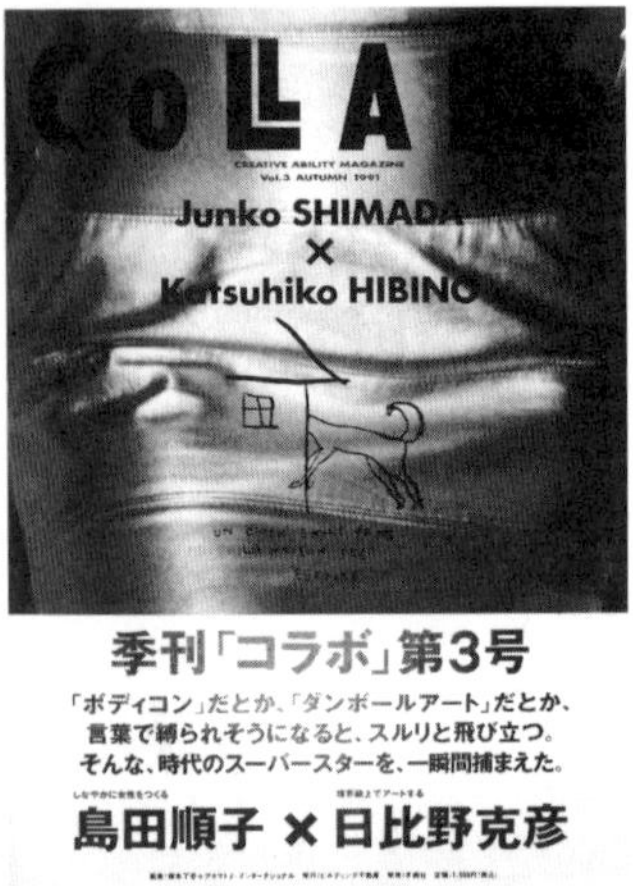

季刊『コラボ』第３号
特集「島田順子×日比野克彦」（1991）

雑誌インタビューでのツーショット（1985）
左から日比野克彦、榎本了壱

季刊『コラボ』第３号　特集「島田順子×日比野克彦」（1991）　島田順子さんのパリ郊外の別荘で

『時代はサーカスの象に乗って』（1984） 演出＝萩原朔美 美術＝日比野克彦 『日比野克彦作品集』より

「第７回日本グラフィック展」審査風景（1986）
左から浅葉克己、日比野克彦、榎本了壱、中原佑介、永井一正、藤原新也

「オブジェTOKYO展1987」審査風景（1987）
左からキース・ヘリング、通訳、合田佐和子、榎本了壱、針生一郎、池田満寿夫、戸田正寿、山本寛斎

キース・ヘリングとのツーショット
来日中のキースは、あらゆる時間、あらゆるところに
絵を描きまくっていた
左はキースが描いてくれた小皿の作品（1987）

もあいう段ボールっていう素材感、少し荒々しく切った感じとか、そういうことを含めたマチエールみたいなもの（大賞受賞・日比野克彦作品）が、非常に今的な感性を持っている。」

第三回展の審査員にはほかに、浅葉克己、粟津潔、操上和美、藤原新也がいた。

一方ヒビノ君はその頃、こんなコメントを残している。「立体やってる方が楽しい時があって、平面では何を描くかモチーフで困っているわりには、立体だとアレもコレも作ろうとドンドン（アイデアが）湧いてきてね。立体って平面と比べるとインパクト弱い。自分の部屋の中に置いてあっても、いろんなものに混じっちゃうことある。その頃考えていたのは、とにかく自分の部屋に飾りたいものを作ろうという感じ。中には気持ち悪い絵を描く人もいるでしょ。そういうの、ボクは描く気にはなれない。」（『イラストレーション』二〇号より）

こうした発言どおり、ヒビノ君はダンボールで次々と自分の欲しい物を、不思議の国のマーケットのデザイナー兼オーナーのように紡ぎ出してゆく。と同時に、「日グラ」の応募作品は翌年から、物質性を備えた半立体的な作品が急増してくる。初めは私たちも「出ッパルコアート」などと言ってその兆候を面白がっていたが、それが予期せぬほどの膨らみを見せて、ついに翌々年の一九八四年、「日本オブジェ展」（八七年からは「オブジェTOKYO展」に改名）がスタートすることになる。もちろんそのきっかけを作ったのも、ヒビノ君である。

話を少し「日本オブジェ展」のほうにずらす。

一九八四年十一月、このコンペには予想どおり多くの作品が搬入された。搬入審査会場となった巨大な西武運輸府中倉庫には二日間で八〇一点の作品が所狭しと集合する。そのセッティングの現場はまるで、都市のジャンクをかき集めたアート再生工場のような、凄まじく楽しい刺激的なものだった。審査員は、池田満寿夫、内田繁、岡本太郎、合田佐和子、田中ルミ、東野芳明の六名。審査は八時間にわたり、その後の府中の料亭で行われた選評座談会ではまず「オブジェ」という言葉についての賛否が出た。東野氏は「草月流の生け花オブジェ」などを連想させるとネガティヴな意見。池田氏は「芸術に毒されない世代が出てくる期待と、いずれにしてもオブジェだけの展覧会は日本では初めて」と評価。岡本氏は「非常に自由な表現があるので結構だと思うのだけれど、もっともっと自由な表現を」とポジティヴな発言。

座談会後半、『第1回日本オブジェ展作品集』より、

岡本　戦前はもちろん、戦後もパリで美術家が彫刻をやると、クビになるわけです。ピカソぐらいになるとできる。ミロもやっとあとでやった。絵描きが彫刻つくってはいけないということになっている。文章を書いてもいけない。文章を書いて本を出したらクビになってしまう。

池田　僕なんんか美術家クビだよ。だめだということで。

岡本　嬉しそうな顔するなよ。

内田　認められたって、嬉しいんだよ。

東野 やっぱり、そうね。相当、有名になればいい。

池田 アメリカもそうですよ。

東野 認められればいいというところがあるね。日本は不自由だな。

池田 いや、僕は日本は自由だと思うよ。本当に自由だと思う。やりたい放題です。

岡本 いや、君は自由だろうね。

東野 太郎さんの世代はそれね。恐らく、太郎さんの世代はそういうところがあって、本を出して。

岡本 おれは、好かれたり、評価されようなんてことを、まず、やっておらん。

このあと少しで座談会の議事録は終わっている。しかし実際には、岡本太郎、東野芳明、それに太郎さんの秘書として付き添っていた岡本敏子（当時はまだ平野姓を名乗っていた）の連合軍と、池田満寿夫の孤軍が真っ向からのけんか状態になってしまった。満寿夫さんは「評価され、認められて、歴史に残りたい！」と熱く語ると、太郎さんは「そんなこと下らん。自分から言ったり、考えることじゃない」と一蹴、それを東野さんと敏子さんが援護射撃するという、凄まじい論争になった。形勢は明らかに不利に見えたが、私は池田満寿夫の正直な熱い言葉にわけもなく心が震えた。

しかし、太郎さんも面白かった。「オブジェ展」の審査員のお願いに、今は「岡本太郎記念館」になっている青山の自宅兼アトリエを訪ねると、まず両手を広げた鑞人形の太郎さんに迎えられる。しばらくして本物の太郎さんがもぞもぞと客室に出てきた。コピーした企画書を渡すと、ポケットにもぞもぞと手を突っ込んだまま動かない。しばらくすると手品師のようにそこから眼鏡が出てきて、書類を読み出した。結局さほど問題もなく了解された。ほっとして玄関先で靴を履いていると、外は雨だった。太郎さんが「そこの傘、持っていきなさい」と、もぞもぞ言われた。その傘は私がさしてきた傘だった。私は太郎さんの不思議なウィットにすぐさま応えられず困ってしまった。

もうひとつ、太郎さんに講演をお願いしたことがあった。私は雑誌の企画がらみで「SUPER SCHOOL」という塾を運営していた。会場は渋谷パルコのパート2だったと思う。話し出して十五分もすると、太郎さんはそわそわと腕時計を見出し、講演に力が入らなくなる。困ったなと思いながら懸命に質問などしてその場を乗り切った。私は必死だったけれど、太郎さんは特に追い込まれた様子もなかった。そのあと、敏子さんと三人で、公園通りを少し入った、その頃まだ連れ込みホテルが残っていたあたりにできた「雪月花」というカフェバアに行った。天井がスケルトン状態で配管などがむき出しのがらんとした空間に、大きな長テーブルが並んでいる、そんな店だった。けれども太郎さんはそこで、トレンチコートも脱がず、ハンチングをかぶったまま、サングラスまでして、まるで誰かを追跡している探偵みたいに、あるいは逃亡者のように、衆目を気にされている。でもそれはあまりにも目立っていた。なんといっても太郎さん、心はいつもスーパースターなのである。

ところがその帰りしな、御影石の敷かれたツルツルのエントランスで、太郎さんは足を滑らせ転倒してしまった。そのときしたたかにおでこを打つコツンという音が聞こえた。私は「しまった！」と思った。太郎さんに何かあったらとんでもないことになる。ぞっと、血の気が引いた。すると太郎さんはすっくと立って、まるで何もなかったかのように、二、三段の階段を駆け下りた。そばで敏子さんが、「大丈夫ですか、太郎さん」と声をかけたが、応えもしなかった。

その後、敏子さんにはコンペの仕事やイベントを評価していただき、亡くなる間際まで、ずいぶん応援、激励をいただくことになる。「エノモトさん、あなた、がんばってちょうだいね！」酔って元気な敏子さんの甲高い声が今も、すぐ耳元によみがえってくる。

話を「日グラ」のその後と、ヒビノ君に戻す。

こうしたいろいろな方々の支援と協力を受けて「日グラ」と「オブジェ展」は順調に回を重ね、新たなクリエイターを輩出することに成功していた。一九九〇年、「日グラ」は第十一回展から、「グラフィック・フロント」というサブタイトルをつけて、香港、韓国からの応募へと拡張計画に入った。パルコの担当常務の宇佐美昌一さんと、韓国に行ってアートやデザイン系のソサエティで力のある人に何人か面接したりした。審査員にはアラン・チャン（香港）、崔在銀（韓国）、マルコム・ギャレット（イギリス）を迎えて、国際的なコンペティションへと転換。同時にイタリアの百貨店ラ・リナシェンテとの提携で、「日グラ」のデモンストレーションとして、ミラノのアルマーニ本社のあるパラッツオ・ドゥリーニで、「IMAGINARIA」展を開催した。日比野克彦、タナカノリユキ、谷口広樹、伊勢克也、伊藤桂司、伊東淳、オヤマダヨウコ、寺門孝之、内藤こづえ、平野啓子、日比野光希子ほか、二〇作家が出品。ヒビノ君も会場に同行した。その夜はドゥオモの横に建つラ・リナシェンテ階上のレストランで、パルコの山田会長はじめ、VIPな会食となった。

ヒビノ君は一九八〇年代後半、「日グラ」や、「オブジェ展」の審査やトークで、それこそ札幌から名古屋、岐阜、熊本と、地方の展覧会場になっているパルコを一緒に廻り歩いてくれていたが、一九九〇年代に入ると海外行きが増えてくる。このミラノ行きも、同時に進行していた『コラボ』という、これも私が企画編集していた季刊誌で、ファッションデザイナーの島田順子さんとヒビノ君の対談で一冊を作る作業が進んでおり、ジュンコさんのパリ郊外フォンテンブローの、浴室だけでも二〇畳ほどもある別荘で、夜は暖炉に薪をくべてシャンパン、朝食はジュンコさん手作りのメニューを庭でいただくという、なんともラグジュアリーな二泊三日の連続対談を終えて、ミラノに移動したのだった。

こうした動きは実は「日グラ」と「オブジェ展」の、平面・立体という垣根を取り払い合体して「URBANART」という、コンペティションに再編するその布石でもあった。

一九九二年、「URBANART」のスタートの年、イタリアでも姉妹展として始まった「IMAGINARIA」の公募審査のために、ヒビノ君と私、パルコの宇佐美常務との一行はミラノに再来していた。コモ湖の近くの会場で審査は無事終わり、翌朝ヒビノ君と二人で、レオナルド・ダ・ヴィンチの『最後の晩餐』があるサンタ・マリーア・デッレ・グラーツィエ教会を訪ねた。（そういえばその頃、ヒビノ君は『週刊読売』の表紙画を描いていて、「表紙の言葉」のようなものも書いていたが、そのときちょうど『最後の晩餐』が修復中で、右利きの女性が修復していたのを見て私が「ダ・ヴィンチは左利きなんだけどね」と言ったことを日記風に書いていた。）それから、ミケランジェロの『ロンダニーニのピエタ』のあるスフォルツァ城博物館を見て、モンテナポレオーネ通りの店を覗き、ヴィットーリオ・エマヌエーレ二世ガッレーリアでオリーヴのピクルスをかじりながらビールを飲み、夜、スカラ座でオペラをバルコニー席で見た。しかしその創作オペラが限りなく退屈で、二人は舟をこぐ寸前となったところで劇場を出て中華料理屋で食事する。ホテルに帰ると宇佐美常務と三人でまた飲み出した。

朝からの名画名作巡りからオペラ鑑賞まで、大ミラブラ（ミラノブラブラ歩き）をしていたものだから、酔いは一挙に回った。

「そういえば、今日廻ったダ・ヴィンチも、ミケランジェロも、キリストの最後を描いたり、彫ったりしていたけど、キリストは三十三歳で十字架に掛けられているから、ちょうど今のヒビノ君と同い年ってわけだね」

私の何気ない一言にヒビノ君は目が覚めたように繰り返した。「キリストは、三十三歳で死んでるんですか？」それから話はどう展開したか忘れてしまったが、ヒビノ君は東京にいるガールフレンドにプロポーズをすると言い出した。ヒビノ君とその人とはずいぶん長い付き合いで、誰もが知っている仲だった。二人が結婚するという積極的なきっかけがないままに、付き合いが続いていたという状況だった。ヒビノ君はキリストが死んだその歳、しかも、レオナルド・ダ・ヴィンチやミケランジェロの描いたキリストの最後を見たその日を逃して、結婚へと転換するチャンスがないと考えたのだ。もちろんそれには、宇佐美常務も私も、火に油を注ぐごとくにあおったのではあるけれど。深夜になって、ヒビノ君の東京へのラブコールが始まった。

「エノモトさん、披露宴は、東京と、ニューヨークでやります」

その頃、ヒビノ君はニューヨークにもアトリエを持っていた。

「パリでもやろうよ。ジュンコさんや、友達もたくさんいるし」

「ヨッシャーッ！　三都市披露宴！　スッゲーッ！」

普段は割とぼそぼそしゃべるヒビノ君だったが、ノルと声が高音に転調して、テンションにターボがかかる。

「よーし、東京は私に任せて！」

宇佐美常務は胸を叩く。ミラノのホテルは大騒ぎである。ところが、ミラノ↓東京の時差は八時間、東京は午前九時か十時だったのではないだろうか。家も仕事場も出てしまっていれば彼女をつかまえることがむずかしい時間だ。その頃はまだ携帯電話も普及していないし、それでなくてもホテルからの国際電話は手間がかかる。何度もチャレンジしたが、結局彼女にはつながらなかった。ヒビノ君は運命の女神に見放されたようにひどくがっかりして、それからみんなでまた呑みなおした。

このときのヒビノ君の「三十三歳結婚プロポーズ大作戦」は失敗に終わったが、ずいぶんたってから、やっぱりその人と結婚した。コスチュームアーティストの内藤こづえさんである。もちろん今はひびのこづえとして大活躍している。

「JPC展」、「JPCF展」、「エビゾリングショウ」、「日本グラフィック展」、「日本オブジェ展」、「オブジェTOKYO展」、「URBANART」とつながる、一九七七年から九九年までの二十三年間、四〇回に及ぶパルコ系コンペからは、ヒビノ君をはじめ、現在活躍している若い才能が続々と登場したが、その審査にも、それこそモンスターランドの紳士淑女録とも呼べる多くの人々が参集している。感謝を込めて、その一部を記録しておく。（敬称略）

赤瀬川原平、赤塚行雄、浅田彰、浅葉克己、荒木経惟、アラン・チャン、粟津潔、池田満寿夫、石岡瑛子、糸井重里、伊東順二、伊藤隆道、稲越功一、岩井俊雄、インゴ・ギュンター、内田繁、楳図かずお、大貫卓也、大林宣彦、岡本太郎、小川晋一、おすぎとピーコ、葛西薫、亀倉雄策、河北秀也、川崎徹、河原敏文、キース・ヘリング、操上和美、久留幸子、黒鉄ヒロシ、黒田征太郎、桑原茂一、小池博史、合田佐和子、小森和子、崔在銀、サイトウマコト、佐藤雅彦、椹木野衣、三遊亭楽太郎、シー・ユー・チェン、しとうきねお、ジョアンナ・リー、高梨豊、高平哲郎、高松伸、武邑光裕、竹山聖、立花ハジメ、田中俊治、タナカノリユキ、田中ルミ、ダニエラ・パラッツオーリ、谷口広樹、近田春夫、ツービート（ビートたけし・きよし）、デイヴィッド・デヒーリ、TK・バパティー、テイ・トウワ、寺山修司、東野芳明、戸川純、戸田正寿、永井一正、中沢新一、中島信也、長友啓典、中野裕之、中原佑介、奈良原一高、橋本治、長谷川逸子、原田治、針生一郎、ハン・ザイポー、ピーター・フレイシグ、日比野克彦、ひびのこづえ、ビンセント・シャム、深井隆、福田繁雄、藤幡正樹、藤原新也、マジョリエ・チュ、松井桂三、マッド・アマノ、松本弦人、マルコム・ギャレット、村上隆、山口小夜子、山口はるみ、山藤章二、山本寛斎、山本容子、山脇一夫、横尾忠則、横澤彪、四谷シモン・・・

パビリオン 19

デザイン会議館

黒川紀章と「日本文化デザイン会議」

日本の文化をデザインするモンスター達

国立新美術館「黒川紀章展」での黒川紀章（2007）

ぼくは君たちに言った　ぼくは大洋《うみ》に耳を傾けた
大洋《うみ》はぼくに数編の詩を聴かせてくれた　ぼくは聞いた
真珠の眠りを醒ます鈴にむかって
ぼくは君たちに言った　ぼくは歌った
悪魔の結婚式で　お伽噺の花の中で
ぼくは君たちに言った　ぼくは見た
歴史の雨にぬれて　死が舞い込むとき
女身の妖霊と家を

それというのも　ぼくは自分の瞳の中で航海したから
ぼくは君たちに言った　ぼくは万物《すべて》を見た
死の入口で

アリアス・アドニス「ぼくは君たちに言った」（関根謙司訳）

少し歴史を辿ります。

一九八〇年七月、「第一回日本文化デザイン会議」が二日間の日程で、横浜で開催される。テーマは「共生の時代へ」「デザインの主張」「社会で起きていることを論じよう」など。議長は黒川紀章。

前年、アメリカのコロラド州で開催された「アスペン国際デザイン会議」は、「日本と日本人」がテーマ。その議長だった黒川紀章は、デザイナー、建築家、アーティスト、学者、評論家ら六〇名ほどを日本から引き連れて会議に乗り込んだ。結果は大成功で、こうした会議を日本でも開催しようと立ち上げられた組織が、「日本文化デザイン会議」だった。発起人は五三人。発起人代表が梅原猛。

横浜のフォーラム会場は四ヶ所、それがひとつひとつ離れていたものだから移動が大変で、しかもどの会場も立錐の余地もないほどの混雑を極めていた。一九六〇年、東京での「世界デザイン会議」開催から二十年。待ちに待ったデザイン界のビッグイベントである。(奇しくも「日本グラフィック展」も同じ年に始まっている。) この騒然とした会場にいるだけで、なにかとんでもないことが起こり出しているという感覚があった。すでに黒川紀章は「共生」をキーワードにフォーラムを組み立て、ゲストスピーカーとして、シリア生まれでレバノン国籍の詩人アリアス・アドニス、ポーランドの映画監督で『灰とダイヤモンド』のアンジェイ・ワイダ、フランスのパリ国立都市計画研究所所長のフランソワーズ・ショーエ、アメリカ在住のイタリア人建築家「実験都市アーコサンティ」推進者のパオロ・ソレリ、イタリア人建築家でポンピドゥ・センター設計のレンゾ・ピアーノと、その顔ぶれも豪華である。

しかし黒川紀章は、このとき特にアラブの砂漠の詩人アドニスにいたく心酔した。デザイン会議の思い出話になると、黒川さんは幾度となくアドニスの話を出した。現代建築の最先鋭が詩人に共感したのが意外な感じだった。「詩の意味はもちろん、アラブ語だからわからないのだけど、いいんだなあ」と、嘆息された。残念ながら、私はこのアドニスの詩の朗読を聞いていないが、そのプログラムに、冒頭の詩が掲載されている。

「日本文化デザイン会議」発足にあたっては、会議の主導権を巡って発起人の間で抗争が起こっていた。これをまとめるために黒川さんは哲学者の梅原猛を代表にすえ、自分はひとまず運営委員にとどまる。この事情について、梅原さんはこんな風に述懐されたことがある。「黒川紀章という男は賢い奴や。会議をまとめるために京都にいる私を天皇にして、自分は東京で将軍になった」。このとき、黒川紀章四十四歳、梅原猛五十五歳。しかし確かに、この「日本文化デザイン会議」は、建築、デザイン、文化全般の人脈を組織化することに成功していく。

横浜会議のさよならパーティは、夕方から大桟橋で行われた。黒川さんや粟津潔が会議の成功に、缶ビールを片手に大喜びで笑っているのが印象的だった。そのあと私は粟津先生の家族と、粟津デザイン研究室のスタッフとで、中華街へ出て食事をした。粟津先生はずいぶん遅れて私たちのテーブルにやってきた。

この「第一回日本文化デザイン会議'80横浜」は、地方からの発信と、二十一世紀の日本のグランドデザインがテーマになった。第二回目は仙台。この会で役員が決定している。梅原代表に続く幹事が草柳大蔵、高階秀爾の二名。黒川紀章は十四人の運営委員の一人にとどまっている。(しかし八四年の札幌会議から黒川紀章は粟津潔とともに幹事に昇格し、九〇年からいよいよ代表となる。)私はこの仙台会議に粟津潔から声をかけられて、糸井重里と一緒に「広告言語・風俗言語」などにパネラーとして出た。以降、三回目から会員に推挙されて、三〇回目の赤坂会議(〇八年)まで連続してパネラーとして参加している。

第二回(八一年)仙台会議の議長は『日本人とユダヤ人』の著者の山本七平。テーマは「風土」。ここでの分科会「フードロジー」(「風土学」の造語)は見ものだった。これは朝九時から昼食の一時間の休みを挟んで午後三時まで五時間続いた。司会進行は東大教授(当時)芳賀徹。パネラー七人、そのなかの、『「縮み」志向の日本人』を著して話題になった李御寧《イーオリヨン》(ソウルオリンピックの開会式を演出して、韓国初代の文化長官(大臣)になったアジアの頭脳)に、寺山修司が絡んだ。

まず、李御寧が石川啄木の短歌集『一握の砂』の一首から切り出した。

「『東海の小島の磯の白砂にわれ泣きぬれて蟹とたはむる』、これは、大きな海からその中にぽつんとある小さな島へ、その島の一角にあるさらに小さな砂浜の、そこにいる小さな小さな蟹へ、そしてそれを見て泣いている啄木の一粒の涙と、どんどんどん小さな世界に絞り込んでいく、これがまさに縮み志向なんですよ。しかも、の、の、の、とつないでゆく、これは英語なら of-of-of でしょ。こんな語法は絶対ありません。これが日本の美学なんです」

啄木の一首から、縮み志向のシステムをものの見事に解いた。なるほどと感心していると、寺山修司が切り返した。

「だけどね、啄木はほかの歌で、『はたらけどはたらけど猶《なほ》わが生活《くらし》楽にならざりぢっと手を見る』、なんてね、つまり、困ったときに手を見てるような変な男が、その、日本を代表する美学者というかね、表現者のように思われるのも困るわけで」

この一語で会場は大いに沸いた。寺山修司は「昭和の啄木」といわれたほど、啄木に傾倒し、啄木を愛誦した歌人である。李御寧はそれを知らなかった。寺山修司は李御寧の論評を批判するほど啄木を、もちろん否定しているわけではない。しかし寺山修司という人は、ときとして論争に勝つために、本来の自分の考えを変えてしまうこともいとわない人だった。あえて反撃に転じたのだ。例えば寺山の手や手相を詠んだ作品がいくらもある。

生命線ひそかに変へむためにわが抽出しにある一本の釘
てのひらの手相の野よりひつそりと盲目の鴨ら群立つ日あり
生くる蝿ごと燃えてゆく蝿取紙その火あかりに手相をうつす

李御寧は続けた。

「日本の寿司屋はですね、客の前で寿司を握ってみせますね、あれは歌舞伎の花道と同じですよ。客のすぐ近くで演じる。近いコミュニケーションを大切にする。これこそが日本独特の文化と言えるでしょう」

するとまた、すかさず寺山修司は切り返す。

「寿司屋と歌舞伎が一緒かどうかはわからないけれどね、日本の現代演劇は花道なんかもう使わないわけで、いらなくなったものをほめられても、まあ、どうしようもないわけですよ。イーさんにはその、日本の現代演劇をぜひ見ていただきたいですね」

ここでも客が沸いた。(話のディテールは多少正確ではないかもしれないが、おおよそそのようなやり取りが続いた。)寺山修司は少年時代、青森で、叔父の経営する歌舞伎座という劇場に寝泊まりしていた。普段は映画館で、寺山はスクリーンの後ろから映画を見ており、旅芸人の一座が来ると寝床を奪われた。こうした経験が彼を映画や演劇に向かわせる遠因になっているのはいうまでもない。一九七一年のヨーロッパ公演に私が同行したとき、パリのレ・アールで、市場に使われていたパビリオンを使って『毛皮のマリー』を上演した。寺山さんは私に、回廊風のまるで花道だけのステージをデザインさせている。この花道論争も、アジアの誇る叡智・李御寧とのディベートを楽しんでいるだけのようだった。その日の昼食を私は寺山さんと秘書の田中未知（〇七年に『寺山修司と生きて』を書く）と三人で、分科会前半の戦況を反芻しながら楽しく食べた。寺山さんは確か、あんかけうどんと丼物をぺろりとたいらげた。それから、太宰治の『津軽』の資料を蕎麦屋で広げた。後半、寺山さんはまともに太宰を論じた。寺山修司にとって「風土」といえばやはり、津軽なのだ。しかしこの仙台会議が、寺山さんが参加した最後の会議になってしまう。

第三回（八二年）の金沢会議は、草柳大蔵議長。私は「仕事を遊ぶ」という分科会のモデレーターとしてプログラムにこんな一文を書いている。

――ここでは、他の会議と、趣向というか、形式が、多少異なります。例えば、会場の中央には、座椅子を並べた掘り炬燵のようなものがあり、その上には、まだ少し青味の残った蜜柑が一山。それに、パックに入ったお茶セット一式。一袋三〇〇円くらいのお菓子が二種類程度のっています。勿論そうなると、ここは厳正なる会議の現場というよりも、どこかのお宅のお茶の間という印象が強くなるので、必然的に、テレビジョンのようなものも、置いてなければなりません。朝の九時半、となると主婦向けワイド番組かなにかが映っていることでしょう。庭先では、雑種犬が一匹、うろうろしたりもしています。さて、会議の出席者たちは、その日の朝の新聞や、昨日の夜の出来事、最近の世界情勢等々、思い思いの素材を抱えて、掘り炬燵に集合してくるわけですが——

この文章どおり、会場の中央にしつらえられた炬燵に集合してきたのは、写真家のアラーキー（荒木経惟）、コピーライターの糸井重里、イラストレーターの南伸坊、そして私。もちろん犬もいる。途中から、前夜アラーキーが金沢の町で出会った婚約者たちも入ってきた。

荒木　おふくろは長く患って死んだんじゃないから、わりにいい顔の時に死んだわけよ。だから一番いい女に見える角度を探して写真撮った。親戚がいなくなると横たわっているおふくろのオッパイ触ったりしてさ。

榎本　カミュの世界みたいだね。

荒木　だからおやじとおふくろの死で、あたしは人のヤなところは撮らないという思想を学んだね。栄光の写真家になれた！　それに死体って動かないから、いい写真が撮れるのよ。（笑）

糸井　荒木さんは、毎日ほとんど似たような仕事をしているように見えるんだけど、飽きないですか。（笑）

荒木　いや、深遠だから飽きないよ。
榎本　荒木さんはジョルジュ・バタイユみたいに「エロスとタナトス」なんだね。お葬式の話が出たけど、生身の人を撮っても、何かその背景に暗く死の影みたいなものがあるもの。
荒木　葬式の写真、ずっと撮ってた事あるよ。好きなんだよね、オレは。それから、よく撮るのは駅のプラットフォーム。あそこには人生の全てがあるって気がするね。
榎本　写真が好きなんだ。
荒木　うん。今はバカチョン・カメラ持って歩いていて、何かのついでにドンドン写真を写して、一日に三本位の仕事やっちゃうんだよ。ここでも、今、話をしながら撮ってるじゃない。それで、明日締め切りの仕事に渡しちゃうんだよ。一カ所へ行くとだいたい三本仕事をするね。
糸井　歩く仕事だね！
荒木　そう、仕事《しごと》は、私事《しごと》だからね。
南　うーん。漢字を使ったダジャレは見えにくいよ。
榎本　ダジャレに黒板がいる。ケーシー高峰のダジャレみたい。

この年の初め、寺山さんは映画『さらば箱舟』を制作中に体調を悪化させていた。それを押して『奴婢訓』のパリ公演に出かける。その帰国後、すぐにこの金沢会議にくる予定だった。寺山さんは「ことばのコンサート」というパフォーマンスを企画構成していた。しかし当日になって寺山修司欠席の連絡が事務局に入る。急遽、私に司会進行の代役の話がきた。会場の市観光会館大ホールに行くと、舞台袖の電話に呼びつけられる。その電話口から「エノモッちゃん、悪いね、まあ、まかせるから」と、力ない声で寺山さんは話してきた。この半年後の五月四日に、寺山修司は亡くなってしまう。

第四回（八四年）の神戸会議のとき、私は十八人のテーマ委員のうちの一人になる。大委員会である。議長は京都大学人文科学研究所教授（当時）吉田光邦。テーマ会議は神戸が開催地なので、「海」をテーマにしたいのだけど、タイトルをどうするかというのが、議題になった。なかなかいい案が出ないで会議が難渋する。偉い先生ばかりだから、みんなが牽制しあうのだ。顰蹙《ひんしゅく》を承知で私は手を挙げた。「海は広いか、大きいか、なんていうのはどうでしょう」と提案し、それから少し説明を付け加えた。和服姿で長髪の吉田光邦議長がぎょろりと厳しい眼光で私をしばらく睨みつけていたが、「うん、よろしいんじゃないですか」大学者はあっさりと言われた。

この会議から私はイトイ（糸井重里）さんとタッグを組んで、リレー講演会というのを始める。朝から夕方まで、昼食を挟んで五時間のプログラムだ。この会場は港町の酒場のしつらえにした。それぞれの過去を抱えた船乗りがふらりと酒場にやってきて、話しはじめるという演出である。一人十分から十五分程度だから、二十人以上の人とトークすることになる。プログラムを見ると、梅原猛、吉田光邦、黒川紀章を筆頭に、粟津潔、安藤忠雄、田中一光、横尾忠則、勝井三雄、永井一正、福田繁雄らの名前があるから、こうした人たちと次々に話していったはずである。イトイさんとのリレー講演会は、一九八七年の長野会議まで五年続いた。

こうしてアングラ、ヘンタイ、パロディとへて、私はカウンターカルチャーにもなりきれず、いつの間にかサブカルチャーなどと呼ばれ出し、さらには「日本文化デザイン会議」というエスタブリッシュされたカルチャーのど真ん中の渦中に飲まれ込まれてしまった。それならと、一九八六年あたりから、イベントのことあるごとに「カルチャーランチ・クラブ」というリゾーム状の仮想クラブを展開することになる。デザイン会議の運営委員会も、事務局をしている博報堂も、若手文化人をゆったりと束ねることを歓迎してくれていた。糸井重里、川崎徹、杉浦日向子、中沢新一、高見恭子、日比野克彦、内田春菊、羽仁未央、島森路子、手塚眞、高橋源一郎、鴻上尚史、渡辺和博、島田雅彦といった人たちが、なんとなく絡んでくれて、そのうちの何人かは、その後のデザイン会議の主要メンバーになっていく。

なかでも「私は出不精で」と言って、そのしなやかな腰をなかなか上げてくれなかった杉浦日向子さんが、ともかくどこなりと移動しはじめてくれたことがうれしかった。一九八八年の熊野会議では、会場に行くまでが大変だったが、新幹線を乗り継いで天王寺駅から会場のある紀伊勝浦駅までの紀勢本線三時間ほどを、日向子さんと、手塚治虫さん、粟津潔さんの四人で一つのコンパートメントに座り、話ができたという幸運はなかった。その時手塚さんは、和歌山のとある漁師町での不思議な話をしてくれた。

「これは、私の体験ではなくて、友人が話してくれたことなんですがね」と前置きして、「昼下がりに鄙びた漁師町を通り過ぎると、その村の女が遊んでかないかと声をかけてきたそうですよ。友人も若かったし、ほんの気まぐれでその女の後をついてゆく。まあそうしてしばらくの時間が過ぎて夕暮れになると、女は身繕いをしてさっさと浜に出てゆき、漁から帰ってくる亭主を迎えたそうです」

「それって、手塚さんの経験ではないんですか？」と私が突っ込むと、「いやいや、ほんとに友人の話です」と言って笑った。手塚さんはその頃すっかり痩せられていて、体調が悪かったのだろうが、そんな楽しい話をしてくださった。私たちは列車の窓にゆっくり流れていく海岸線を見つめた。手塚治虫さんは翌年の二月九日に亡くなられた。

後日、ご子息の手塚眞さんにこの話をしたら、「そのことは漫画にも描いてますね」と、教えてくれた。

これも不思議な縁で、九〇年に眞さんと、漫画家の岡野玲子さんとの結婚式の演出をやらせてもらう。東京プリンスホテルで、「結婚オメデ党大会」と銘打ち、黄色い幡のはためく会場を新郎新婦はラストエンペラーの出立ちで登場。祝辞はオメデ党総裁の伊武雅人。日本刀で断ち割った巨大なウェディングケーキから、ラッキー池田が頭にヤカンをくりつけて踊り出て、「漫画《ガ》、映画《ガ》、二人合わせてガが強い！」と絶叫し、白塗りの白虎社が行進する凄まじい結婚

金沢会議（1982）　左から糸井重里、南伸坊、榎本了壱、荒木経惟

九州会議（1985）　左から粟津潔、吉田光邦、榎本了壱、ジェイムズ・ワインズ

福岡会議（1994）　左から浅葉克己、杉浦日向子、河原敏文、榎本了壱

広島会議（1986） 左から榎本了壱、手塚治虫、糸井重里

『ネオ・アニマロジーフォーラム』（1995） 前列左から美輪明宏、中沢新一、コリン・ウィルソン、後列左から二人目が手塚眞

岐阜会議（1996） 杉浦日向子さんとツーショット

式になった。

一九九五年には、手塚眞さんを中心としたチームが開発した「テオ」という人工知能の生物の誕生を記念したイベント「ネオ・アニマロジーフォーラム」（表参道クエストホール）をプロデュースすることになる。ゲストスピーカーが、コリン・ウィルソン、小松左京、美輪明宏、荒俣宏、荒木経惟、中沢新一、夢枕獏、杉浦日向子、内田春菊、岡崎京子、景山民夫、小谷実可子、立花ハジメ等々といったメンツがそろった。このイベント中に私の母が亡くなった。夜中に電話があって車で駆けつけると、すでに霊安室のガラスの向こうに静かに横たわっていた。周囲の人に告げずに葬儀を済ませた。


話を戻す。この一九八八年の熊野会議では、杉浦日向子さんと、講談の神田陽子さん、萩原朔美の四人で、夜の漁港に幕を張ってそこで〈「怪」塾・講談「百物語」〉というセッションをした。日向子さんが漫画に描いた百物語を陽子さんが演じながら話していくという、楽しい一夜だった。そのあとは港の近くの確か「バンブーハウス」とかいったエスニックな店に黒川紀章さんと合流して、アフリカの赤ワインを幾本も空けた。

翌日、出番のない日向子さんと私は、那智の華厳の滝や、秦の始皇帝に長生不老の霊薬探しを命じられて、この地に辿り着いたという徐福伝説のある新宮の徐福公園を廻った。この頃日向子さんは、荒俣宏さんと結婚したばかりで、熊野那智大社では三本足の八咫烏《やたがらす》のお札を買っていた。何をお願いしようとしていたのだろうか。けれども二人はほどなく別れてしまう。私は荒俣宏という知の巨人に畏敬の念を抱いていたから、残念でならなかった。日向子さんはその後体調を崩されて、それでもNHKテレビの『お江戸でござる』に出ていたが、二〇〇五年七月二十二日、夏の盛りにふっとあっちに行ってしまった。私は徐福公園で拾った、磨くと碁石になるという那智黒石の小石を、今でも本棚の上にぽつんと置いている。そしてときどき撫でてみる。

この「日本文化デザイン会議」は、十年目の一九八九年に解散することになっていた。ところが梅原猛代表の父上が以前トヨタ自動車のなにがしの研究所所長を務めていたという縁から、豊田市の当時の加藤正一市長が一九九〇年の開催を、梅原さんを通じて要請された。デザイン会議はあらためて発起人を立てて呼びかけ、イベント自体は「日本文化デザイン会議」という名称を継承し、組織は「日本文化デザインフォーラム(JIDF)」として再出発することになる。そして黒川紀章がいよいよ代表に就任する。

ここまでの十年間の議長は、黒川紀章(横浜)、山本七平(仙台)、草柳大蔵(金沢)、吉田光邦(神戸)、高階秀爾(札幌)、梅原猛(九州＝総括)、堺屋太一(九州＝大分)、日下公人(九州＝熊本)、栄久庵憲司(広島)、芳賀徹(長野)、多田道太郎(熊野)、粟津潔(千葉・幕張)と、錚々たる人物が並んでいる。けれども一九九〇年「第十一回日本文化デザイン会議・豊田」の議長は、黒川紀章代表の指名で、三十九歳の気鋭中沢新一を大抜擢した。そして副議長には、三枝成彰、杉浦日向子が選ばれた。第二次「日本文化デザイン会議」の船出だ。豊田会議は大成功だった。

この頃から、UCLAを出て、日本のコンピュータ・グラフィックスのパイオニアとして活躍していた河原敏文や、パリから帰ってきた新進の美術評論家・伊東順二らと、親しく交遊するようになる。どの会議に行っても深夜までつるんで楽しく遊んだ。

議長の選出は、直近に開催の会議が始まる半年以上前にボードメンバーで決定する。第十二回の島根会議の議長を決めるボード会議に私も出ていた。ちょうどその日、私は黒川紀章代表の真向かいの席に座っていた。黒川さんは「次回、島根会議の議長ですが」と言って、真向かいの私をじっと見つめ、「榎本さん、ひとつお願いします」と言われた。アリャリャと私は思った。この会議の議長というのが、どんなに大役であるかを熟知している私としては、恐ろしいやら、厄介やら、少しうれしいやらの、言いようのない混乱を瞬時に覚えた。でもそれはやっぱり冗談だろと思って「エー!」と言うと、「そうです、あなたにお願いします」と、黒川さんは真顔で言われた。私は座った席が悪過ぎたと後悔したが始まらない。

熟慮した結果、島根出身の建築家・高松伸と、近世日本文化の研究家・田中優子両氏に副議長をお願いした。そして実行委員に私の信頼する八人を加える。浅葉克己、糸井重里、川崎徹、河原敏文、竹山聖、マリ・クリスティーヌ、三宅理一、山口令子。そして神々から最新情報システムまでを結ぶ「メディア、目を！」というテーマを提示した。シンボルマークは私の原案の、メディアのMと、眼の象形を、浅葉克己さんが、国引き神話の佐比売山《さひめ》（三瓶山）と宍道湖に見立てた素晴らしいロゴデザインに仕立ててくれる。しかもポスターは石州和紙を使った掛け軸スタイルになった。

早速準備会議が始まると、高松伸さんがゲストにコリン・ウィルソンを、河原敏文さんがティモシー・リアリーを推薦した。コリン・ウィルソンの『アウトサイダー』には心酔していたものだから、即賛成、ティモシー・リアリーも当時話題になり出していたカリスマ実践心理学者・サイエンティストだった。もう一人、どうしても私は『神々の流竄《るざん》』の著者で前代表の梅原猛さんに、メディアとしての神を語っていただきたかった。こんな豪華なスピーカーがそろうだろうかと思っていたら、イギリス、アメリカ、そして京都の全員から許諾の返事が来た。これで八割がた会議は成功だと思った。

その年（九一年）の四月に松江の実行委員会に挨拶に行くと、知事に会う前に田部《たなべ》長右衛門さんをまず表敬訪問するということになった。テレビ・新聞メディアのオーナーであり、一説には松江から京都まで自分の山を歩いていけるという山林王でもあった。市内の個人迎賓館で面会し、お茶とお菓子をいただいた。穏やかな静かな大人である。ところが準備が進むにつれて、梅原猛さんの特別講演に地元が難色を示し出した。『神々の流竄』で、出雲大社に祀られている大国主命が、大和朝廷に排斥され出雲に流され幽閉されたと大胆に説く、梅原学説の講演を敬遠したのである。特に出雲大社の反発は強かったようだ。が結局、一つの学説として講演は受け入れられる。ティモシー・リアリーもドラッグの実践で収監され、脱走したという経歴もあり招聘に反発する人も出てきたが、無視した。

前夜祭は、ＪＲ大社線の廃線で廃駅となった大社駅舎で行われた。中央本線高尾駅の北口駅舎を設計した曽田甚蔵が設計したもので、伊東忠太がお墨付きを与えたという、平等院のように左右対称形に、翼を広げたような屋根を持つ堂々たる駅舎だ。夕闇の中、提灯などの灯りに照らされて異景を示している。そのあと参加メンバー全員で、暗い夜の参道を歩いて出雲大社に詣でた。帰り、一畑電鉄の大社線に揺られてホテルまで帰る途中、持参していた『アウトサイダー』に、コリン・ウィルソン氏からサインをもらう。前夜祭と大社詣でご満悦なコリン氏は、扉に何やら怪しいスピリチュアルな妖怪の絵を描いてくれた。

初日はコリン・ウィルソンの特別講演「深層のメディア——生と死を結ぶもの」から始まった。会議は順調に進み、夜楽という食事をしながら膝つきあわせて行う夜講座も終わり、地元の実行委員と黒川紀章さんとで盛会を喜びながら会食した。翌朝、二番目の梅原猛の特別講演を会場で聴いているときだった。事務局の人にこっそりと会場ロビーに呼び出された。黒川紀章代表もいた。

「昨日の三枝（成彰）さんのセッションで、不適当な発言があったということで、地元の実行委員会は午後から全員、会議から手を引くと通達がありました」と小酒井進事務局長が言った。話を聞くと、「衛星元年①通信と放送」で、三枝成彰さんが、放送もBS、CS化が進むと、旧来の放送構造が大きく変わり、潰れかねない民放も出てくるのでは、という警鐘を語ったという。（実際の議事録を読んでみると、他のパネラーの通信放送の専門家たちに、三枝さんが質問するかたちで会議は進行しているのだが。）この会議を中心的にサポートしている地元メディアのスタッフが、自社の将来の危機を予告されたように受け取り、反発したものらしい。しかしどのレベルでの決定なのかがはっきりしない。この後は、ティモシー・リアリーの特別講演と、二〇の分科会があり、音楽祭などが用意されている。翌日は日本文化デザイン賞の授賞式と総括会議、さよならパーティと、プログラムは山ほど残っている。

「ともかく、田部（長右衛門）さんに連絡をとるしかないな。混乱が起こると面倒になるので、メンバーには言わないで、このまま会議は続行しましょう。最悪、地元の実行委員会が動かなくなったら、事務局と私たちだけでやれるところまでやりましょう」黒川紀章は毅然と指示し立ち上がった。ともかく連絡がとれる実行委員会の中心的な人たちに連絡をとり、メイン会場の会議室に集まってもらうようにし、同時に田部さんに連絡をつけようとした。幾人かの地元実行委員が会議室に集まってきた。

「会議をボイコットするのはそちらの勝手でしょうが、会議の進行が混乱して問題になるのは、地元の主催者である県や市ではないですか。慎重に考えてください。私たちはすべての個人の意見を尊重するのが大前提です。意見を出し合うのが会議ではありませんか。このことを

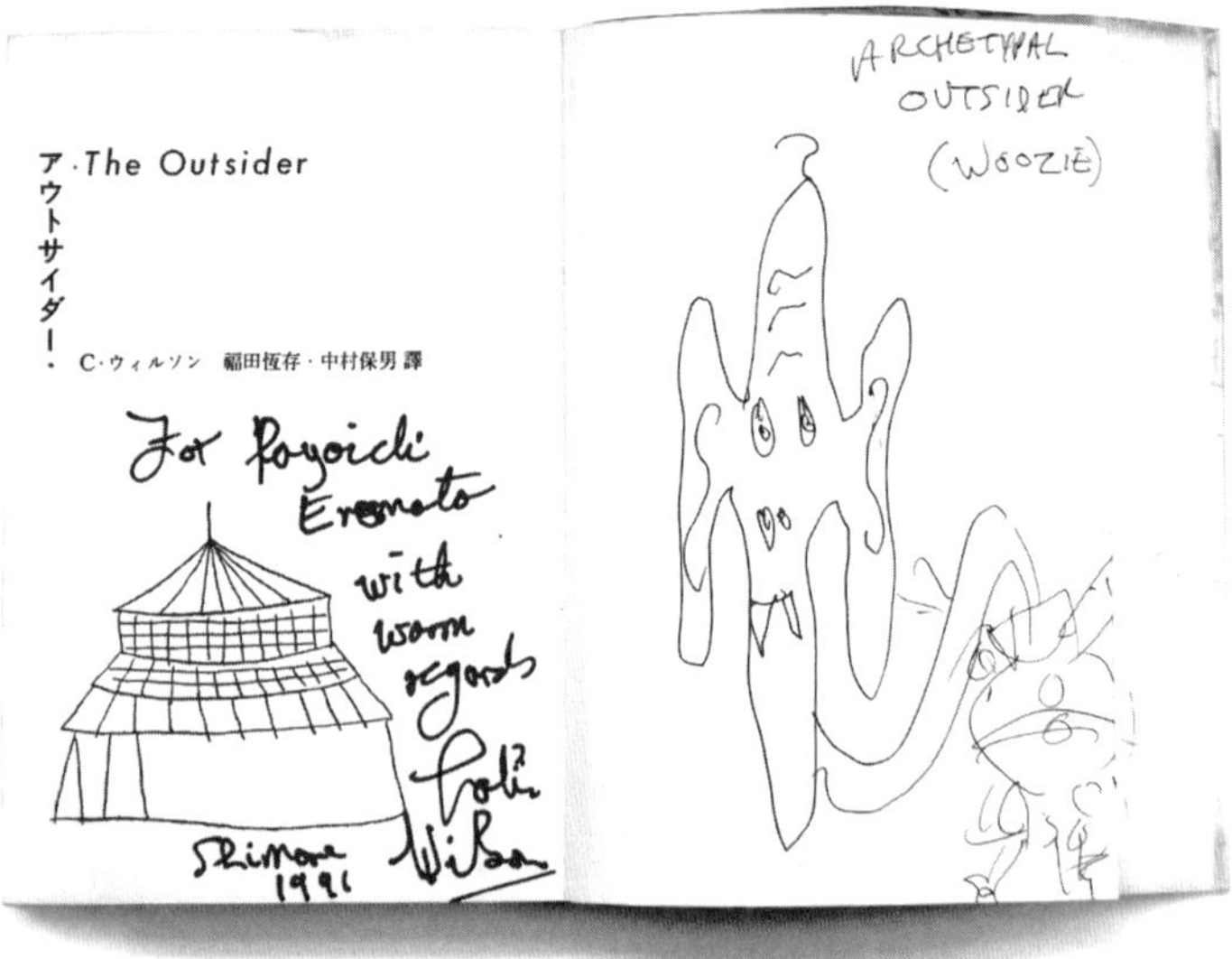

コリン・ウィルソンから『アウトサイダー』扉にサインをもらう（1991）

島根会議（1991） 左から榎本了壱、八木マリヨ、コリン・ウィルソン、大須賀勇

浅葉克己デザインの島根会議ポスター（1991）

コリン・ウィルソン『アウトサイダー』

「日本文化デザイン会議 '91 島根」
パンフレット（1991）

島根会議（1991）　左から松永真、マリ・クリスティーヌ、榎本了壱、リアリー夫人、ティモシー・リアリー、黒川紀章

田部さんにも、実行委員会のみなさんにもご理解していただきたい」黒川紀章の発言は、厳格で明瞭だった。

しかるべきルートを通じて田部さんに伝わり、おそらくは田部さんも部下の気持ちを察しながらも、対応には困られていたのではないかと思う。すぐに自身の出席を予定されていた午後の分科会への参加と、会議の続行を約束してくれた。すでに、ティモシー・リアリーの特別講演が始まっていた。

これがイベントである。ドキドキハラハラしながら、やがて大きな達成感に浸る。事件にならないイベントは、気の抜けたシャンパンのようなものだ。そういう意味では島根会議は、私にとって上級のイベントであった。

こんなことがあった。

日本文化デザイン会議では毎年、日本文化デザイン賞というのを決めて、各界の個人や団体に賞を贈っていた。イサム・ノグチ、手塚治虫、安藤忠雄、本田宗一郎、黒澤明、亀倉雄策、小沢征爾、三宅一生、武満徹、李御寧、磯崎新ら、まさに日本を代表する文化人たちに贈られていたが、一九九四年の福岡会議では、荒木経惟が日本文化デザイン大賞を、同時に、勅使川原三郎も日本文化デザイン賞を受賞した。私はこの選考委員としてこの二人をずいぶん推した。その福岡会議が始まった初日、海の中道で開かれたオープニングパーティの席で黒川さんが、

「榎本くん、荒木さんと飲みたいんだけど、話してくれますか」と言う。荒木さんに言うと、「えー、黒川紀章と？　俺、福岡の愛人と飲もうと思ってたんだけどなあ、まあいっか」荒木さんは愛人と称する地元の若い女性編集者を連れて、われわれ四人は車に乗り込んだ。荒木さんは愛人（？）を可愛がりながら、「黒川紀章だめだよ、若尾文子を独り占めにして、駄目にしちゃあ」などと明け透けに言ってはギャハハと大笑いする。そのまま博多の老舗クラブ「みつばち」に行っても、黒川攻撃の手を緩めない。しかし黒川さんは終始ご満悦に笑っていた。黒川さんは、荒木さんのようなストレートで自由な人をうらやましく思っていたのではないだろうか。

こんなこともあった。

一九九八年の青森会議。議長は竹村真一。その年の一月末、会場視察と記者発表のため、実行委員たちと雪の青森を訪ねた。そしてスケジュールの都合で、千住博さんと私の二人だけが一足先に東京へ帰ることになった。空港へ向かう途中、タクシーに同乗していた千住さんが「榎本さん、私は藝大に入れなくて二度も浪人してますでしょ。この時分になるとそのときのことが蘇ってきて、ほんとに暗ーい気持ちになるんです」と、ぽつりと言った。タクシーの外は雪が吹雪いている。ヴェネツィア・ビエンナーレで国際的な評価を得て（その後四十九歳で京都造形芸術大学の学長になる）このような順風満帆を絵に描いたように生きてこられた千住さんの心の奥底にも、そんな悲しみのあることを知って驚いた。私にも、小さい頃のとても悲しい記憶がある。それは幼い私の力ではどうすることもできない悲しみだったから、いまだに人に話すことができないでいる。

この青森会議は、寺山修司が亡くなって十五年目の年だった。私は寺山修司にまつわる記念のイベントをどうしてもやりたかった。それが市街劇『人力飛行機ソロモン』の公演となる。東京での一九七〇年の初演から、フランスのナンシー、オランダのアルンヘムでの公演と、私はこの市街劇に三度関わってきた。それで、寺山さんの死と同時に解散した演劇実験室・天井桟敷を一日だけ復活させるプロジェクトにしようと考えた。元夫人の九條今日子さんに話すとすぐに合意してくれる。J・A・シーザーを総指揮・演出に、元天井桟敷の俳優たち、シーザーが主宰する演劇実験室・万有引力、高取英が主宰する月蝕歌劇団、三上宥起夫が主宰するりふね舞踏舎など、総勢七〇名ほどが青森に乗り込むことになる。しかし市街劇というのははなはだ厄介なものなのだ。街路や、店頭を使うものだから、その許可を取るだけでも大変で、場合によっては無許可でやらないとその偶発性が生きないものもある。県庁に勤務して、このデザイン会議を担当していた白取切という人物と飲んでいるときに、彼は「俺は寺山の、青森高校の後輩だから、これは死んでもやらねばならないと思っている!」と頼もしく豪語した。彼は少々酒乱ぎみのところがあったが、ほんとにがんばってくれた。市街劇『人力飛行機ソロモン』は二〇〇〇人の参加者を集めて、どの新聞もテレビも大きくトップニュースにするほどの大成功をする。それからしばらくして、白取氏は難病を患って呆気なく亡くなってしまった。

寺山修司没二十五年の二〇〇八年十一月、私は世界五度目の『市街劇・人力飛行機ソロモン』を松山市で上演しようとしている。寺山修司と、そして青森の小さなモンスター白取氏にも、この公演が届くであろうか。そうであるようにと願っている。

また、こんなこともあった。

政治的な話である。一九九七年十月頃から、二〇〇〇年で終了することになっていた日本文化デザインフォーラム（ＪＩＤＦ）の、組織としての継続か終了かをあらためてメンバーに問う作業が始まる。一九九八年には明快にしておかないと、二〇〇一年度以降の開催地誘致が難しくなるからだ。黒川紀章代表から、私がＪＩＤＦ継承検討委員長に指名される。すぐに伊東順二、河原敏文を委員にし、メンバー全員にアンケートをとると、回答の八〇パーセント強が、継続を支持した。九八年に入って検討委員に、三枝成彰、残間里江子、芳賀徹、馬場璋造を加える。黒川紀章はすでに、二〇〇〇年で代表を辞任する意志を固めていた。ところがこの時点で、事務局が博報堂でよいのか、会は一度解散して、あらためて個々に呼びかけて組織しなおすなどの意見が出てきた。一九九九年の時点で、黒川紀章代表が、伊東順二と私を副代表に指名して、二〇〇一年までのつなぎの時期の運営体制をつくる。ところが九九年の鹿児島会議の運営にあたって、議長の竹山聖と、副代表の伊東順二の間に齟齬が生じ出してしまった。この頃私は、次期代表は三枝成彰と考えていた。人をまとめるリーダーシップといい、こうした

市街劇『人力飛行機ソロモン・青森篇』(1998)　撮影＝荒木経惟

文化イベントへの情熱、作曲家としてのキャリアといい、そして何よりも知名度がある。私は黒川代表に推薦していた。黒川・三枝会談が実現し、黒川さんは副代表に伊東、榎本を指名したが、しかし三枝さんの構想は違っていた。結局、話は決裂して、二〇〇〇年の京都会議直前に、三枝成彰を中心とした二十数名のメンバーが離脱、『ＥＮＪＩＮ０１文化戦略会議』という組織を、アサヒビール名誉会長の樋口廣太郎代表に、三枝成彰幹事長の体制でスタートする。かなりしっかりとした理念を持った集団で、気鋭の人材が集結していた。「日本文化デザインフォーラム」の一大危機だった。

二〇〇一年の沖縄会議のときから、伊東順二代表幹事、黒川紀章最高顧問という体制で第三次「日本文化デザイン会議」はスタートするが、この沖縄会議の運営を巡って幹事会が紛糾し、結局、伊東順二は一年で代表幹事を降板してしまう。やむなく私が代表幹事になった。

そして、こんなことが起こった。

二〇〇二年は、地方開催を原則としていたデザイン会議が初めて東京丸の内周辺で開催することになる。議長は水野誠一。西武百貨店社長、参議院議員を歴任する人物である。私は数年前から、丸の内周辺のイベントを手がけていたので、会議を中心的に推進する三菱地所とのつながりもある。会場は七十年ぶりに新築された丸ビルなどが使われた。ところが、東京での文化イベントは難しい魔物がいる。どんなに著名な人材が集結しても、そうそう人が動かない。

結果は予定をはるかに下回る集客で終わった。事務局もメンバーも東京でならと、油断したのである。会が終わって赤坂の薩摩料理屋で宮川純一事務局長と飲んだ。残念会だった。その数日後、宮川さんは八丈島の海で、心臓マヒで逝ってしまう。私は初めて弔辞というのを読むめになった。その文章が残っているので、少し再録する。

——宮川さん、八丈島の海は素敵ですか？　好奇心旺盛なあなたが、もうここでいいかと思われるほど、八丈島の海が気に入りましたか。きっと宮川さんが最後に見た光景は、海と空、小さな鮮やかな魚たち、自分の吐き出す真珠のような気泡、八丈の雄々しい島影、空を翔る鳥たち、ささやかな平和と、摑みきれないほどの広がりと、淋しがり屋の宮川さんにはちょっと不似合いな孤独と。逝ってしまうかも知れないという、一瞬の不安のなかで見たものは、でも、美しいものばかりだったように思います。いきなり逝ってしまった宮川さん、あなたにも私たちにとっても、それは残念でなりませんが、それでも少し羨ましい気もします。贅沢なようにも思います。だって俺は死ぬんだから、そのくらいはいいだろうって、すごむかな。私はこう思うことにしました。（後略）

弔辞を読み終わって、博報堂の東海林隆会長、宮川社長の並ぶ席に戻ると、隣に座っていた黒川紀章さんが、「大変結構でした。私のときにも、頼みます」と小声で言われた。しかしその約束はたがえてしまう。二〇〇三年には建築家の團紀彦さんが代表幹事になる。

二〇〇六年夏、黒川紀章は大病をする。弁当箱ほどのタッパウェアに何種類もの錠剤を入れて、頬張るように飲んでいたほど健康管理は超万全で、二百歳生きるための生命維持システムを、確信を持って語ったりしていた。それが思わぬ発病で、黒川紀章の人生プログラムを大きく変更しなければならない事態となってしまう。

その年の十月に開催された第二十八回徳島会議は、すでに開会式が終わり、メンバーが小山裕久さんの料亭・婆娑羅での宴会に移ろうとしているときだった。黒川さんが博報堂の役員とプリンスホテルにいるという情報が入った。日比野克彦代表幹事、團紀彦前代表幹事、マリ・クリスティーヌ徳島会議議長ほか十名で、歓談しているホテルの一室に急襲すると、そこには三分の一ほど身体を削られたサングラス姿の黒川紀章がいた。一同、一瞬声を詰まらせた。気を取り直して、ヒビノ君が手にしていた発光ダイオードのデコレーションを黒川さんに巻き付ける。そして記念写真を撮った。黒川さんは脇差しを手にしてみんなに抱え込まれるようにして立ち上がった。「近藤勇が使っていた名刀です」それは真刀だった。

「婆娑羅」に脇差しを携えて登場した黒川紀章に一同は驚愕した。そして激しくやつれたその姿にさらに驚嘆した。スタイリッシュな黒川さんはそのとき、みんなの前にどのように現れようかと逡巡していたのではないだろうか。それがこんなに奇妙な登場となったように思えてならない。そして徳島会議の終盤、日本文化デザイン大賞を受賞した横尾忠則と舞台上で顔を合わせた瞬間、顔を大きく崩されて声を詰まらせた。常に自信に満ち、精悍で堂々とした黒川紀章を知る私たちは、すでに大きな異変が始まっていることを、気づかないわけもなかった。この徳島会議が、黒川さんが特別な思いで支えてきた日本文化デザイン会議、最後の参加となってしまう。

随分以前から、六本木にできる国立新美術館で、その設計者としてのオープニング企画展「黒川紀章展――機械の時代から生命の時代へ」が準備されていた。その空間の一部を日本文化デザインフォーラムのメンバーを中心とした、展示サロンのようなものにしてほしいという要請を、事務局と幹事会が受けていた。しかしその対応がまったくされないままに会期が迫ってしまった。十二月五日、團紀彦、マリ・クリスティーヌと私の三人で、十一月に移転したばかりのアークヒルズの黒川紀章建築都市設計事務所に行く。開会までもう、一月半しかなかった。しかもその途中年末年始が挟まる。さらにはその空間が一〇〇〇平米とかなり広い。私はその場で、黒川さんが提唱してきたいくつかのキーワードをもとに、展示とイベントを組むことを提案して、團、マリ両氏の一任を受け、私が企画プロデュースをすることになる。黒川さんも少しほっとされたようだった。

十二月十八日には、「共生の思想(ともいき・シンクロニCITY)」、「メタボリズム(新陳代謝・生命体としての都市)」、「カプセル概念(未来の単位・脱構築の空間)」、「ホモ・モーベンス(移動する人類・漂流するノマド)」、「道の文化(ヨーロッパの広場・日本の路地)」、「唯識論(非物質の思惟)」、「中間領域(両義性・曖昧性)」、「花数寄(茶・花・俳句・遊びの美学)」の八つのキーワードをピックアップして、五〇名ほどの作品展示者と、土日に開催する一三のシンポジウム、ワークショップ、パフォーマンスのプログラムを「黒川紀章キーワードドライヴ」というタイトルにして、黒川さんに提案した。黒川さんはすぐに了解され、その場で契約書を作り、制作費の一部を小切手で出してくれた。しかし年末が押し迫っていた。年内中に動けるのは一週間がせいぜいである。契約書にサインしながら、私は内心、大変なことを受けてしまったなと思った。が後には戻れない。

しかし、「黒川さんの展覧会」と言うと、すぐに多くの人が有無を言わずオーケーを出してくれた。しかも日本文化デザインフォーラムのメンバーは　全員無償、ボランティア参加である。もうひとつ私には秘策があった。ちょうどその頃私は『春の画集』という、俳句と掌編小説の作品集を上梓するところだった。その本のための原画が手元に三〇点あった。それをベースに、あと三〇作家ほどに依頼をすれば、空間は埋められると踏んでいた。私にとっても記念の展示会になる。制作費が限られている状況と、時間のなさをともかく克服しなければならないのだ。年末から黒川さんは海外に出られて、連絡がきわめてとりづらい状況になった。しかしどこからか、ファックスで黒川さんの難解な指示が届けられてきた。

二〇〇七年一月十九日、午前中から『黒川紀章キーワードライヴ』の最後の仕込みをして、午後七時前に、私の『春の画集』出版記念会のために丸ビルの「カフェEASE」に向かう。黒川さんはオープニング前の皇族御観覧のお相手ということで欠席だが、二〇〇名近い参加者。深夜三時過ぎまで丸の内で飲んで、夕方からのオープング・セレモニーに出る。大盛況。翌日の一般公開の初日は雨だった。

しかし展覧会が始まり、イベントが開かれるようになると、黒川さんは日一日と元気になり出した。二回目のイベント（私たちはライヴと呼んでいたが）に、ご夫人の若尾文子、女優の蜷川有紀、フジテレビ・アナウンサーの阿部知代の三美女に囲まれたトークで、黒川さんは一冊の薄い詩集を出されて、「これは、ウリン・トージュという人の詩集ですが、私がイラストと写真を撮りました。今日は女性たちにこれを読んでいただきたいのですが」と切り出した。最初に蜷川有紀が、情感を込めて「クリスマス・イブ」「上昇気流」という詩を読んだ。しばらくして阿部知代が「愛に相遇したか」を平明にゆっくりと読む。会の終わり頃に「あなたも読んでいただけませんか」と、黒川さんが若尾さんに差し向けると、「私もですか」と言われてから、少しページをめくられていたが、黒川さんの希望で「アドニスから手紙が来た」を読み出した。その朗読は淡くて深い泉から静かに湧き出てくるように聞こえた。何かとても暗示的な詩であった。

この日、黒川さんはさすがにご機嫌で、トーク後には館内にあるフレンチレストランの「ポー

国立新美術館エトランス（2007）

「黒川紀章キーワードライヴ」展示会場（2007）

中国の建築家・鄭時齢に展覧会場を案内する黒川紀章（2007）

黒川紀章展　左から　阿部知代、ウリン・トージュの詩を読む若尾文子、黒川紀章（2007）

千住博と浅田彰（2007）

日比野克彦と黒川紀章（2007）

山口智子を相手にトークする黒川紀章（2007）

「キーワードライヴ」会場でパフォーマンスをする黒田育世（2007）

クロージングパーティで踊る黒川紀章と高城剛（2007）

「黒川紀章展」クロージングパーティで乾杯する黒川紀章（2007）

ル・ボギューズ」で、フルコースのディナーを振る舞ってくれた。観客として来ていた私の女房までごちそうになった。黒川さんはイベントの控室でも弁当や茶菓子をよく食べた。私たちにはこの食欲がとてもよい兆しのように思えてうれしかった。展示会場に出れば来場者に声をかけ、作品の説明もした。

二月十七日は、千住博、浅田彰のトークの日だった。「今日は前半を、千住さんと、浅田さんのお二人で話していただき、後半で、黒川さんに入っていただこうと思っているのですが」「わかりました」。黒川さんはうなずいた。「花数寄」をテーマに「美の王道」について対談が始まった。そのトークの後半、黒川さんはなんとなく政治的な話を多くされた。利休と秀吉のことや、為政者と芸術家の戦いなどを強く語った。その四日後の二十一日に、自分のホームページに「石原慎太郎が都知事選を辞退しなければ、私も知事選に立つ」という趣旨のブログを書かれる。ここから黒川紀章亡くなるまでの八ヶ月、最後の聖戦が始まる。

この日を境に、国立新美術館には報道関係の取材が殺到し、美術館のほうからそうした種類の取材拒否と、イベントにおける黒川さんの政治的な発言を押さえるよう要望が出る。しかしこうしたニュースが流れたことで、新美術館への来場者がさらに増え、三月十九日の最終日までに、十七万人を数える大盛況となった。展覧会の終わった三日後の三月二十二日知事選への正式立候補を表明し、四月八日に選挙戦が始まった。黒川さんの石原都政に対する批判は、築地市場移転問題や、オリンピック誘致などが大きな争点だったと思うが、それだけで選挙が戦えるわけもない。友人でもあった石原知事への諫言が、やがて自らの奇天烈とも思えるパフォーマンスへとあらぬ方に動き出していく。これも準備のなさからの、即興的な攻撃とならざるをえなかった予期せぬ悲劇といってよいのではないだろうか。

選挙戦初日、午後の時間に駒沢公園を回るというので、女房と一緒に車で応援に出かけた。すでに取材陣がぱらぱらと待機している。予定をずいぶん遅れて、あの白いシボレーの丸い窓のある特別仕様車が到着した。日曜の駒沢公園であったが、聴衆はまばらだった。マイクのセッティングにも手間取った。けれども私が家の近くの花屋で見つけた四つ葉のクローバーの鉢を渡して激励すると、黒川さんは「榎本さんから四つ葉のクローバーをいただきました！　これで勝てまーす！」とマイクで叫んだ。すこぶる元気だった。こんなことがしたくてたまらなかったような明るさだった。テレビでも、新銀行東京の経営を突いたが、石原知事はヌラリと逃げていた。北京オリンピックの聖火リレーをめぐる騒動が起こった今であれば、オリンピック誘致も都民が冷静に受け止めていたはずである。しかし結果は惨敗だった。黒川さんにとっても想像をはるかに上回る負け方だったようだ。

五月二十九日、国際交流基金に仕事があって、アークヒルズに行った。帰りに十三階の黒川事務所を覗くと、インタビューが入っているがもうすぐ終わると言う。しばらく待って、黒川さんにお会いした。

「奥さんと温泉に行きましてね、選挙に出てくれって頼んだんですよ。うーんちょっと、乗り気じゃないみたいでね」と、苦笑された。あの都知事選のときの勢いはなかった。寂しそうだった。それから再び七月の参議院選に夫婦で挑戦して敗れた。九月二十五日、「黒川さんを励ます会」を、マリさん、團さんが中心となって行い、泉ガーデンタワーのレストランに二十名ほどが集まった。黒川さんはいちだんとやつれられていたが、アメリカのアナハイム大学を支援して、国際的な学術ネットワークを作るという構想を長い時間語られた。しかしそれから間もなくの十月十二日、検査入院されたまま、帰らぬ人となった。

十一月十五日、青山葬儀所では、会葬者にウリン・トージュの『詩I――アドニスから手紙が来た――』が配られていた。「ウリンはロシア語でおしっこ、トージュは、春樹よりも冬樹がいい」と、国立新美術館で黒川さんはそのペンネームの由来を、イベント中におかしく説明してくれた。その頃、黒川さんは、ホンダが開発した小型ジェット機や、二台目の大型クルーザーを発注し、ライカの最新型デジタルカメラを二台、肩からかけてきたりした。その大消費者ぶりに私たちは嘆息するばかりだったが、思えば、それらをほんとに欲しいのではなく、買っても買っても埋め尽くせない、心の凄まじい暗い隙間を抱えていた。そう考えるのは思い過ごしだろうか。

ウリン・トージュ、Urin Toju、雨林冬樹――この詩集はおそらく、ロシアでの仕事の最中、世界遺産都市サンクト・ペテルブルグの寓居で書かれたものだ。みぞれの降りしきる林の中の、凍えるように突っ立っている一本の冬の樹、それが自分だと言いたかったのだろうか。なんという情景だろう。世界を駆け巡りながら、建築と都市と、世界の共生とを果敢に提案し続ける。それでもなお埋め尽くせない虚空というものがある。孤高、それしか考えられない。高く上りすぎてしまったがゆえの孤独、だから最後はイカロスのように地に墜ちて、泥まみれになって、ころげまわる。そんな危ない芸当を、最後の最後にしてみたいと思ったのだろうか。ますますの孤高。「ココー！　ココー！」と、鳥のように叫びながら、ウリン・トージュという無名詩人となって、黒川紀章は「上昇気流」にのり、ウリンと共に、光の彼方の行き先へ旅立とうと考える。

上昇気流

鳥たちに聞いてみたい。
翼に伝はる
上昇気流の感触を。
水鳥たちに聞いてみたい。
早春の水のぬくもりを。

蝶たちに聞いてみたい。
君達の故郷と君達の行き先を。
そして、僕も
上昇気流にのって、共に。
光の彼方の行き先へ旅立つ。

この章最初の、アドニスの詩に戻ろう。
そしてこの詩の返歌のように、遠い昔の、まるで音楽のような言葉で自分の心を震わせた（以前に手紙をよこしてきたのであろう）詩人アドニスに向かって、黒川紀章は懐かしく呼びかけている。そしてこのときすでに彼は、アドニスが歌ったように「死の入口で、万物《すべて》を見」ていたのだと思う。自分のその先には真っ暗な死だけがあることを。この詩集は明らかに遺言である。そう読める。『詩I』とあるそのタイトルも、『詩II』を書くという予告をはらんだ、余命への希求であり、もう決してまとめるチャンスのない絶望を隠蔽する。そして最後に採録するウリン・トージュの「アドニスから手紙が来た」は、明らかに二十八年前に心を激しく動かされた砂漠の詩人アドニスへの、そして私たちすべてへの、別れの手紙と読むことができる。最近には、アドニスから手紙などもちろん届いていない。そして黒川紀章は激しくアドニスを追想するばかりだ。そうでなければ、最後の一行が記されるわけもない。

アドニスから手紙が来た

アドニスから手紙が来た。
黄砂にのせて
とどいた知らせ。
君はまだ元気でいるかと。
アドニスの詩の朗読は
長かった。
砂漠の詩人。
その身体化した詩は
音楽となった。
人々は感動し
砂となった。
アドニス
君はまだ元気でいるか。

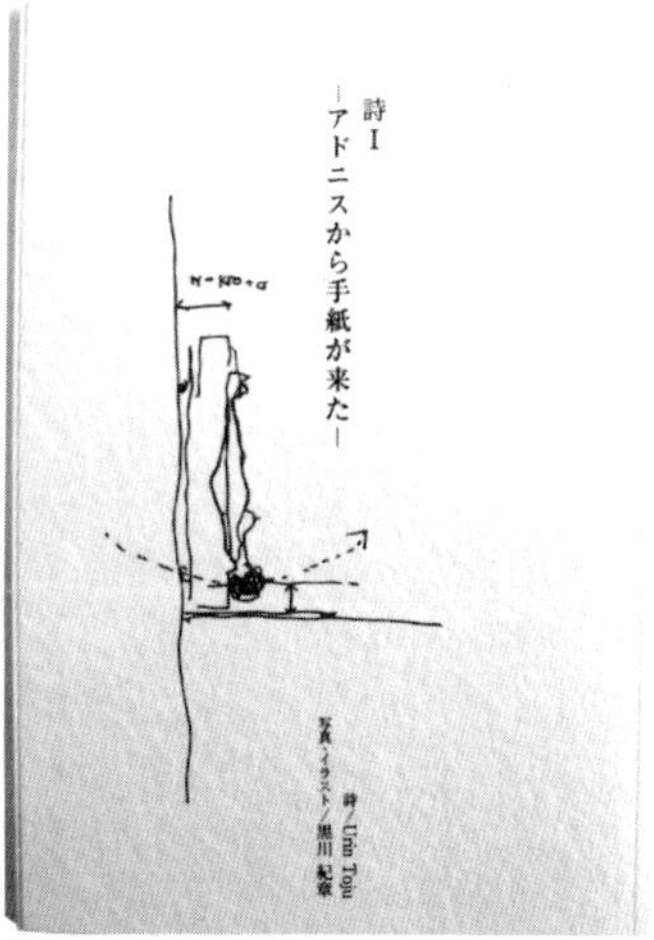

パビリオン 20

トーク・スクラップ館

20世紀モンスターサミット

そのときあの人と
こんな話をした

神戸会議 （1984） 左から榎本了壱、梅原猛、糸井重里

最初のプランでは、このあともいろいろなコンテンツを立てていたのだけれど、日本文化デザイン会議と黒川紀章さんのことを書いてしまったら、もう一度時間を巻き戻して書くことに、違和感を感じ出してしまった。妙なものである。

例えば『ビックリハウス』の終刊から、一九八六年に始める「アタマトテ・インターナショナル」のこと、翌年に始めたギャラリーショップ「IT'S MO」のこと、九二年に始まる「日グラ」「オブジェ展」の続きの「URBANART」のこと、いくつかの博覧会やミュージアム造りのこと、アラン・チャンとやった「丸の内カフェ」や、丸ビルのオープニングイベント、「カウパレード」、「東京コンペ」など、丸の内関係の仕事のことなど、面白いエピソードも結構あるのだけれど、ややもすると仕事の自慢話にもなりかねない。そんなことは、みなさん興味ないだろうし、私もそういうのを読むのが好きではない。といってももうすでに十分すぎるほど、懐想してしまってはいるけれど。あるいはこんな具合に、人の一生は省略されていくのだろう。

『ビックリハウス』を編集していた「エンジンルーム」という会社を解散する一九八五年前後から、急に個人の仕事が増えて、同時に八〇年代からの日本文化デザイン会議でのトークのドキュメントがかなり残っている。そこで、それらのほんの一部分をスクラップのように切り集めて、二〇番目のパビリオンを造ってみようと考えた。二〇〇〇年までの三十ほどの、芸術文化のモンスター達とのトーク。アンソロジーというよりも切り抜きに近い部分の寄せ集めで、「モンスターサミット」議事録風に、二十世紀終盤の二十数年間の記憶を辿ることにする。そして思い出したちょっとしたエピソードを【談後感】として添えて、稿の締めくくりとしたい。

＊パネラーの肩書きはトーク当時のもの。初出は各記事の終わりに付した。

ネオ・パロディ時代始まる（一九七七年）

出席者＝粟津潔（グラフィックデザイナー）　中原佑介（美術評論家）　福田繁雄（グラフィックデザイナー）　寺山修司（詩人・劇作家）　マッド・アマノ（パロディスト）

粟津　パロディっていうのは、コラージュっぽいものが比較的に多いでしょ。

中原　これは、アマノ・白川事件の影響だね。

福田　アマノさんのパロディをする人がいてもよかったね。それで、もとにもどったりしてね。

寺山　タイヤのなくなった雪山で……。

粟津　だからまだ、円熟してない時代のパロディなんだな。もうひとつ、これで時代がくりかえして過ぎていくと、これじゃちょっともの足りないと、いった時にそんな、パロディのパロディが、劇中劇みたいにしてね。

寺山　現代展の時に感じたのは、いわゆる時間経過とか、行為する前と、した後みたいな形で、いくつかによって合成されている世界が、すごく多かったけども、そういう手の痕跡とか、時間の痕跡っていうのが全くない……

粟津　淡泊というか、毒がないっていう感じで、言葉よりもイメージから来ている分が多いっていう、だから自由奔放さが少し、ネグレクトされちゃうんですね。

福田　広告っていうのはやりやすいんだけども、広告だからあまりトゲのあるものがないって感じ。外国のパロディってものすごいじゃない。

粟津　パロディ芸術展ていうのも、やろうと思えば出来るしね。それでまよったっていうんでしょ。

榎本　そうですね。芸術にしない方が、情報源も多いし、限定されないから、その中でアートがあってもかまわないってことで。

寺山　演劇とか、文学とか、映画とか、そういうものを題材にしたものが、わりに少なかったでしょ。『禁じられた遊び』とか『セールスマンの死』とか。

中原　ぼくもそう思った。

福田　だから、出品する人がもう少し考えてくれると、そういう発想がひろがっていって、例えば『禁じられた遊び』をパロディ化出来る。みんな今様でね。

寺山　『禁じられた遊び』のもとのポスターの、ふたりのうしろは何だったっけ。

中原　小屋の中じゃない。

粟津　野口久光かなんかが描いたもんでしょ。あの書体が野口久光の字だもんな。

中原　映画といえば『ヤマト』が多かったな。

福田　ねえ、今の若い人は。

寺山　だからヤングの感覚なのよ。

粟津　うーん、完全にそう。だから、うんと若い人が公募してんだよね。だから、『ビックリハウス』の読者が中心だよな。

アマノ　三十過ぎちゃ、なかなかあんな、描けないですよ。

粟津　山口（はるみ）くんも、ちょっと苦戦だよね。

寺山　審査員にいるってこともあんのかしら。やっぱり、今ひとつの現象なんですね、山口はるみは……

粟津　非常に多かったですね。それだけ、文化的な、抽象的な影響があるのかも知れないね。

寺山　要するに、モナリザに髭をはやすってのが、一番簡単に思い出すパロディのはしりだとすると、パルコのモデルさんを裸にしたり、スケスケにしたりしたってのが、ずい分沢山あったってのがおかしいね。それに、東急がひとつもないってのもすごいね。

福田　これね、やっぱり美術出版がやったとしてもね、きっとパルコのパロディがいっぱい出たと思うんですね。

粟津　パロディっていうの『ビックリハウス』から出て、ひとつの文化に近づいたみたいな、一般化したんだな。

福田　だから、二回目ぐらいから、もう少しこう広がってくるとね、もっと面白くなると思うんですよね。要するに、審査員の連中が、出来そうなことばっかり出て来るわけですよね、今のところは。

粟津　まいったってのが、少しすくないね。

寺山　意外にむこうのパロディだと、いわゆるモンスターとか、ドラキュラだとか、その手のがすごく多いけど、それが非常に少なかったね。

榎本　怪奇趣味がないんですよね。

第１回 JPC 展（1977）大賞作品
山口せえご『禁じられた立読み』

福田　展覧会を地方へ持っていくでしょ。例えばレコード・ジャケットみたいなね、それを見た人じゃないと、わからないんですよね。パロディ化出来てね、票が集まるっていうか迫力があるのはですね、十人のうち八人が知ってるもとがないとね。だから、入選作品のもとを知ってる人はみんなビックリしちゃう。地方いってもわかんないんじゃないかな。

寺山　それに、もうひとつね、非常に日本的なものをさけてるね。パロディってことが……。森進一とか、美空ひばりとか、その手のものに対する批判がぜんぜんないでしょ。「緊張蚊取り」くらいね。だいたいがいわゆる近代主義……

福田　マッド・アマノのカタカナの感じじゃなけりゃ。

寺山　パロディってカタカナの世界だからね。

アマノ　漢字で「松戸さん」ていわれんですよ、ぼくは。

福田　ホント！

アマノ　千葉県にお住まいですか、とかね、本当にいわれちゃうんで、困っちゃうんですよ。

「JPC展座談　批判と遊戯　パロディの毒は何に薬か」

『ビックリハウスSUPER No.4』一九七七年冬号

【談後感】第1回JPC（日本パロディ広告）展審査後の座談会。この部分では発言されていないが、山口はるみさんが審査に加わっている。二〇〇点ほどの応募作品だったが、議論は伯仲した。結局「毒のないパロディ」という評価になるが、その毒のなさが若者たちの支持を得てブーム化していく。批判や攻撃がカッコよくない時代になりだしていた。この公募展は一九八五年まで九回続く。母屋であった『ビックリハウス』の終刊と同時の閉展だった。「日本グラフィック展」や「オブジェTOKYO展」がその後も継続したことを考えると「JPC展」こそ、『ビックリハウス』と双生児のような存在だったといえる。

一番ひとに見せたいこと（一九八二年）

出席者＝糸井重里（コピーライター）

糸井　脱腸、なんて秘密があるじゃない。おれはつい何年か前まではさ、脱腸ってのはおれの秘密だったのね。
榎本　あ、ほんと！
糸井　人にはいわないわけよね。それがいえるようになっちゃうと、そうすると、脱腸っていう秘密がなくなっちゃうから、もっと大変よね。
榎本　脱腸の秘密結社ってないだろうね。
糸井　そうだろうね。パイパンの秘密結社なんてありそうでしょ。光頭会っていうのはあるよね。禿頭の。あれは、明らか結社、ほがらか結社みたいなね。
榎本　秘密ってのは、いつ頃から始まったんだろうね。動物たちにも秘密はあんのかな。
糸井　ないんじゃない。動物には自分と他人の区別がないから。自分が死ぬってことが動物には関係ないらしいよ。自分は死にたくない、だけども自分が死ぬってことは、類としての、犬なら犬ってものが滅ぶのと関係なければ、かまわない。人間が村みたいなところに住んでいた時は、平気でいけにえになったでしょ。「やー、こんどのお祭りで、一人死んでもらうべー」、なんだか知らないけどさ、「おらがいくべー」。その段階では秘密は作りようがないよね。すごく自我にかかわるんじゃないかな。
榎本　子供の頃、秘密結社みたいなものに、あこがれたことってなかった？
糸井　ある、ある。少年探偵団ゴッコって完全そうだね。で、BDバッジが理解されないなんて、秘密結社の宿命だよね。お医者さんゴッコもそうだ。二人だけの秘密だよね、あれは。よくやったよー。お医者さんゴッコってのは、バレたらどうしよう、天地が裂けてしまうと思いながらさ、大人になってから、皆がやってたことわかると、腹が立つ。コクがないね。

榎本　そういう世間知らずの時のほうが、恐怖心も強いし、面白いんだよね。

糸井　かくれタバコはうまいじゃない。吸ってはいけないタバコのおいしさよ。

榎本　秘密を作るのは簡単だけど、秘密結社を作るのは、なかなか大変じゃないかと思うんだよね。つまり、同じ秘密を持ってるものを集めていくわけだから。

糸井　夫婦って、秘密結社じゃない。

榎本　そりゃ、そうだね。

糸井　夫婦も、恋人も、秘密結社じゃない。それを、バカはさ、秘密結社が二人で歩いていると、あーでもない、こーでもないという。認めさせるから、そこに秘密の面白さがない。外に出ちゃうというのはひとつの、秘密結社の布教活動だからさ。あと秘密結社内部での儀式についてはさ、どこまで秘密になるかっていったらさ、昼は貴婦人、夜は娼婦なんてのは、秘密結社ゴッコだと思わない？

榎本　でもやっぱり、ふたつの秘密結社に所属してるってのが、社会正義は許せないんだろうかね。一応、秘密結社であるっていう形態はわかってみんな認知してしまったけど、どのような内容で秘密結社なのかってことをわからせないで、その秘密を楽しむってことかな。水戸黄門が秘密結社でしょ。テレビの時代劇には、秘密結社ものが多いね。水戸黄門を見ている視聴者は、水戸黄門の秘密結社の仲間なんだよね。

糸井　知ってんだからね。スーパーマンは孤独な秘密だね。

榎本　孤独だねえ。

糸井　だから、水戸黄門たちは、自分たちの別の秘密については、浅いよね。助さんの秘密っていうのは、また別にあるはずなのにさ。もっとおっきな秘密があるがゆえに、解消されてるよね。でも、スーパーマンの秘密はさ、孤独であるがゆえに、解消されないよね。効率からいえば、秘密がないほうがいいよ。生産性からいえば、思いっきり出来るよね、何でもね。だけど、出来るのは面白いっていえないからね。

榎本 出来にくいから、面白い。でも、そういう点では今どんどん、秘密というものが、なくなりだしてるでしょ。

糸井 それはやっぱり、神が死んだからじゃない。価値観がなくなっちゃったからじゃないかな。

榎本 でも、秘密にしていることって、あまり格好いいことって少ないじゃない。格好悪いことを隠すけど、格好いいことって、わりと見せびらかすじゃない。

糸井 なるほどね。マイナスの表現なんじゃない、秘密って。

榎本 脱腸は隠すけどさ、おっぱいが大きいとかは見せたくなるとか。

糸井 いや、おっぱいの大きい子はコンプレックスなんだよ。

榎本 あー、そうか。

糸井 あのへん面白いんだよね、また。ねじれてんの。よーするに話が全部そこにいっちゃうからなんだよね。

榎本 おっぱいじゃない部分も評価して欲しいってことかな。

糸井 人がいいと思っても隠す場合というのは、そーいうことじゃないかな。見て欲しいとこは、ほかにあるのにー、っていうさ。あっ、そうだ。脱腸っていうのも、脱腸っていう話されるの困るから、隠してんじゃないかな。見て欲しいところは、ほかにあんのにー。もっとこう、袋じゃなくて、棒のほう見てくれとかさ。

榎本 あるいは、ちょっと格好よすぎることも隠しておくってことあるじゃない。実は、実家がすごいお金持ちでとかさ。

糸井　嫌われるからね。でも、その嫌われる快感って、またあるんだよね。キザっていうのもそーでしょ。嫌われる快感でしょ。成り金趣味てのも、そーだよね。

榎本　成り金は、見せびらかす快感だね。

糸井　見せる、見せないって問題なんだよな、秘密って。

榎本　でも、秘密って見せたくない？

糸井　一番、人に見せたいことなのよ。脱腸も、だからきっとそうなのよ。

榎本　痔だってそうだろうしね。湯村輝彦さんなんか、痔の話すると、陶然としてるもんね。

糸井　痔を見せたら気持ちいいだろうね。秘密の所に、人を呼びつけておいてさ。性交についてもそーだよね、だから。見せちゃったらその場でおしまいになるって知ってるから、もったいないから見せないんだよね。

榎本　でもさ、性交ってのは見せっこしたりするんじゃないかな。

糸井　相手に見せてるね。そうだ、そうだ。地方でさ、お尻を見られた人と結婚するってさ、『図々しい奴』っていう小説があったでしょ。図々しい奴の主人公が、どっかのお嬢さんがトイレでオシッコしてるところを、間違って開けちゃったわけ。そのお嬢さんは、お尻を見られた人と結婚するって、追っかけてくる。見られたから、あとは共犯になるしかない。でも、お前見せろ、おれも見せるからっていっても、なかなか見せてくんないな。

榎本　そうはいかないねえ。

糸井　そうはいかないのは、不思議なのよね、ほんとは。なんかよくわかんないけど。

榎本　でも、少しずつ見せたくなってきてるみたいなとこあるねー、あるんじゃないかな。病気かねえ。

糸井　どれ、おじさんに見せてごらん。

「対談　一番ひとに見せたいこと」
『楽業書GAKU』第二冊

【談後感】イトイさんはほんとに面白い人である。何を話しても面白くなる。これは秘密結社についての対談だったが、いわゆる秘密結社の話などまったくなかった。粟津潔が編集人をしていた『楽叢書』の企画。京都芸術短期大学（後の京都造形芸術大学）の出版物である。その後二十年もたってここの大学の教壇に立つとは思いもよらないことだった。

全肯定的アドトリアル・マガジンの氾濫（一九八二年）

出席者＝椎名誠（作家）　増田通二（株式会社パルコ社長）

榎本　僕は『ブルータス』や『ポパイ』などの雑誌は、アドバタイジングとエディトリアルがくっついた雑誌だと思っていて、ひそかにアドトリアルなんて呼んでいる。そういう意味では、椎名さんの『本の雑誌』は新しいスタイルではあるけれど、雑誌作りの基本的な姿勢というか気構えにおいて、ある意味ですごくアカデミックだと思うんです。というのは、やはり社会に対して自分の意見を主張していくとか、あるいはひとつの出来事に対して批判していくとか、そういう姿勢がはっきりしているでしょう。雑誌というのは、基本的に批評精神を根深く持っているものだと思うんです。ところが『ポパイ』とか『ブルータス』というのは、批評精神なんてのは全然ない。すべてポジティブシンキングで、つまり、〝良い〟ということしか書いていない。〝肯定的情報〟だけの集合なんですね。そこには批評がないし、逆説的にいえば、そこから落ちた部分が批評であるかもしれないけれど、その部分はほとんど表現しませんよね。だから、そういう点で、アドバタイジングがもっているポジティブな思考が、雑誌作りにすごく浸透していて、何となくアドトリアル・マガジンという印象が強いんですね。このタイプの雑誌が読者を徹底的に消費者にたたきあげている。

あるいは、『ビックリハウス』の本作りにも、そういうことが多分にあったかもしれません。というのは、『ビックリハウス』は何かに対する批判がわりあい少なかった。つまり、〝のり〟の部分だけを拡大していったというか、面白がられた部分だけがどんどん膨張していくわけです。そうすると、自ら雑誌が基本的に持っていた批判精神みたいなものが削られていくわけで、『ビックリハウス』は、結局はアカデミックな雑誌になれなかったみたいですね。

椎名　エネルギー雑誌ですよね、『ビックリハウス』なんてのは。全編エネルギーそのもので、それは決して、世の中を変えていくとか変革するとかいう大きなエネルギーではなく、それぞれは小さいけれど、本気で一所懸命に発射してるエネルギーがポワーンという感じでしょう。そういうエネルギーの集合体というイメージを受ける雑誌は、今までわりと少ないんですね。何かエネルギーを感じるとすれば、それは先ほどいわれたような広告エネルギーであったり、あるいはたくみなバランス感覚であったりする。この種の平衡感覚を、僕は〝これでよかんべリズム〟といってるんだけれど、たとえば子供のためには『ドラえもん』とか漫画を入れてやり、一方では母親の興味を引きそうな記事も載せる。そういう雑誌がすごく多い。そういうエネルギーはどこか胡散臭げで、資本の匂いがプンプンするんですね。

意味は全然ちがうけれども、若者雑誌でいうと、僕は『いんなぁとりっぷ』と『ビックリハウス』を並べて考えることがあります。『いんなぁとりっぷ』

てのは、あれはかなり胡散臭いエネルギーを、『PHP』もそうだけど、感じるわけです。あなたたちはこういうふうにしたほうがいいですよ、という式の若者の叫びを入れてはいるけれど、『ビックリハウス』をよくよく見てみると、実際にはそんなにきれいごととは関係がない。何が出てくるか、半年先までわからないような、そんな本音っぽさがある。

増田 僕が不思議に思うのは、どうして、こういう雑誌がかくも長く続いているかということでね。正直いって、驚いているわけだ。『大語海』なんてのも、ある意味では雑誌が続いたことのひとつの結果だろうし。

榎本 『ビックリハウス』の場合、ひとつやりやすかったのは、批評精神みたいなことで雑誌を作ったのではなくて、つまり、正しいかどうかではなくて、面白いかどうかというセンスです。雑誌の表現としては、『ビックリハウス』には正しくない部分がかなりある。だけど、そんなことにこだわらず、とにかくこれなら面白いから大丈夫という、面白主義の姿勢が全般にあったと思うんです。もっとも、そんなに面白がってばかりいるのは編集会議の時だけで、後の原稿まとめとか事務的な作業に入ると、これはもう、つらいことばかり。苦心の連続です。

読者参加という面では、わりと最初の段階からできたので、キャッチボールの方法を、読者もかなり早くのみこんだし、編集サイドでもわかった。それが、現在のパワーになっていると思います。だから、雑誌作りというのは、最初からそういう形をとっていかないと、途中から読者のエネルギーを吸収しようとしても、なかなか難しいんじゃないかな。

椎名 乗せ方がうまいですね、『ビックリハウス』は。そのへんは、とてもプロフェッショナルなものを感じるんだけど、それは何だったのかね。やっぱり、センスですかね。あるいは、電通なみにいろんなデータを集めてやったんですかね。

榎本 データなんか何にも……

椎名 じゃ、やっぱり発作的な。

榎本 そうとしかいいようがないですね。

「雑誌文化考」『アクロス』パルコ出版
一九八二年十一月号

【談後感】椎名誠さんは流通業界誌『ストアーズレポート』の編集長時代に増田通二さんと出会っている。しかも当時『本の雑誌』の編集長でもあった。新進気鋭の作家であると同時に、編集者としての豊富な経験から、増田さんはこんな顔合わせを考えたのだろう。どうしても椎名さんに『ビックリハウス』をほめてもらいたい、そんな気持ちが一貫した座談だったから、椎名さんもやりにくかっただろうと思う。ありがとうございました。

ヘタうまの時代とダサイズム（一九八二年）

出席者＝谷川晃一（画家）　横澤彪（テレビ・プロデューサー）

榎本　まあ、ヘタうま、って切らないで、『ビックリハウス』の場合はね、ダサイズムっていう言葉で切った。たぶん、趣旨というか、見ている方向というのは、今回のヘタうま特集と一緒だと思うんですけどね。ダサイって、しきりに若い人が言いますからね。ところが、ダサイっていう言葉は、本来、否定的な使われ方で、「あいつ、ダサイなあ」とか、「ナニ、あの子『ＪＪ』読んでんの、ダサイなあ」なんて言ってた。それが、いつの間にか、「ダサイなあ」が「かわいいなあ」みたいに聞こえてくる。そのダサイというのは、もしかして、否定してんじゃなくて、たとえば「さだまさしの歯グキはダサイなあ」って言うけど（笑）、でも、そう言いながらも、なんとなくどこかにチャーミングを感じるみたいなところがある。それから深夜のコマーシャルを見て、「あれ、ダサイなあ」って言ってても、「ホテル二十一世紀」ってナレーション聞くと、ニコッと笑ってしまうみたいなね。（笑）そういう気分てあると思うんですよね。そういうことを含めてつまり、あの深夜のコマーシャルなんかも、ヘタうま・カルチャーの一つだと思うんです。で、それは一体何なんだろうなということをやったのが、『ビックリハウス』のダサイズム研究だった。タケちゃんマンはスーパーマンよりダサイのになぜいいんだろう、みたいなことも考え始める。（笑）

谷川　うん。それはぼくなんか、やっぱり一種のプリミティビズムだと思うんですけどね。要するに、何と言うかな、一方では厳然とプロフェッショナルな過程がありますね。教育とか、修業とか。しかし、そういったような過程がまったくないとしても——何か表現要求というのはそれでもあると思うんですよね。で、そういうときにポッと出てくるものは、それこそ、見なれた、つまり修練を積んだものから見ればダサイものということになるだろうと思うんですよね。そういうプリミティビズムというのが、いわゆる修練を積んだ、非常にプロフェッショナルなものの対極にあると思うし、それはおそらく、まったく修練を積まない裸のものではあっても、表現されたものは等価だろうと思います。

榎本　そういった意味じゃ、二、三年前にニューヨーク近代美術館のピカソ展で、天啓のごとくね、刺激を受けた横尾（忠則）さんのピカソ体験というのは、意外と象徴的な出来事だと思いますね。

谷川　ええ。

榎本　ひょっとしてタケちゃんマンはピカソではないか。（笑）

谷川　うん。それはあるかもしれませんね。
榎本　ピカソみたいですよ、タケちゃんマンって。よく見てると、意外と。
横澤　そうですね、ま、ピカソじゃないけど、自分を否定していくというのが、まず、とりあえずすごく大事じゃないかなあという気はしますね。今、自分で仕事をしててね。つらいんですけどね。(笑)やっぱり自己否定みたいなことが根底にあるかなという気はしますね、何かものをつくってくときに。そうじゃないと、まあ私どもはテレビの世界でずーっと仕事をしてまして二十年ぐらい、いや十年以上たつと、やっぱり一つのエスタブリッシュメントになってしまう。保守化したり、それから、もう、大きな流れの中でルーティンになってくるんですね、番組つくるということが。で、ぼくなんかは、そういう堅苦しい考えがきらいだから、番組をつくるときは、とにかく規範は一切なしと。全部もう、まったく白紙っていう状態で考えていこうっていう方法をまずとる。それから、ぼくはプロデューサーですが、とりあえず、プロデューサーらしくしちゃいけないと自分に言い聞かせる。(笑) とにかく今は、らしくない時代という、そういう時代じゃないかと思うんですね。らしくないことが受けるんじゃないか、アピールするんじゃないかっていう気が体験的にしますね。

「ヘタうま表現の実相　軟骨時代の逆噴射」
『メディア・レビュー』一九八二年十月号

【談後感】「タケちゃんマンって、ピカソみたい」という私の予言は、十五年後の一九九七年『たけしの誰でもピカソ』(テレビ東京) として実現する。かどうかわからないが、この番組のアドバイザーだった伊東順二の推薦で、初期の審査員を務める。山本容子さんやその後、高城剛らも加わる。選評にちょっとダジャレが多すぎて、たけしさんが靴を脱いで私に殴りかかってきたことがあった。もちろん冗談ではあるけれど。

神田八丁堀は、ブラックホールだよ（一九八四年）

出席者＝梅原猛（哲学者）　糸井重里（コピーライター）

梅原　今ね、私その、写楽を研究していてね、写楽は八丁堀の出身で阿波の能役者なりという説があって、そこに長い間ふり回されてきたんですよ。ところがね、八丁堀っていうのは二つあってね、江戸八丁堀とするのと神田八丁堀とするのとがある。ところが神田八丁堀というのはねえ、架空の場所で空想上の人物が全部住んでおるとこだった。

糸井・榎本　へぇー。

榎本　例えば銀座九丁目みたいな。

梅原　そう、銀座九丁目みたい。弥次さん喜多さんは全部、神田八丁堀の人。だから例えばね、お女郎さんの所へ行って、あんたどこに住んでらっしゃると聞くと、わしは神田八丁堀さ。

糸井　ありんすえ。

梅原　ありんすえ。それが非常に気の利いたポーズだった。神田八丁堀。

糸井　そういうの作りたいね一つ。

榎本　いいですね。

糸井　渋谷と原宿の間位の所に、なんかでっちあげようか。

榎本　原谷、なんてね。

梅原　ちょっと面白いね。ともかく、そういう気の利いた発想があるんです。でね、「能役者」に騙されたんだけど、神田八丁堀の住人、阿波の斎藤十郎兵衛。十郎兵衛ってのはね、阿波の十郎兵有衛を混ぜて作った。

糸井　じゃ、完全にでっちあげなんだ。

梅原　でっちあげ。そのでっちあげを書いた、十二歳の時から死ぬまでの日記があるんです。読んでみたら半分位ウソを書いてある。序文の中にね、この日記は虚実とり混ぜて書いてあると、その代わり、各事柄の後に白い所を残しておいた、そこへ真実を知ってる人は書いてくれ、と言うんですよ。

糸井　自分をおもちゃにしちゃった。自分の生活も。

梅原　そういう気の利いた本は今はないですわな。

榎本　すごいですね。双方向性日記って言うんですね、そういうの。

糸井　白い所作っておくっていうのがすごいな。

梅原　そういうのがね、江戸でなくなったと思うんだ。明治はうんとまじめになったからね。

糸井　そうですね。その神田八丁堀って場所は要するに、ゴミ捨て場みたいでもあり、夢捨て場みたいなものでもある。

梅原　夢捨て場だよ。

糸井　ブラックホールだ。

梅原　ブラックホール。

糸井　おもちゃ箱みたいな所だね。

榎本　でもね、そういう所があると便利ですね、すごく。

梅原　やっぱりねえ、新しい文化っていうのはね、幻視ね。幻を見る。幻を見る所から、やっぱり新しい文化が始まるんですよ。明治時代はね、幻なんか見るのはおかしいという時代だった。そうじゃないと。巨大な幻の中から真に創造的なものが生まれる。幻の中に真実がこめられているんです。だから虚実とりまぜて書くなんてね、あれは素晴らしい文化ですよ。

糸井　どっちでもいいんだもんね。案外、梅原さんが書いたもの全部ウソです、なんて言ったらおかしいだろうね。(笑) あれはウソですとかさ、一回言ってからまた、実はホントですって言うとかね。すると反論とかなんとかって成り立たなくなっちゃうでしょ。

榎本　梅原さんの本の場合なんかは、直感力というかあの、要するに幻視的な部分がかなりおありなんじゃないですか。

梅原　それはね、やっぱりまあ、本当は学問というのは幻視だけではいけない、しかしまず幻視がないとダメなんだ。やっぱり直感ですよ。直感から色々なビジョンが生まれてくる。それをね、事実によって取捨選択していくわけ。

糸井　ということは、いい学者は幻視力発想所ということになる。

榎本　ハハハハ。

梅原　私の知り合いの、色んな学者はね、やっぱりそういう直感力とか幻視力とか、大変持ってます。

糸井　幻視力の平和利用。

榎本　そうだね。

梅原　そういう言葉のしゃれっていうのもね、やはり江戸時代の人、大変好きだった。

糸井　ああ。

梅原　しゃれっていうのは、非常に重要な両義があるわけですからね。二つの意義が、二つの世界がしゃれでつながるわけですからね。だから江戸の戯作者ばかりじゃなくて、平安時代からしゃれを大変重要なものとして使った。

糸井　そうですね。和歌はしゃればっかりだからね。

梅原　ところが明治以後はね、そういうものを使っちゃいけない。

糸井　笑いそのものがもう、馬鹿にされちゃったですもんねえ。

梅原　特にしゃれの笑いは一番下等な笑い。

糸井　あと下ネタね。下ネタも加藤芳郎みたいなうまい人がやると、もう本当に気持ちのいい下ネタになるんだけどね。

『アトムの林檎』創刊〇号（リレー講演会「カルチャー・ムービングを語ろう」）より

【談後感】梅原猛さんには一度だけほめられたことがある。一九八八年の熊野会議でのことだ。大島渚さんが原一男監督を呼んで、『ゆきゆきて、神軍』の上映とトークをするということに、地元が

難色を示した。過激な政治運動家として知られていた奥崎謙三のドキュメンタリー映画である。運営会議に出られた梅原さんは代表として苦慮されていた。しかし私は「会員の企画を内部規制して行わないとなると、かえって問題になるのではないか、会員一人一人の責任においてプログラムを実行するというのはいかがでしょうか」と、意見を述べた。梅原代表はしばらく考えていて、「そやなあ、そうしましょうか」と、腹をくくられた。上映とトークの会は紛糾することなく無事終わった。閉会式の会場で梅原さんはにこやかに、「あんたの言うとおりにしてよかったわ」と背中をたたかれた。偉人というのは人をほめることもうまい。嬉しかった。

アルバイトに、プロレスをちょっと（一九八四年）

出席者＝C・W・ニコル（作家）　糸井重里（コピーライター）

榎本　ニコルさんはボクサーのような仕事もなさったということですが……。

ニコル　いやそうじゃなくて、アルバイトでプロレスをちょっとやってた。

榎本　あ、プロレス。

糸井　プロレスはどれ位やってたんですか。

ニコル　え〜と、一年間に二五回の試合。

榎本　月二回位ですね。

糸井 アルバイトなんですか。
ニコル アルバイト。(笑) だっていいお金だもん。
榎本 いくら位ですか。
ニコル 当時は十ポンドから二十五ポンド。一ポンドは千円位だから、一万円から二万五千円。今ではたいしたことないけど、それは一九六〇年だから、二十四年前の一万円は大したお金ですよ。
糸井 うん。それはイギリスで?
ニコル はい。
榎本 そのためのトレーニングなんか、ちゃんとおやりになってたんですか。
ニコル まあ、普通のレスリングをやってたから。それと柔道。でも自分からプロレスに入ろうとしたわけではない。ぼくはその前に北極探険二回やってたんですよね。それでまた絶対探険に行くと決めてたんですけど、イギリスに戻って学校行ってた。その間なんとなく退屈だったので、レスリングと柔道をやって、それから重量挙げをやってたんです。で、ある日コーヒーショップにでかい人が入ってきた。そしたら店のマスターがぼくにおいでといって、その人をレスラーだと紹介してくれた。ぼくは凄く興味があったので、一緒にやりたいねと言ったんです。(笑) そしたら、彼は「じゃやろうよ」。で、ぼくは柔道道場の鍵を持ってたので、すぐ道場行ってやったんです。
榎本 「どうじょうやりましょう」。(笑)
糸井 そしたら、どうしました?
ニコル そのあと、彼は「君、いくつ?」ぼくが十九歳というと、「またやりたいか」って聞く。ぼくは「うん、やりたい」「体重は?」それでぼくは答えました。そしたら、彼はちょっと待ってって言って、長電話をかけに行った。電話ボックスから出てくると、よし、再来週の土曜日。ぼくは、うんいいですよと答えた。でもどうして再来週まで待つのか分からなかった。そしたら、それ試合だった。(笑) それでぼくはもう張り切って行った。
糸井 お客がいるわけだ。
ニコル ところが、「おまえは三ラウンドでこういう技で寝ろ」と言われた。ぼくは少なくても一〇ラウンド位いきたかったんです。最初の一〇回、もう負けてばっかり。それでね、文句言ったんです。ぼくは勝ちたいよ、たまには勝ちたいよって。だってガールフレンド見に来てるでしょ。かっこ悪いよ。

糸井 十九歳だもんね。

ニコル しかし、おまえはビギナーだから我慢しろって。

糸井 じゃ、二五試合のうち、後半はたまには勝てたんだ。

ニコル そうですね。

糸井 ほんとにやったら、やっぱりニコルさんの方が強かったんですか、その場合。

ニコル 知らない。

榎本 やっぱり途中で本気になったりするわけでしょ。

ニコル いや、そういう場合はあるけど、見てすぐわかる。

糸井 セメントタイプっていう人がいるんだよね。猪木なんか時々それをやって、後で怒られるんだよね。

ニコル うん。だって猪木が誰かのあごを本当にこうやったら飛んじゃうよ。

糸井 飛ぶよね。以前、ジャンボ鶴田のインタビューでさ、「あれはうそでしょう」なんて誰かが軽く言ったら、「いや、うそでも本当でもいいですけど、本当に、本当にやったら、二秒か三秒で終わっちゃいますからね」って。

『アトムの林檎』創刊0号リレー講演会
「カルチャー・ムービングを語ろう」

【談後感】このトークのすぐ後、私が編集していた『BH』5号（一九八四年）で、嵐山光三郎さんとニコルさんの対談をお願いした。渋谷の焼き鳥屋のいろり端だった。嵐山さんの突っ込みで、ニコルさんも色々告白してくれた。力道山の亡くなる直前の話や、白熊三頭、黒熊二頭を仕留めたこと。しかし全部セルフディフェンス（自己防衛）のため。向かってくるから撃つしかなかった。至近距離二メーター。絶体絶命の攻防。お返しに嵐山さんはオタマジャクシを食った話。「柳川みたいにして食べたら、泥喰ってるみたいだった」。抱腹絶倒。その後ニコルさんが太地のクジラ獲りの物語『勇魚《いさな》』を出版されたとき（一九八七年）、その出版記念会に出席した。そしたら南極から着いたばかりのクジラの肉、しかも珍しい部位のものがどさっと出た。さらには南極の氷のオンザロック。プチプチと、何万年も閉ざされていた空気が音を立ててグラスの中によみがえってくる。何とも豪快な、ニコルさんらしいパーティだった。けれども現在の捕鯨問題は複雑微妙で、今日では全面的に日本の捕鯨を支援しているのではないようだ。

反時代的感情のない時代（一九八五年）

出席者＝高橋源一郎（作家）

榎本　高橋さんの小説、登場人物に悪い人がひとりもいないでしょう。

高橋　うん、書けないんです。（笑）

榎本　それは去年東京キッドブラザースのお芝居観た時も感じたことなの。東京キッドのお芝居には悪い人はひとりも出てこない。殺人者がいたり、過去を背負った人は出てくるけど誰も悪くない。

高橋　前に聞かれた時答えられなかったけど、今はもう答えられる。言葉をしゃべるとみんな聖《セイント》になっちゃうんですよ。

榎本　なるほど。それに高橋さんの小説って、なんとなく何人かが寄り集まった劇団のようなイメージもあるし、もうひとつはマンガの表現というか、吹き出しを読んでいるみたいな感じが時々あるね。

高橋　ぼくの場合、まず始めに本を想定して、装丁ではなく(笑)本を想像するわけ。架空の本があって、表紙はこんな感じで、開けると字はちょっと少なめでとか。作品を考える前に、こんな感じの本があったらいいなって。

榎本　物質としてね。

高橋　そう。物質として。

榎本　それは面白いな。プロデューサー的な発想がまずある。それから……

高橋　読者がいて、最後に作家がいる。作家なんているかいないかよくわからない。(笑)

榎本　いい読者を自分で想定できればそれで作家のすべての仕事は決まる。

高橋　そうだと思います。ほかの部分っていらないと思いますよ。自分で書いていて最高の時ってあるわけですよ、その時なんか明らかに天才だと思うわけ。電話しちゃったりね、オイ、天才してるぞ。(笑)

榎本　書いててそういうノリってあるものね。

高橋　そういう時は気持いい。ホントに生きてて良かったって思うもの。

榎本　作家って本当はそういうことって言わないんだよね。言うとヒンシュク買っちゃう。特に文学の世界では。(笑)　読者想定なんてする?

高橋　しますよ。今出てるのは同世代を想定してたんですけど、書いている途中でその読者層が信用できないって気がしてきたのね。それもあってちょっとオクラにしたんだけど。

榎本　じゃ、後期全共闘的な匂いがあるわけ。

高橋　ありますね、実は。そこでぼくは全共闘の歴史的経過も知らない、文学の専門家でもない、ただちょっと感覚だけは敏感な十代後半の女の子を、読者層であればいいということにしました。

榎本　それはいい。でも受け手はそこまで考えていなくて、非常に同時代的な感性を持った人として、高橋源一郎を意識してると思うけどね。

高橋　今の時代感情ってよくわからない。一種の宇宙感情とか、若い子の劇とか観ると結構宇宙に行っちゃうでしょう。少年というのはある種宇宙ですよね。そうすると宮澤賢治に行っちゃう。あれが時代感情って言うんだろうかって思うと、ちょっとちがう気がする。時代的感情の揺れ戻しで反時代的感情のない時代なんだ、と思ったりする。

榎本　若い人たちがかわいいとかナウいとかダサイとかいう表現があって、それがひとつの価値基軸だと思うのね。その価値基軸を引いた時に今まで面白かったこととか正しかったこととか全部ズレちゃった。そのズレのポイントが今どうなのかっていうふうに大人たちがアタフタしている状況があって、若い人がわからないってことが年中言われてると思うんだけども。

高橋　でも、若い人がわからないって昔から言ってましたよね。そんなに言うほどわかんないとは思わない。わかんないと言えば同世代のほうがよりわかんない。ジェネレーションによる区別ってあまり関係ないと。どちらかといえば今の若い人のほうがぼくは好きですね。

榎本了壱のヤングオロジー・トゥデイ
「ピーターパンでもシンデレラでもない氷河期のオーディエンスたち」
『月刊リクルート』一九八五年三月号

【談後感】これは連載だったので、いろんな人と話したはずであるが、残念ながら掲載誌が手元にない。高橋源一郎が一九八一年『さようなら、ギャングたち』を書いたとき、寺山修司がずいぶん評価していたので気になって読んだという記憶がある。その後の活躍を裏付けるように、独特の世界観があって驚いた。近年の源一郎さんの主題でもある宮澤賢治の話も、ここでもすでに出てきている。

模造人間の危機（一九八五年）

出席者＝島田雅彦（作家）

島田　子供というのは、ピーターパンにしてもパルシバルにしても、やっぱり大人の行為と同時に、かつて子供であった大人の郷愁がなければ存続しえないわけでしょ。だから、子供っぽさを一つの価値にするときには甘えがあるんでね。そこまで見ていくと、大人びた子供でなければ意味がないんじゃないか、甘えを期待してるようなガキっぽさは徹底的につまらないと思います。一度大脳を通過したというか、大人になってから獲得した幼児性でなければダメなんじゃないでしょうか。

榎本　島田さんの本を読んでいて感じたのは、こういう本は読み手がけっこう多いんじゃないのかなってことね。わりと大学時代とか大学出る前後の話でしょ。その頃は現実の生活と次の生活に対する妄想みたいなものとがゴチャゴチャになって、みんな同じようなエネルギーを秘めている非常にダイナミズムのある時代だと思う。だから、そういう世代の人にとって、かなりリアリティのある話として読めるのかな。

島田　どうでしょうねぇ。大体『夢遊王国のための音楽』あたりから、ちょっと深く掘った穴をもっと深く掘るというふうになっていったところがあって。今度の『天国が降ってくる』に取りかかって、一つのサイクルが終わった気がしました。これからの予定としては不況に入るんですよ。

榎本　（笑）予言しちゃうのね。不況に入るというのは、あんまり書かないってことですか？

島田　というか、書いても今まで書いたものからもれたものの整理か、この次のヒットのための準備ということで。脱稿して間もないせいもあるかもしれませんが、芥川龍之介の〝人生は一行のボードレールにしかず〟の心境なんです。だから肉体に戻って発語の現場検証をしといたほうがいいと考えまして。

榎本　具体的にはどういうことですか？　エアロビクスをやるんじゃないでしょう？（笑）

島田　大学時代に演劇の演出や俳優をやったことがあるんです。俳優は、身体の動きを組み合わせてしゃべる、そういう非言語の言語を持っているわけですよね。それを、ドイツ語を学ぶように学んでみようかなぁ、って気になって、状況劇場に仮入団したんです。（笑）

榎本　あ、ほんと。唐（十郎）さんの生徒になった。

島田　その背景にはやっぱり、『模造人間』の危機みたいなものがあって。要するに今ある僕は、結局過去の小説、エッセイ、あるいはテレビ、映画、音楽、絵画、これまで会ってきた人たち、そういうもののすべての反映だという気がするんです。だから「自己」って言ったとき、それは箱にすぎない。その箱の中に、他者の意識や言葉やらがガンガン詰まっている。ランボオの詩で、〝木がバイオリンになるのは木のせいではないのです　銅がホルンになるのは銅のせいではないのです〟っていうのがありますが、オリジナリティもアイデンティティも他者の住むアパートとしてしかないという感じですね。それは一応、言葉の上では言えるわけですが、果たして本当にそうなのか。肉体の痛みとか痒みとか快感とか、そういった体験と同じようにある程度、確かめるしかなさそうだっていう気がしてね。

榎本　最近の作家たち——高橋源一郎さん、村上春樹さん、顕著なのは田中康夫さんだけど、外側の状況を小説にものすごく取り込んでくるでしょ。でも、島田さんの場合には記憶装置としての自分のブラックボックスの中に入っていくっていうか、求心的な作家行為に入っていっているような気がして。

だからこそ、肉体そのものを検分しておかないと統一ができないというようなことじゃないのかな。
島田　そうなんですよ。まさにそうです。
榎本　でも、作家というのはすべてさらされていくから、すごくシビアな世界だと思う。普通、そこまでさらされないものね、仕事が。ほんとに一人の評価に迫られていくし、今、個人的作業っていうのは、作家とか画家とかにかなり限られてきてますよね。情報化社会の中で、すべて一人で発信してゆくエネルギー、これは大変なことだと思うんですよ。
島田　ただ、作家という個人も、ある程度あるいはべったり社会に同一化して、社会そのものの矛盾を自ら体現して示したほうが面白いと思いますね。

榎本了壱のヤングオロジー・トゥデイ
「今は、高級な読者が作家の地位を占めているというありさまだと思う」
『月刊リクルート』一九八五年十二月号

【談後感】ハンカチ王子や、ハニカミ王子のブームのずっと以前、島田雅彦はすでに文芸王子だった。一九八三年『優しいサヨクのための嬉遊曲』でデビュー以来、幾度か地方のシンポジウムや講演会に連れ回したが、どこへ行ってもその人気は絶大で、さぞかし本人も鬱陶しいだろうと思うほどだった。一九九九年、鹿児島での日本文化デザイン会議のプレイベントで奄美大島を訪れたとき、三枝成彰、喜多俊之、島田雅彦、そして私の四人で、加計呂麻島に遊んだことがある。この島にある小学校には若き日の島田雅彦の淡々としたせつない思い出話があった。私たちはその小学校まで訪れたが、休日だったか、夏休みだったかで、その小学校はカンカン照りの日差しの中で深閑とたたずんでいた。私たちは港の飲み屋で帰りの船を待つ時間、ハイスピードで呑んだ。二〇〇八年には朝日新聞に『徒然王子』の連載を開始する。「王子の時代」の総決算になるのか。奇妙な異界徘徊の旅が続いている。

無共闘時代の新人類（一九八五年）

出席者＝泉麻人（コラムニスト）

榎本　まぁ、でも「無共闘派宣言」から新人類に到るここ一、二年の上昇気流っていうのは異常なものがありますね。僕自身も泉さんぐらいの人たちを総体として「若者文化の第三世代」というふうにくって話したりするけど、それは第一世代、第二世代というような人たちから、何かを受け継いでいる感があるんだよね。でも、「新人類」っていうくくりになると、パタリと人が違うというか、DNAの違う人たちという印象が強い。その辺、見ていてどうですか？

泉　初めの段階で「新人類」っていい始めた時には、テクノとかコンピュータ方面に通じている人たちっていうイメージだったけど、今やその範囲が広がっちゃってますよね。TVなんかでも「新人類が選んだナウなカフェ・バー」とか（笑）、正反対に位置するようなブランド志向型の人たちと一緒にくくられてきちゃうあたりが面白いですね。だから「新人類」という言いかたも、相撲でたまたま北尾とか出てきた時に「サンパチ」ってつけたみたいな、ああいうものに多分近いと思いますね。

榎本　ま、団塊の世代までの文化というのは「軽薄短小」っていえば全面がポロッと見えちゃうところがあった。だけど、今や「タコツボ現象」やら何やら出てきて、しようがなく「新人類」だって言っちゃったんでしょうね。団塊の世代だって、もうオジサンだから、そういう点でも八五年ぐらいがその転換期なのかな。僕はね、糸井重里さんの『YOU』の降板と、江夏の大リーグ入り失敗と、三浦和義の逮捕、この三つが団塊の世代の文化の終焉っていう気がしてならないの。

泉　阪神優勝はあまり関係がないんですか?

榎本　(笑) そうだね。

泉　ハレー彗星は新人類が呼んだ (笑) っていう説と関係があるかもしれない。

榎本　大体、若者文化っていうのは十年周期ぐらいで変わっちゃうと思うんだけど。たとえば、第一文化っていうのが、唐十郎さん、寺山修司さん、横尾忠則さんたちのブームだとすれば、糸井重里さんと湯村輝彦さんの『情熱のペンギンごはん』が登場した七五年は第二文化で、あの辺からヘタウマ旋風になる。それが今年あたりで区切りがついて、さて、次の文化は?って探した時に、泉さん、中森明夫さん、野々村文宏さんという御三家がいた。田口賢司さんを入れると四天王になるのかな。(笑) 泉さんは一人ちょっとお兄さんだから、ほかの人と何かと比較されるでしょ。

泉　それまでの環境が大分違いますからね。中森、野々村、田口君たちとの対談集『卒業』というのは「GS文化人」的な色がついてたわけだから、「ニューアカ」を知ってるヤツだと勘違いされることがよくありますね。ドゥルーズ・ガタリとかはパロディで使う時に使いやすい名前だから覚えてるんだけど。(笑)

榎本　ニューアカと言えば、新人類が出てくる前哨戦としてニューアカが出てきて、それで浅田彰さんを筆頭にして、中沢新一さんはまぁちょっと年上だけど、旋風を巻き起こしましたよね。それに対して、糸井さんが後見人的に『YOU』に引っぱり出していた人たちがいて、いつの間にかその人たちの時代に変わっていくという。そういう時代が二年間ぐらい振幅していた。で、今年あたりでやや決まりっていう感じがすごくあるんだけど。

泉　僕が『無共闘時代』っていう本のタイトルつけたのは、やっぱり昭和六〇年っていう区切りの年で、特集にもっていきやすかったと言うか、つまり、キャンペーン的なものだったんです。

「若者理解のキーワード——新人類って何」
『キャリア ガイダンス』 一九八五年十二月号

【談後感】「僕ね、ＪＰＣＦ展に出したことあるんですよ」「ほんと？」「賞もらいました」「へー、幾つぐらいの時？」「慶應高校に通ってる頃」「８ミリ少年だったんだ」「そうですね」そんな会話をした覚えがある。ＪＣＰＦ展は、パロディコマーシャルフィルム展で、一九七八年か七九年頃のことだと思う。その彼が『週刊テレビガイド』の編集に携わり、やがてコラムニストとして脚光を浴びる。時代のトレンドをともかく敏感に解析できる人なのだ。

脱建築とニューグロテスク（一九八五年）

出席者＝**粟津潔**（グラフィックデザイナー） **吉田光邦**（京都大学教授）
ジェイムズ・ワインズ（ニューヨーク・パーソンズデザインスクール・環境デザイン学部長）

粟津　時代によって世紀末のあり方が変わってきたと思いますが、現代におけるオプティミズムとペシミズムというものを少しずつ論じていきたいと思います。ワインズさんの作っておられる建築の中には、世紀末のこの時代のワインズさんの考えが具体的な形となって出てきていると思うのですが、いかがでしょうか。

ワインズ　私たちは二十世紀の進歩というものの全く反対の言葉として、脱建築という言葉を使っております。二十世紀の建築というのは、抽象的なものに基づいておりますが、私はこのようなものの存在を信用しておりません。私が将来において、建築はこういう風になるのではないかと考えているのはnarrativeな、何か物語るような建築です。歴史的なものでnarrative、物語風なものは、ゴシック調のものだと思いますが、今日の建築は非常に多様化し、残念ながらイメージのコンセンサスが出来ていません。現在はメディアを通して感性を養おうということで、幻覚といいますか、それと現実を取り扱っております。

私たちは、シンボルのないものにアイディアを与えようということで、建築の主題を表す題材、素材として見て、フレッシュなアイデンティフィケーション、つまりその現実性を別の次元に移行するというような形で行ったわけです。

榎本　日本、特に東京を中心としたイラストレーターあるいはオブジェを作っている人たちの仕事を中心に、お話をしてみたいと思います。

「新人類」という言葉で呼ばれる今の若い人たちのひとつの傾向として、生活の全部を商品として解釈していることがあるように思います。生まれたときからテレビがあって、テレビからの情報、商品を広告する情報によって、世界と付き合い始めるという状態にあったため、彼らは建築家によって美しく作られた建築ではなくて、建築を覆い隠し、その街を包む被膜、外側の皮膚のようなものに非常に好奇心を持っている。そして、これも自分の社会を商品として見ているひとつの傾向かと思うのですが、自分が興味を持った商品を、オブジェとして作り直していくという行為が、若い人達に非常に共通しています。

それから、きれいな物と同時にグロテスクな物というのが皆の関心事であると思います。たとえば、美しいビルディングではなくて、ワインズさんのように少し壊れたとか、崩壊しかかっているというような。これは彼らの仕事の中にも読み取ることが出来ます。つまり、最初から完成しているのではなくて、もうすでにどこか壊れているとか、どこか中途で終わっているというような仕事の仕方、ここに彼らはある種の快感、快楽を覚えているんじゃないかと思うんです。僕はこれを「ニューグロテスク」とか「ニューサイケデリック」と呼んでいますが、正に心理的なところで、自分の好きなものを寄せて集めていったら、何となくグロテスクな世界が出来上がってしまったというわけです。これは考えてみますと、都市の出来方や構造に似ているのではないか、個々は非常に美しいのだけれど、全体を見ると大変グロテスクな状態を呈しているという。そのことを個人のレベルで集約して作っている、そういう風に解釈出来ないこともないと思うんです。

また、数年前に「ほとんど病気」という言葉が流行りましたが、「ビョーキ」は今やひとつの願望であって、どういう病気になりたいか、新しい病原菌が出てくると、それを自分の生活にどのように根付けるのかが、実は若い人たちの非常に大きなテーマであると思うのです。たとえば流行というのも、ひとつの病気現象ではないかと思います。そういうことで、僕の周りの若い人たちの傾向を紹介しましたが、何となく暗然たるうちに、そういう世紀末というイメージも読み取れなくはないなという気もするのですが。

吉田　ワインズさんの脱建築という考え方を、私は古代的ビートルビウスの建築からの解放と見たのです。と申しますのは、ゴシック風建築は、幾何学的建築からのひとつの新しい解放でありまして、そうした解放を生み出したものは当時のカトリシズムです。そういう宗教的なひとつのイデーというものが存在したからこそ、ローマ的幾何学的建築から解放されたんだと思います。で、そうしたカトリシズムが消えて、プロテスタンチズムの方が強くなっていくと、今度は資本主義的な幾何学的建築が現れてきていると見るわけです。

資本主義的なクライアントには、どうしても資本主義的幾何学のルールに則らざるを得ないわけですから、脱建築といっても、ワインズさんのは、まだそこは完全に分離されていないと思います。そういう意味では、本当の脱建築、幾何学からすべて脱却した建築というものは、非常にプリミティブなケースであり、ケイブテンプルであり、そうしたものの集合ということに、むしろ戻らなければならないんじゃないかと思います。

一方、榎本さんの提示された新人類の人々の仕事を見てると、何か空間というよりは物に集中していく傾向があるように思いました。コミュニケーション的なレベルまでには行くわけですが、それ以上の空間というものを作らない。情報社会では、空間感覚が次第に希薄になってしまうところがあるんですが、それが反映してきたんじゃないかという気がするんです。それは、ワインズさんが幾何学的な建築空間を否定しようというところと案外通じている。これは十九世紀的なものではあり得ない、確かに一つの新しい世紀末であります。

十九世紀の世紀末は、産業革命以来の技術のレベルアップ、そのレベルアップを今度は美の価値に転換させて、それを人間の住む全空間から物に至るまで、トータルデザインに移行しようとしていたところがある。今度の世紀末は、そういうトータルデザインが、もう一度解体して、特に物への集中が始まっていくんじゃないかという気がします。

「時代はサーカスの象にのって——比較世紀末学」
『日本文化デザイン会議'85九州ダイジェスト』

【談後感】こうした世界を代表する知性と同席するときは、もう背伸びせず、自分の卑近の話をする。するとかえって興味を持ってもらえて、たとえば吉田光邦さんのように、丁寧に解析していただけたりするのである。もっとも、「海は広いか、大きいか」のときの会議のイメージが残っていて、私には少しだけ優しくしていただけたような、そんな心地もした。吉田光邦さんは名刺の倍ほどのカードを十枚ほど持っていて、それに記入されているメモを見ながら、正確に発言された。学者とはこういう人のことなのだなと思った。

情報化社会に水を売る（一九八五年）

出席者＝細川護熙（熊本県知事）　粟津潔（グラフィックデザイナー）

榎本　水を売るっていうのは、僕はすごい商売だと思うんですよ。ガソリンが今、一リットル百四十いくらでしょ。水は一リットル三百円ぐらいで売れませんか。ということは、石油は汲み取ってしまえばなくなってしまうわけですから、いつまでも降り続ける水が、石油より高い値段で売れるとしたら、アラブよりはるかに金持ちになる。

細川　（客席から参加）この間、実は水で儲けようと思いまして、サントリーの佐治さんのところへ行って、儲かりますか、と聞いたら、やめた方がいい、と言われるんですね。ミネラルウォーターというのは全然儲からない。最初だけは、バーでもどこでも買うんですよ。ところが、あとは普通の水を詰め換えて入れる。一晩、樽に入れておくとカルキがぬけるんですね。その水をビンに移すんだそうです。

本物のミネラルウォーターかニセ物のミネラルウォーターかを、どうやって見分けるかというと、四、五本持ってこさせて並べてみる。そうすると、自分のところで入れたのは、みんな水の高さが違うんだそうです。それで見分けるんだって言っておられましたけどね。（笑）

粟津　手仕事だから。（笑）

榎本　水を売るということの倫理観がない、ということなんですね。鉄砲なんか作ったらどうですか。水鉄砲。（笑）

粟津　やっぱり、日本はすごく水の国だと思いますね。中国のタクラマカン砂漠の、吐魯蕃《トルファン》の方になると、天山山脈の雪溶けの水を地下の水脈を通して運んできて、農業をやる。天山山脈から二百キロぐらいあるんですよね。

細川　先生方、ご存じかどうか知りませんが、私たちのいる熊本市の地下は水瓶になっているんですね。今、地下ダムを作ろうかというんで、いろいろ検討しているんです。専門家の先生方のお話を聞きますと、阿蘇から伏流水になって、五年ぐらいかかって、熊本市まで来るって言うんですね。

栗津　五年！　はあ……

細川　色つけて見たわけじゃありませんから、わかりませんけど。(笑)

榎本　そういうことやるのはゴネン（ご念）がいりますね、なんて。(笑)

栗津　中国の伏流水の原理っていうのは、紀元前からあったそうですね。人間の知恵というのはすごいなあ、というんで、それにまた感動しますね。

細川　私の先祖の話で恐縮ですが、私のところは足利、織田、豊臣、徳川と滅びないでずっときてるんですね。何がいちばん大きな要素だったかと言いますと、今、情報化社会と言われてますけど、昔から非常に情報収集に熱心だったんです。そのときに大きな役割を果たしたのが、修験道、山伏ですね。熊野とか彦山とか月山というところの山伏が、いつも全国津々浦々を歩いていて、あそこの大名は最近あまり顔色がよくないから、もうそろそろ世代交代があるんじゃないかとか、大奥がごたごたしているとか、いろいろな情報を入れてくれる。

たとえば、織田信長が本能寺でやられたときにも、やはり修験道の山伏が、十六里離れた細川の城まで三時間半で走って、信長が討たれた情報をいちばん早く伝えてるんですね。鞍馬と、貴船の山を越えて、丹後まで走るのは、相当なことだったと思います。

栗津　そうですね。今でも、車で一時間半か二時間かかりますね。当時は、とにかく道がありませんでしたから、陸送というのはほとんどなかった。だから、

九州会議（1985）　左から大須賀勇、粟津潔、細川護熙、榎本了壱

おそらく山の中の道を知ってたのは、山人ですよね。

「粟津塾」
『日本文化デザイン会議'85九州ダイジェスト』

【談後感】細川護熙氏はその後、総理大臣にまで上り詰める政治家であったが、この夜は、粟津先生の要望通りジーンズにセーターというカジュアルな出立ちで会場にひょっこりやってこられた。しかしそれでも十分に「殿」という雰囲気があるのには驚いた。熊本県を治める知事時代のはつらつとした発想と、揺るぎない家系の歴史とが一致して、不思議な魅力を秘めた人だった。総理大臣を辞して、陶芸や書画の世界にぱっと移られた潔さも、またその仕事の美事さも、他の政治家たちにはけっして真似のできない処世である。

CIデザイン世界戦争（一九八六年）

出席者＝亀倉雄策（グラフィックデザイナー）　糸井重里（コピーライター）

榎本　最近の亀倉さんの仕事で目立つのはＮＴＴという大きな仕事で、あのマークと三つの文字でおそらくは日本のＣＩ史上最高のお金を稼いだんじゃないかという噂がありますが。

亀倉　ところがこれが、アメリカ人のデザイン料と比べたら五分の一くらいですよ。名前が悪いんですよ。たとえばジョージ亀倉という名前で、英語ばかりしゃべっていると何倍かくれますよ。だいたいソウル・バスとかああいう連中が日本でやると一億ですよ。僕らなんかほんの少しですよ。それでも日本では最高だと言われています。それがまかり通っているというのは不思議ですね。

糸井　せめてマネージャーを外国人にしたらどうでしょうかね。カメクラセンセイハ、ソノキンガクデハ……。（笑）

亀倉　いや、それはやっぱり英語でやんなくちゃ。日本語でしゃべってはダメ。

糸井　あ、そうか。ノーサティスファイドとか。

亀倉　それでわざと社長に英語で話すと社長が答えられなくて、なんでもオーケー、オーケーです。（笑）

糸井　それはいいですね。それで英語が分かりやすい人だったら、今度はザンビアとか、そういう感じで、絶対に分からないような言葉で。（笑）

亀倉　今日、黒川（紀章）さんたちとＮＴＴの建物の中でお話しするんですが、そうしたらマークを作った先生が来たというのでＮＴＴがいたく喜んでてね。花束贈呈をするということです。

榎本 マークされているんですね。（笑）でもあのマークと三つの文字だけでも、それが日本国中にいったい幾つくらいになっているかと考えると大変ですね。

糸井 一回あたり十銭もらってもすごいよね。

亀倉 だからマークはね、どうしても印税制にはできないんですね。ただ一つだけ世界に例があるのは、昔、ガソリンのマークでペガサスというのがありましたが、あの羽の生えた馬のデザインをした人がアメリカにいます。この人が強固にロイヤリティを要求したわけです。その人はもう死んだかもしれませんが、私が聞いた時には七十いくつでもまだ金が入ってくるそうです。

それで結局、僕なんかはマークを描いて向こうに渡す時は、すっかり版権を譲り渡して登録するわけです。だからトレードマークというのは高いわけです。良ければずっと使われますが、良くなければすぐ変えられるけど。

糸井 でもそんな例はあまりないでしょう。

亀倉 私の場合はありませんが、良くありますよ。

「リレー講演会　世紀末未来派宣言」
『日本文化デザイン会議'86広島ダイジェスト』

【談後感】 亀倉雄策さんはリクルートから、一九八八年に『Creation』という雑誌を編集創刊された。亀倉さんにとっては自信の仕事だったようだが、私は「これはデザイン雑誌ではなくデザイン作品集である」といった一文をどこかに書いた。「ご説のとほり有名すぎる作家を集めすぎて平板になった。（中略）またまた辛口の批評をお願いします。けれどあんまり強すぎるとゆううつになって世をはかなんだりしますから……」という書面をいただいた。日本のデザイン界の天皇といわれた人の仕事を批評するなど言語道断であったろうが、覚悟の執筆だった。真摯に受け止めていただけた。この手紙はともかく大切にしている。

チベットの女形（一九八六年）

出席者＝糸井重里（コピーライター）　中沢新一（宗教人類学者）　黒川紀章（建築家）

榎本　カルチャーランチ・クラブというのは訳もわからないクラブですが、黒川さんに声をかけたら、それじゃカルチャー不倫クラブというのをやろうよということになり、その瞬間に今夜のテーマが決まりました。それで不倫周辺について話していきたいと思います。

糸井　でも若い人たちは不倫の前提がないから分からないんじゃないですか。

榎本　無倫。

糸井　無倫の方がわかりますね。

榎本　無倫というのは英語で言うとノーリンになります……。

糸井　今日は、榎本さんはお疲れのようなんで。（笑）

中沢　少し笑っていただけると激しく喜びます。

榎本　中沢さんはすぐチベット人になってしまうんでしょう。

中沢　仕事の質が違いますもん。オレがと言ってやっていたらダメな世界だから。

黒川　どうしてダメですか。

中沢　聞いちゃいけないこととか、そういうことを聞き出さないといけない立場でしょう。

黒川　騙すわけですね。

榎本　スパイ。

糸井　歩くＦＦ。

中沢　宗教スパイね。だから、やっぱりなりきらないとダメ。

黒川 なりきれるもんですか。
中沢 一時期ね。なってましたよ。チベット語しかしゃべらなくて。
糸井 チベット人よりチベット人らしいという。つまり女形だ。
中沢 あ、言える。
糸井 分かった。黒川さんの話を聞いて思ったのは、女が好きだから女になりたいというのはきっとダメですね。
中沢 でも僕は一時チベットの女形になりきっていたわけです。今考えると気持ち悪いんだけど、三つ編みしてたんだよね。中に赤い布を縫いこんでやってました。
榎本 ラマ僧になっちゃうわけね。
中沢 でもある時期からなりきれなくなりますね。
糸井 なりきっている時に、どうも自分は違うなというのはどういう時に発見するの。
中沢 それはオシッコの時ですね。チベット人は座り小便ですから。あれは難しいんですよね。立ってすることはチベットではすごく卑猥なことなんですね。
榎本 でも洋服はどうするんですか。
中沢 スカートだからね。めくって。
糸井 他にはなかった。
中沢 僕は倫理観あるでしょ。不倫じゃないから。勝手にベッドに入ってこられたら困るんです。でもチベットでは何もお礼は出来ませんけどみたいで、接待みたいにして、女性がベッドに入ってくることがあります。
榎本 でも中沢さんが行かれる街々では人口が増えるという噂があるから。
中沢 それは糸井さんでしょう。カルチャーランチ・クラブで、糸井さんが行く街では人が増えてます。(笑)

「カルチャーランチ・クラブ」
『日本文化デザイン会議'86広島ダイジェスト』

【談後感】副文化会議を標榜するカルチャーランチ・クラブに、黒川紀章が闖入。そうなると中沢新一という人は一段とやんちゃになる。石岡瑛子さんとの対談集『COLLABO』1号（一九九〇年）を作ったときも、いきなり戦闘モードに入って大騒ぎになった。権力的な存在にはやんわりと攻撃したり、茶化したりするのだ。まるで、北京オリンピックにコメントするダライ・ラマのように。

放置プレイの法則（一九八七年）

出席者＝糸井重里（コピーライター）　中沢新一（宗教人類学者）

糸井　長野、勉強、ものすごく好きだもんね。だってこういうとこで満員だもん、どこ行ったたって。

中沢　普通、勉強好きな奴は来ないいんじゃないですか、こういうとこ。

糸井　間違いやすいってことはあるかもしれないよ。勉強にもなるかもしれないって。（笑）それから、コンニャクの産地は勉強好きですね。土地が豊かじゃないから、いろいろな物がとれないので、とにかく人間を名産にしよう……

中沢　僕なんか山梨で、日本で二番目ぐらいに貧しいところなんだけれども……

糸井　林真理子を生んだじゃないか！（笑）

中沢　軽蔑されて、「そんなことしてると長野の人間のようになってしまう……」。（笑）すごく、対抗意識が強いの。それで、長野の人は松本に近づく山梨の人を軽蔑するんですね。民度が低い、金儲けしか考えない、腹黒い、二枚舌……

糸井 当たってるじゃない。

中沢 だいたい、当たってる。(笑)

糸井 そうすると、長野、山梨の戦いは、今でも林真理子、田中康夫で継続されているわけだ。

中沢 林真理子なんて、会ったりして話すと、「長野の人なんてイヤよ、すぐに信濃の国の歌を歌う……」。(笑)僕もあれ、イヤだった。長野県出身の先輩がいて、大学のコンパなんかで、盛り上がってくると必ず「歌います!」って言って、あれ始めるんですよね。

糸井 県民意識が強いわけ?

中沢 強い。それに、言ってもいいだけのものがあるんでしょ。山梨、ないから。

糸井 友達が取材でSMクラブに行ったんですよ。いろいろあるんだけれどもいろいろのほうは省略して、変わったのがある。裸で縛られて、ただその辺にいる人がいるんだって。で、「あれは何ですか」って言ったら、「あれは放置プレイだよ」。(笑)放置されてる喜び。(笑)それで、「構うんじゃねえよ」。(笑)放置プレイされる人の気持ちって、ほとんど宗教に近いよね。まず、しっかり服着て来るわけだよ。それで、受付でお金払って、着替えして、縛っていただいて、放置される。(笑)

中沢 近いかもしれないね。

糸井 近いよ。全部、頭の中でやってるわけでしょ。そのバリエーションはいろいろあるらしいんだよ。そのままエレベーターに乗せちゃってほったらかしにするとか。

榎本 それつらいね。次々に客が入ってきて、隅のほうで放置されてる。(笑)

糸井 それをしに、わざわざ背広着て来る人がいるっていうんだから……

榎本 それって、日常生活で放置されてない人なのかな。

糸井 かもね。それで、僕はもうちょっと進むとどうなるかと考えたわけよ。現場で放置されてるっていうのは、放置の仕方が生ぬるい。で、これからは電話予約。自宅で放置プレイをする。「もしもし、世田谷の中沢ですけど、一時からお願いしたいんですが」「会員番号をお願いします」「163の254です」「じゃあ、一時からですから、横たわっていてください」（笑）「一時間半ですから五千円、お振り込みください。二時半になったらお電話します」。（笑）ありうるよね。放置されてると確認できれば放置プレイになるわけだから、電話でもいいんだよね。

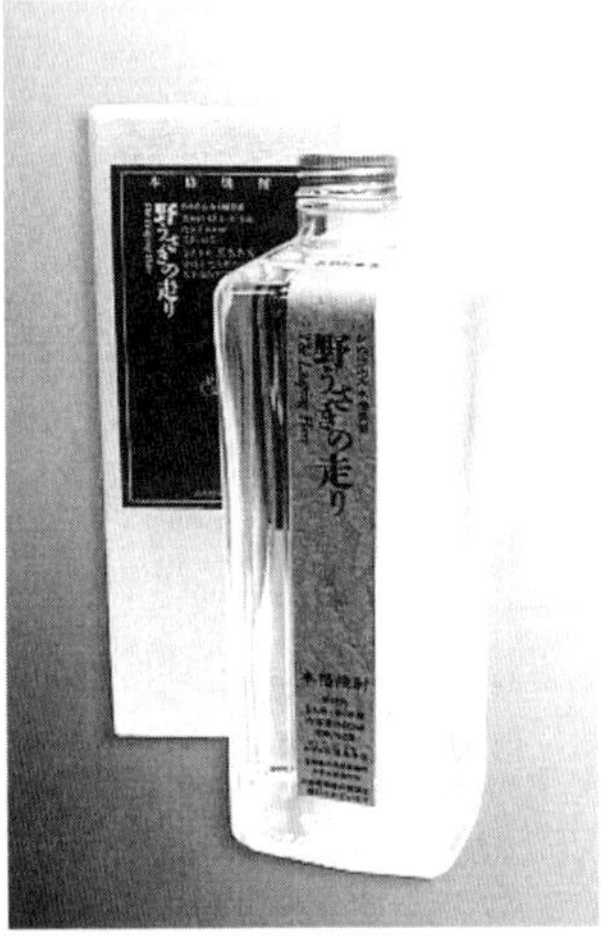

ネットで紹介されている「野うさぎの走り」

「カルチャーランチ・クラブ　よもや・よもやま話」
『日本文化デザイン会議'87長野ダイジェスト』

【談後感】 確かこのときだったと思うが、「百年の孤独」（もちろんガルシア・マルケスの大傑作の題名）という麦焼酎で評判になっていた宮崎の黒木本店の社長さんが、「野うさぎの走り」という米焼酎を持って中沢さんに会いに来た。「ふーん、でも「野うさぎの走り」は（確かに僕の本のタイトルだけど）あれはフランスの彫刻家フラナガンの作品タイトルだからね」と言いながら、歪んだ四角い瓶を見ていた。あとになって「野うさぎの走り」を私は飲んだが、42度の芳醇な旨みは「百年の孤独」より上だと確信した。今ではネットでしか手に入らぬ焼酎になってしまったが、恐ろしい高値が付いている。私もしばらく「野うさぎの走り」を飲んでいない。

牛もうもうもうと霧を出たりけり（一九八七年）

出席者＝糸井重里（コピーライター）　原田泰治（画家）
ビル・レイシー（クーパー・ユニオン大学学長）　芳賀徹（東大教授）

榎本　お生まれになったのは、長野の諏訪市ですね。

原田　それで、五つの時から飯田という小さな村に引っ越したんですけれども、それから中学一年まで、そこにいたのがすごく、絵のもとになってるんですね。

さっきの多田道太郎先生のお話伺ってて、自分の小さい頃を思い出してたんですけど、僕が一番良かったなって思うのは、村で育った時にね、足が不自由で、今は手術で良くなりましたけど、当時全く歩けなかったんですね。それで、ものを見る目が普通の子供よりあったんじゃないかと。今思うのにね。僕は描く絵がもの凄く細かいって言われるんですけれども、考えてみると、何かの辞典を見て描いたりってことはなくて、思い出すとずーっと映像で出てくるんですね、気持ち悪いくらいに。普通の子供だったら、そんな孤独感に耐える暗い時間なんて、良くないわけです。何かのモノを追ったり、山を駆け回ったり……そういうことができなくて、ジッとしてたことが、今の原点になってるのかなあと思って、逆に感謝してるんですけどね。

榎本　どういう風に記憶に入っちゃうんです？

原田　いや、気持ち悪いんですよねえ。本当、汚い話なんですけど、あの、牛がウンコしてくんですね、ドンドンドンとね。そこへ夕立がザァーっと来るんですよ。そうするとウンコが溶けてね、消化できない小麦の芽が、こう、残ってるとか。それから、足が悪いくせに非常に好奇心があったんですね。あぐりさんっていう、スゴい、村で美人のお姉さんがいましてね。学校でも結構有名でねぇ、二十歳ぐらいの……そのあぐりさんの家の前の道が、国道が傾いてるって言うんですよ。断面図からいって、こう、家の方へね。どういうことを言ってるのかと思って、僕は学校の帰りに、みんなに付いていてね、杖をつきながら、肩抱かれたりして行った。すると赤土の道で自動車の運転手さんがみんな、あぐりさんの娘さんを見たいためにハンドルを右の方へ切って、そのお家の方へ「あぐりさん」って言って顔を出しちゃね、自動車が行くもんですから（笑）道が全部、傾いちゃってたんですよねぇ。

糸井　本当の話ですか、それ。

原田　いや、ほんとほんと。

糸井　長野の民話かなんかじゃ。（笑）

原田　いやいや、今日は語り部じゃございませんのでねえ。

榎本　あぐりさんのお宅は農家ですか？

原田　農家。

榎本　アグリカルチャー。（笑）

榎本　えー、国際会議と言いながら、続々と日本の人しか出て来ない……というところでしたが、いよいよ出てまいります。クーパー・ユニオンの大学学長でいらっしゃいますビル・レイシーさんです（拍手）。えー、まずテーマを一つ書いていただきまして、それで、そのお話をしてください。

レイシー　それじゃあ絵を描きます。

糸井　ハンコも持ってますね。薬指に。

榎本　これは、ハンコーの精神ですか⁉

糸井　彫刻のようにも見えますが、日本のハンコのようにも見えます。ヤクザの人なんかもよくやってる……

レイシー　ベニスの都市計画が描かれてるんです。

糸井　これなんか、山に見えるけど、違うんだろうな……何だろう？
レイシー　山です。その通りです。ピンポンです。
榎本　ピンポンです？（笑）
糸井　あの、日本人が山を描き始めるとだいたい頭の奥に富士山があるんで、どうしても富士山の基本形から始まってしまうんですけど……崖のようなものから（笑）描き始めたという……。
榎本　アメリカの人にとって、一番象徴的な山って何でしょう？
レイシー　アスペンですね。
糸井　あー、ウマいことをおっしゃる。
榎本　アスペンにはアスペン・ツリーっていう、小さな葉っぱの木があって、それが風に揺れてすごくキレイなんですね。
レイシー　アスペンに行くと本当にくつろぎますね。街中全部、知り尽くしてますから。けれども実は、こちらに来ているアスペンデザイン会議のメンバーで、アスペンに住んでいる人は誰もいないんです。みんなL.A.やニューヨークやボストンに住んでるんですよ。
榎本　レイシーさんはどちらに？
レイシー　ニューヨーク、マンハッタンです。
糸井　はい。できあがりました。これはアスペンの風景なんでしょ？
レイシー　そうです、そうです。
糸井　でも、角度によっては長野にも見える。
レイシー　でしょうね。よく似てますから。ただアスペンはもっと小さいですが。
榎本　アスペン国際デザイン会議というのは、非常に大きなテントを作って、二千人ぐらい入りますか、それをメインに、それからいろんな会場で、やっぱりこれと同じような形でやっていきますよね？
レイシー　でも、こんなくだけた講演はやってませんよ。これはいいですね。来年はこういうのをやってみようと思ってます。
糸井　これはでも、疲れる人が二人ぐらい出ますよ。
榎本　これは本当、ヘラヘラ笑ってるように見えますけど、五時間の長丁場で、結構、ね……　でも、

平気でしょう。アメリカにも変な人がいっぱいいると思いますから。（笑）

榎本　今回の議長であります芳賀徹さんに来ていただきたいと思います。（拍手）

芳賀　議長の立場もありまして、いろんな会場を覗いてきたんですが、ある部屋に入っていくと、そこに大勢詰めてらっしゃるんで、これじゃあほかの部屋が空っぽじゃないかと思って隣を覗きますと、そこも一杯になっている。だから、何だろう？　会場以上に人が集まってるって感じでした。

糸井　そういえば、このリレー講演会も今回非常にいいノリで、いつでも盛況ですね。ほかによっぽど楽しみがないのかな。日本シリーズもあったのに。

榎本　それでは、色紙をひとつ。

芳賀　じゃあ、俳句を。「自由でも　スタイルでも」

糸井　「持って来い！」？（笑）

芳賀　「なく　秋の暮れ」と。

糸井　完成されてますね、なんか。俳号がおありになったりして。

芳賀　いや、「芳　賀徹」といいます。

榎本　あ、なるほど。「アントニオ・ガデス」っていう人がおりますが……

糸井　おー、いいなあ。

榎本　「ホー・ガテツ」の（笑）一句あります。「牛もうもう……」ってのも良かったですねえ。

芳賀　あ、あれ、いいですねえ。一茶の俳句ね。「牛もうもうもうと霧を出たりけり」という。一茶はね、国際問題を俳諧に詠んだりもしてる。あれは、一八〇四年ですか、ロシアのレザノフという使節団がやって来て、日本に貿易を開けと要求した。ところが幕府側は、なかなかそれにまともな返事をしなかった。で、さんざん待たされた挙句、ロシアはロクでもない返事を貰って帰った。その帰り道、いわば意趣返しに、北海道、樺太のあたりで暴れたわけですね。（笑）その、ロシアがやって来たことを聞いた時に、日本人はなんかゾッとしたんですね。やっぱりロシアってのは、その頃から恐ろしい国で。

糸井　オソロシア……

芳賀　うん。オソロシアだった。で、その時の一茶が作った俳句がね、「春風の国にあやかれ　オロシャ船」。日本は春風の国である。この平和な国へ来たのだから、オロシャの船よ、いつものように暴れ回らないで、おとなしく振る舞ってくれ、という。

糸井　ハァー、国際問題、語ってますねえ。

芳賀　ねえ。しかもこの俳句を読むと、今の新聞の投書欄なんかによく載ってる平和論と同じなんですね。「日本は平和の国である」。平和を唱えてると、なんか日本は平和であり得るような……そういうものの考え方っていうのは、一茶の頃からあったし、なんか日本庶民の、日本民衆の中に、いつもそういうパシフィストと言いますか、平和主義的な気持ちがいつもあるんじゃないか。それをあの頃に、一茶はもう代弁していたのかなあと思いました。ちょっと、まじめな話になっちゃいまして……どうも。

糸井　こういう授業だったら、学生ってのはいいなと思うね、本当に。学生やってたら楽しいだろうなァ。

芳賀　まあ、でも糸井さんや榎本さんみたいな人も時々やって来て、我々のゼミを活気づけて下さいよ。

榎本　ゼミそうしたいと思います。（笑）

リレー講演会「私のスタイル論」
『日本文化デザイン会議'87長野ダイジェスト』

【談後感】二〇〇七年に私は『春の画集』という俳句と掌編小説の本をまとめた。序文を芳賀徹さんにお願いした。この長野会議で議長として基調講演されたときの芳賀さんの俳句の話に衝撃を受けてのことだ。このときは俳句を自分で作るなどとは思いもよらなかったが、二〇〇一年頃から書き出して、さらに芳賀さんの『与謝蕪村の小さな世界』などを読んで、俳句の本を出すときは芳賀さんに序文を書いていただこうと、勝手に決めていた。ところがその前に、芳賀さんが学長を務めていた京都造形芸術大学で本当にゼミを持つようになってしまったのだから、わからないものである。

奇々怪々　講談「百物語」（一九八七年）

出席者＝神田陽子（講談師）　杉浦日向子（漫画家・江戸文化研究家）　萩原朔美（映像作家・エッセイスト）

榎本　ふんどしの話っていうのも面白いんですよね。

杉浦　ふんどしというのは江戸っ子の自慢なんですよ。ふんどしっていうのは贅沢品だったんです。ふんどしをしているというのは見栄のひとつで、よく江戸っ子はケツをまくると言いますよね。それはふんどしを見せるためだったんですよ。江戸っ子の大得意のポーズだったんですよね。（笑）粋人の集まりなんかになると、それぞれがふんどしにも凝るんです。普通の木綿のじゃなくてちりめんのゴリゴリしたような（笑）、絞めると痛いような。（笑）それで啖呵を切ってケツをまくって、あいつ緋ぢりめんのふんどしだとか言ってみんなぶったまげるんです。（笑）

江戸っていうのはそういった楽しくて馬鹿馬鹿しい時代だったということもわかって欲しいなと思います。時代劇だと切り捨て御免とか士農工商とか、暗い面ばっかり強調されてますから、もっと明るい江戸というのも見せたらいいと思うんです。

榎本　武士の文化がクローズアップされていて、町人の文化というのが伝わってきてないんですね。

杉浦　武士が町人にいばって、町人が武士を尊敬してたかというと全然違うんです。武士は公務員で町人は一般の自営業の人っていう感じだったんです。分業感覚で上下感覚はほとんど感じていなかったようですね。

榎本　神田さんは文学座から講談に行かれたわけ

ですが、そのきっかけは何だったんですか。

神田　たまたまうちの師匠の『レ・ミゼラブル』のテープを聞いて、そしたら血湧き肉躍ったんです。これこれ、これよ、みたいな…… それまで講談なんか見たことも聞いたこともなくって、だからいわゆる旧態依然とした講談は全く知らないし、それをやろうと思って入ったわけじゃないんです。杉村春子さんがやってたような舞台がやりたくて文学座に入ったんですけど、リアリティを重んじる時代で、ぜんぜん違ったんです。榎本先生って、シャレとかダジャレとかいっぱいお持ちでしょ、それ江戸っぽいですよね。

杉浦　それ、江戸っ子のクセなんですよね。江戸っ子っていうのはダジャレがないと会話が成立しないんです。ダジャレのひとつも言えない奴とは付きあうなって言われてたんですよ。ダジャレのために会話が進まないていうこともよくあったそうですね。「シャレはもうよしねえ」と言って仲裁に入る人もシャレが終わらないんです。（笑）

榎本　シャレはよしねえ屋の牛丼……。（笑）

萩原　杉浦さんの話でいいなと思ったのは、東京の舗装道路を一枚めくるとそこに江戸があるっていうの。五月革命のパリは舗石はいだら砂浜だったけどね。（笑）

杉浦　百二、三十年前にちょんまげのおじさんが同じ道を歩いていた、というのは驚異ですよね。

神田　江戸時代っていうのは明治時代なんかより近いような、親しめるような気がしますね。明治って、本当に一生懸命やってないと置いていかれちゃうような感じがしますね。

杉浦　西洋文明に追いつけ追い越せで、それまでなまけものだった日本人が無理しすぎたような気がしますね。

萩原　江戸時代は毎日が日曜日って杉浦さんおっしゃってましたけど、それもいい言葉ですよね。

杉浦　今は遊びの感覚というのが、つぎのいい仕事をするための休みで、それで鋭気を養って仕事に行くという感覚ですよね。でもそれは逆転なんですよね。当

熊野会議　左から榎本了壱、杉浦日向子、神田陽子、萩原朔美

時はとりあえず遊んでて、どうしてもおまんまが食べられなくなったら働くという感じなんですね。
神田　仕事が一番じゃなく、遊びが一番、電話は二番みたいな感じ。（笑）

「奇々怪々　講談「百物語」」
『日本文化デザイン会議'88熊野ダイジェスト』

【談後感】前章でも書いたが、このあと黒川紀章さんが合流して、「バンブーハウス」でアフリカの赤ワインを何本も飲んだ。そうだ！　ヒビノ君（日比野克彦）がやって来て、店の壁にマヨネーズやトマトケチャップで絵を描き出した。しばらくすると絵の具が店にとどき、ヒビノ君はずいぶん大きな壁画を描いた。と思って調べてみたら、ヒビノ君はこの会議には来ていない。きっとほかの会議のときのことが混同してしまったのだろう。それにしても日本文化デザイン会議にはこういうエピソードが山ほどある。「百物語」のひとつ。

境界線上の劇場論（一九八九年）

出席者＝朝倉摂（舞台美術家）　池辺晋一郎（作曲家）

榎本　日本ではこんど第二国立劇場（新国立劇場）が出来るとか、地方自治体でもちょっと大きな所はすごく立派な劇場を作り始めたりしていますけど、何でもできそうな空間というのはないですね。

以前、朝倉さんに「どんな所で芝居をやってみたいですか」と伺ったら「劇場じゃない所でやってみたい」とおっしゃってた。その時、そうか、劇場というワクは、劇を演じるためには非常にいいシステムを持っているけれども、何か新しいものを出そうとした時に、かえって、そういうことが妨害になるんだなという印象を受けたんですけど……。

朝倉　今でも同じ気持ちです。いま地方にできている文化会館というのに、ほとほと私たちは困っているんです。なぜかというと、多目的ホールといって何でもできる。バレエもオペラもできる。日本舞踊も新劇もできます。そう言って貸す。何でもできるということは何にもできないということなんです。それをいくら声を大にして言っても、わからないわけです。もう私は道ばたで芝居やった方がいいんじゃないかなんて、寺山修司さんの言っていることに戻ってしまうんですけど。ま、それも極端ですが、日本は、中で何をやるかということを全然考えないで劇場を作ってる場合が多いですね。

先日、グァテマラに行きました。ここに千人入るオペラハウスがあるんです。そのそばに三百人位入る小ホールがあり、その二つのホールの中間にイメージルームというのがありました。全然窓のない部屋で、片面が鏡になっている。それはカーテンで隠せるようになっています。ここは役者が自分のイメージを自由にわかせて、演技を研究する部屋なんです。私が行った時はどちらのホールも何もやってなかったんですが「毎日やるようなものはありますか」と伺ったら「ない」と。その時は一か月も二か月も閉めている。いいものが欧米などから来たらやる。その精神、とてもいいなと思いました。

池辺　これだけ情報がすばやく飛びかう時代になると、世界の人々がいろんな国の芸術に取り組めるようになるのは当然です。この会議に参加されている山城さんは十数年前にバリ島のケチャを自分たちで始めていますし、また外国にも、尺八を吹く人がいたりします。今日では、フランス人は尺八を吹くべきでないとか、日本人がヨーロッパの伝統音楽をピアノでひき、コンクールで優勝するのはけしからんなどと言う時代ではないと思います。しかし、音楽は国境を超えた芸術だといいますが、本質的には違うと思う。それぞれの民族の血とか、言葉遣いとかが必ずある。そういう民族の境界線があるとわかって、なおかつAの国の人がBのものをやりたい、その国の音楽の魅力にそまりたい、研究したいということがありうるだけで、国境がなくなるということではないと思いますね。

榎本　いま芸術のあらゆるジャンルで共通して起こっていることというのは、二つの言葉の関係として捉えられるんじゃないかと思うんです。ひとつはDNA。つまり、自分が学ばなくても、生まれながらに持っている能力。それともうひとつはウイルスという言葉。生命体を破壊してしまう能力です。だから潜在的に持っている能力が、外からウイルスが飛び込んだことによって異変してしまう。そういう状況が起こっている。ウイルスというのは新しい情報であり、自分が関係しなかった世界の出来事といってもいい。DNAという自分と自分の周辺の安定した歴史と、新しく飛び込んでくるウイルスである情報との関係ということで、現代を見ていくことができるのではないかと思うんですね。その関係の中で、人間は何を表現するのか、そして何に満足しコミュニケーションしていけるのか、このことがすごく問題になっていると思います。こういうことを音楽にしても、絵にしてもやっていこうとしている。そうすることで、もう少しわかりやすく自分たちの行為が見えてくるのではないかと思うんですけど……。

「スクーリング　デザイン（ステージ）」
『日本文化デザイン会議'89幕張ダイジェスト』

【談後感】野田秀樹から蜷川幸雄、市川猿之助まで、朝倉摂さんのその幅広い演劇空間造りには驚嘆する。そんなキャパシティがどこにあるのだろうかと思うほど小さな身体の朝倉さん。十五年ほど前からお近くに引っ越したので、ときどき道でばったりお会いする。今はシアター一〇一〇の芸術監督でもある。池辺晋一郎さんとは、小田島雄志さんと三人で、NHKのラジオで、ダジャレを出しながら、ダジャレの話をするという、恐ろしく過酷な舌闘技をしたことがある。クラシック音楽とシェイクスピアに挟まれて、私は頭の壊れた異星人のようにダジャレを連発するしかなかった。

『春の画集』のために朝倉摂さんに描いていただいた絵（2007）

島根会議（1991）　左から粟津潔、朝倉摂、日比野克彦。後ろの絵は３人のコラボレーション

混浴のアナキズム（一九九〇年）

出席者＝田中優子（日本近世文化研究家）

田中　残間（里江子）さんからプロデューサー向きの顔だと誉められた榎本さんですが……

榎本　僕自身はプロデューサーをしているという実感はあまりないんです。肩書きにプロデューサーを使うことに、躊躇してしまう。プロデューサーをやっている人って、嫌いな人やいかがわしい人が多いから。僕はいかがわしいのはいやなんです、清らかに生きたい。（笑）

田中　「アタマトテ」という、おもしろい名前の会社を持っていらっしゃるんですよね。

榎本　頭と手を使って仕事しようと思って付けたんです。

田中　その前は『ビックリハウス』をお作りになっている。

榎本　今の若い人は知らないんじゃないかなあ。あの雑誌で言葉遊びをずいぶんやりましたね。でも、言葉遊びをするやつって、一種の分裂症らしいですよ。（笑）それと、アナキスト。

田中　アナキズムというのは、江戸文学の真髄なんですよ。

榎本　へえ。

田中　「アタマトテ」では、言葉遊びを離れてイベント・プロデューサーのお仕事をなさっていますよね。東京都市学校を経営なさったり……

榎本　あれは学問じゃなくて遊びのようなものですね。（笑）僕は従来の学校教育というのが、あんまり好きじゃなかったから、自分が思い描く学校を実現させてみたかったんです。
田中 しっかり、月謝とかとっているんでしょう。
榎本 それはもう。儲けないとね。(笑)
田中 それ以外にも、どんなことをなさっているんですか。
榎本 最近きた仕事でおもしろかったのは、札幌で千坪のお風呂を造ってほしいという依頼でしたね。お風呂と聞いて、真っ先に思ったのが、混浴。そう考えると、もう混浴のことしか頭にない。(笑)
田中 いいですね。混浴というのは、新しいトレンドだと思いますよ。

「チェーン・トーク それぞれの道　第五部」
「裏道、横道、はずれ道」
『日本文化デザイン会議'90豊田ダイジェスト』

【談後感】 ちょうどこの頃、サッポロビール百周年記念事業の一環として、札幌にあるサッポロビール第一工場跡地の再開発「サッポロファクトリー」の、「サッポロスプリングス」という温泉のプロデュースをしていた。施設設備費総額二一億円という大きなプロジェクトだ。企画がまとまった段階で、設計を竹山聖に依頼した。この仕事の関係で、玉川学園から代々木上原に引っ越しを予定していた自宅兼アトリエの設計も竹山さんにしてもらう。田中優子さんとは次回・島根会議の議長・副議長だったので、この頃は頻繁に会議をしていたのだと思う。「東京都市学校」は原宿（FACEビル）で開講していた都市をテーマにしたユニークな塾だったが、その以前にも、一九八〇年頃から『SUPER SCHOOL』という塾をやっていた。私はこうした私塾のようなものが好きだったようだ。

自然発生した雨後の竹の子族（一九九〇年）

出席者＝加藤正一（豊田市長）　三枝成彰（作曲家）　杉浦日向子（漫画家・江戸文化研究家）

加藤　一つだけ、私から三人の方に、質問したいんですが。

道には交通の手段として、それから今の三枝さんのお話のように戦に使ってきたということがあるわけですが、道を楽しむということを考えたときに、楽しむという意味で道を使っていたのでは、たとえば竹の子族というのがいましたね。ああいう若者が現れてきた背景とは何か、誰かが裏で演出していたのか、それとも自発的なものだったのか、ということをお聞きしたいのですが。

榎本　竹の子族の発生の背景には、若い子たちがディスコから締め出されたっていう一つの事象があるんですね。で、ディスコに入りたくても、年齢制限や夜遅くまではいけないとか青少年法とか、いろいろあって、踊る場がなかったわけですね。そこでラジカセを持って、歩行者天国に集まって踊った。で、竹の子っていうお店の衣裳をみんな着て、グループをつくって競争し始めたというのが、始まりです。歩行者天国の一つの使い方ではあったわけですが、基本的には、法規によって自分たちの遊び場を失った子どもたちが、あそこに露出してきたっていうのが、第一の原因だったと思いますね。

三枝　始まったのは十二年前ですが、自然発生ですね。演出している人はいません。今は、ホコ天はバンド天国ですね。もう、世界的に有名な名所ですね。

加藤　けっこう道をじょうずに楽しんでいるという

感じですね。

三枝　僕がいいなと思ったのは、ああいうふうに、規制をしないということが良かったんだと思うんです。普通、ああいうのが始まるとすぐに、警察とか教育委員会とかが、青少年のために良くないといって介入するんです。そういった介入がいちばん、いけないですね。いま日本ではなんとかが危ないからやめよう、ということが多すぎますね。そんなことを言ったら、車なんか一年に一万人も死んでるんですから。

加藤　ヨーロッパへ行くと、道に絵を描いたりして楽しんでいる人が多いですよね。

三枝　日本は警察がいけないんです。警察がすぐ規制をかけるんです。劇場なんかもそうですが、ともかく事件が起こらないということだけを考えてるんです。

榎本　だいたい、劇場なんて事件を起こすところなんですよね。

三枝　だから、日本というのはそういう意味で先進国じゃないですね。先進諸国というのは、そういうところに非常に自由ですね。

加藤　街づくりという話をしますと、これだけ地価が高くなってきますと、広場というものを取れないんですね。ですから、道路を広場としてじょうずに使っていくといいと思うんです。

三枝　広場を持つというのは、基本的に馬車文化なんですね。つまり、駐車場としての広場ですね。

杉浦　日本は辻の文化ですからね。人が集まるのは、辻だったんですよね。やはり、西洋と東洋の違いということで言いますと、西洋の道は戦争のためにできた一直線の道ですよね。そういう西洋的な考え方に、日本人なんかはやっぱり無理しないと、ついていけないのかなと思いますね。

「道×楽のクロスロード　道を感じる、道を楽しむ」
『日本文化デザイン会議'90豊田ダイジェスト』

【談後感】この分科会が終わって舞台の袖に入ると、加藤市長（当時）から、「榎本さん、豊田の街づくりに協力してもらえんかね」と言われて、以後八年間「国際 international」ではなく、都市間のネットワークを重視した「市際 intercity」を提唱した「豊田文化デザイン会議」をプロデュースすることになる。そこで出会った宮田則夫さんや、内藤文明さんらとは今でも付き合いがあって、加藤元市長を囲む「かとうクラブ」という飲み会を今でも年に二度ほど開いている。

神亡き後のアート（一九九〇年）

出席者＝伊東順二（美術評論家）

伊東　十九世紀末にニーチェが「神は死んだ」と叫びましたが、神がいない時代の人間の迷いを映像化していくのがアートというふうになって表現する相手が変わってきた、という感じが現代美術だと思います。また自己主張のみ強い人がアーティストになってきた。しかしやはりそれにもある程度限界があります。つまり個人のなかに芸術表現を落としこむということ自体、限界があるわけです。そのなかで宗教といったような一般化できる形而上学というのは大きなテーマになるんじゃないかと思います。

榎本　宗教というのはある意味で便利ですよね。宗教をしてれば、あらゆる不安から逃れられるという価値をそこで発見できるわけだから、すごく便利なんです。自分のなかの深いものと対峙していくというのがなくなってしまって、そういうことを神とか仏という存在にあずけてしまうというのは、もったいないことじゃないかなという気がするんです。楽しいこととか、うれしいことだけを自分で持っていて、つらいことは人にあげるというのはもったいないと思う。アーティストというのは、ひとり一宗教のようなクリエイティブな面があるんじゃないかなと思うんですけど。

伊東　僕は、アートというのは大きな範囲で求められていると思うんです。それはなぜかというと、今の人間というのは、一方向からの刺激だけでは満足できないんです。たとえば映画というのは総合芸術です。アートも同じように、すでにただ視覚だけの表現だけでは満足できていないところに、みんなの期待がかかっていると思います。

榎本　アートのおもしろいところは、ある意味では「オタク」だと思うんですね。アーティストというのは元祖オタクみたいなもので、自分の世界にいかに濃密に閉じ籠れるか、あるいはこだわり続けられるか、という能力を持っている人がアーティストだと思うんです。でもそういう資質というのは、今の社会に対して反社会的な力なんですね。今はすべての人とうまくコミットできるような、全体的な人間が求められている。ところが、アーティストというのはどうもそうじゃない。そうじゃないパワーをアーティストは感じるんじゃないかと思うんです。だからテクノロジーが発達しても、新しい表現が出てきても、結局はとてもプリミティブなオタク部分のアートに再び引き戻されている、という気もするんですけど。

伊東　そうですね。ただ、新しいツールを求めていくのもアートだと思うんです。アートというのは、テクノロジーというものを使いこなしていくものだと。しかしテクノロジーがテーマになるようなアートになるからおかしいんだと思います。たとえばモーツァルトだって、当時のいちばんのハイテクであるピアノを使っていたんだ、というのもありますね。

「アートドライブ　屋台アートをめぐって」
『日本文化デザイン会議'90豊田ダイジェスト』

【談後感】 このトークの日、三枝成彰さんが豊田市の広いエリアを使って音楽祭を展開した。私と伊東順二はそのパフォーマンスを追っかけているうちに、自分の出番のトークに遅刻しそうになってしまう。偶然、加藤市長が公用車で会場の市民会館に戻るのを捕まえて、その頃出始めた黒のセルシオに便乗させてもらい難を逃れた。すでに日本グラフィック展の審査などをしてもらっていた伊東順二とは、この頃から親しく付き合うようになり、彼もデザイン会議の中心的なメンバーになっていく。

メディア・サバイバル宣言（一九九一年）

出席者＝三宅理一（建築評論家）　田中優子（日本近世文化研究家）　黒川紀章（建築家）
河原敏文（CGアートディレクター）　高松伸（建築家）　竹山聖（建築家）

田中　「神話と物語」というのをやったんですが、地元の神話研究をしている方と対立がありました。私は世界のものと比較して、どこが同じかということも含めてやったほうがおもしろいじゃないかと言ったんですが、地元の方は「ここにしかないもの」のほうが地元の活性化に役立つという立場でした。

それから高齢化の話もしました。不老長寿の長寿ばかり話題にされていますが、不老、高齢になるまで活発に仕事をするにはどうしたらいいかという問題も出てきました。

黒川　毎年文化デザイン会議に出かけますが、いかに夜行われる都市計画が大事かを実感しています。人間は、寝る直前に猛烈に発想が出てくる夕イプが多いんです。今回のメンバーは夜行性が多くて、夜になると頭が冴えてくる。会議もすべて終わったあと町全体に散らばっていって、いろいろなところで新しい発想が議論されたんじゃないでしょうか。

河原　僕はコンピュータ・ウィルスの話に出たんですが、ウィルスというのは一つの警告じゃないかと思ってます。コンピュータほど早く普及した道具はないと思うんですが、ウィルスはそんなに一度に発達するなと警告してると思っています。「みんながパソコンを持ったら誰が支配層になるんだ」という質問もされましたが、脳というのはどこに中心があるかまだわからないそうです。これからパーソナル化していく社会も、中心がどこかわからない。全体として機能するものになるんじゃないかと思います。

榎本　体の中の何億という微生物が生きるために人間という体を維持している、という言い方を読んだことがあるんですけど、だから、火葬はすごくよくないといいます。土葬なら何割かの微生物は生き残ってまたほかの世界へ出ていける。僕が思うに、それがメディア・サバイバルなんじゃないでしょうか。生と死の間には物質として循環していくものがあるんじゃないかと感じました。

高松　粟津さんが「海を救え」というキャンペーンを全国各地でやられる話をされていましたが、メディアというのは具体的な運動なんだなという感慨を強く持ちました。僕は島根へ「帰ってきた」人間ですけど、宍道湖、松江あたりは大変もったいない場所だったんだと気づきました。このぜいたくな環境をもう一度見直して、その環境とともに生きていかなくてはいけないなと思いました。

竹山　僕は都市を物語として読もうという話をし

たり、一夫一婦制が正しいかという話にもなりました。家族が変われば生活が変わってくる。おそらく二十一世紀は違う都市のプログラムが出てくるんじゃないかという話も出ました。

そのあと出雲大社へ行ったんですが、出雲大社はバックシャンですね。神社の真後ろにはスサノオの命が祭られていますし、大社造りの神殿自身が異形のかたちをしています。ふつう聖なる場所はシンメトリーの形式を取るのですが、まったく関係ありません。非常に不思議なつくり方をしていて、どこから見ても新しい発見ができました。

河原　メディアがパーソナル化すれば誰でも権力者になれると思うけど、そのときの権力者の定義は、みんなのためになることを力強く発言し、リーダーシップを取れる人ということです。ここにもいいものがいっぱいあるから、どなたかリーダーシップを取ってください。

榎本　メディアが変われば社会構造も変わりますが、そういうときに地方が東京と対峙出来る立場に立つのではないでしょうか。すばらしいソフトを発信する人が何十人か住めば、地方の町もいっぺんに注目を得られますよね。

竹山　ニューヨークにいる女の子に聞いたんだけど、ニューヨークが魅力的なのは自分の意思で選びとって住んでいる町だからだそうです。ものがよければ人が来るのかもしれませんが、最終的にはどういう人がいるかが重要だと思いますね。

三宅　よそから入ってくるというのもありますが、こちらから人を送るというのもある。出雲のユダヤ化、アルメニア化を考えたらどうでしょう。

田中　大田市では義手義足をつくって輸出されている方がいましたし、カントリー風の小物をつくって売るとか、コンピューター・ソフト会社もありました。「地元発」のものをつくっている方がいて、そういう方たちが増えれば問題ないような気がします。未開拓なエネルギーみたいなものをすごく感じました。

黒川　最近特に感じるんですが、われわれは日本とヨーロッパ、アメリカとの違いを強調し、日本の中では東京と地方の違いを強調しようとしますが、本当は嘘だと思います。そんなに情報はきれいに分かれていない。ヨーロッパの人と日本人が理解できるのに、日本人同士がコミュニケートできない。こういうことをつくづく感じるようになりました。必要なのは、少人数のコミュニケーションがいろいろ出来てきて、それぞれが異質だということを認識することではないかと思います。みんなが同じならメディアは存在しません。違う考えのあるところでメディアは流れるわけです。メディアを発展させるためには、違う個性のグループを発見することです。メディア・サバイバルというのは、非日常体験を日常化し、自分と違う考えを持った人たちに対する寛容性を養うことだと思います。その可能性を持った人だけがサバイバルできる。前衛を受け入れ、一人ひとりにある前衛性を思い切って自分たちの中から発見することです。エッフェル塔のように前衛はすぐ過去の歴史になってしまう。クリエイティブなものは次の世代が保存しようとしてくれます。

榎本　自分たちが生き延びていくための道具が、メディアと言い換えられるのかもしれませんね。人間がサバイバルしていくために何を発見し、何を使っていくのか。それが今回の会議で少しでも語れたら大成功だと思います。

「総括シンポジウム　メディア・サバイバル宣言」
『日本文化デザイン会議'91島根ダイジェスト』

【談後感】 前章でも書いた混乱の島根会議、三日目の総括会議の記録である。黒川さんも私もほっと安堵したような語り口である。この地で私は李白酒造の田中竹翁さんと出会い、毎年銘酒をいただく幸運が続いている。こうした地域を支えるモンスター達が、本当の意味で地道に日本を支えているのである。「がんばれ日本！」は、オリンピック選手のためにあるのではなく、地域のまさに肝の入った、モンスター達への声援でなくてなんであろうか。

ダジャレの文化人類学（一九九三年）

出席者＝杉浦日向子（漫画家・江戸文化研究家）　山口昌男（文化人類学者）　荻野アンナ（作家）

榎本　今日はこのデザイン会議の中で唯一冗談が許される箱です。すごく真面目に遊びの話をしている最中でも、冗談を言っていいということになっておりますので。みなさんで座布団の取り合い、匙の投げ合いをして、うまくいった場合には謝辞を言う、というふうにお願いします。シャーじっと聞いてないで……

杉浦　私、すごくトロイので、ダジャレはなかなか言えないんです。

山口　トロイの美女とか……。

荻野　ダジャレのペレストロイカって。

山口　後白河法皇が採集した『梁塵秘抄』に「遊びをせんとや生まれけん　戯れせんとや生まれけん　遊ぶ子供の声聞けば　我が身さへこそゆるがるれ」というのがありますが、子供は遊びの天才だと言いますよね。

榎本　子供たちが遊びの天才。じゃあ大人たちは遊びの人災……　考えすぎたらおもしろくなかった。江戸の遊びということで、杉浦さん、どうですか。

杉浦　江戸でできた遊びの観念というのは、結局無駄なことなんです。暇をつぶすと言いますね。暇を生かすとは言わないです。暇を生かして役立ててしまっては仕事になってしまう。暇を純粋につぶすのが遊びなわけなんです。子供が遊びの天才ということですけれど、江戸での遊びというのは逆で、隠居した世代がつくるもの、現役を引退した世代の特権だったんです。隠居文化ですね。

遊びにおいては、上達してはいけないんです。さっき榎本さんが控室でチラッとおっしゃっていたんですが、うまいダジャレはダジャレじゃないって。それが本来なんです。ダジャレの駄は駄菓子の駄ですよね。ダジャレがダジャレであり続けるためには、上昇しない螺旋運動を絶えず守るというのが大切なことだと思うんです。

榎本　本当にそうで、ダジャレの極意は下手であり続けることじゃないかと思っています。僕は「御駄理論」というのを持っていまして、言葉に御か駄をつけると、そのものが上品になったりそうでなくなったりする。菓子という原型があって、御菓子、駄菓子というふうになる。洒落も、御洒落、駄洒落……。

荻野　私も職業自体が遊びでございまして、さっきの「御駄理論」でいうと、駄文学ですね。だいたい、私のイメージというと、芥川賞をいただいたときに「あっ賞!」と言った、「ダジャレの荻野」と枕詞のようになってしまって。御純文学に駄洒落を入れて矛盾文学になっちゃう…… 自分で言っていて、空白になるって怖いですね。さっき、控室で言っていたんです、アルツハイマーだ、若アルツだって。そしたら榎本さんが若アルツ貴アルツって。

榎本　こういう冗談ワカアルツ?

荻野　そういえばビールがありますね、となって。♪アルツーアルツーアルツーアルツー……忘れるんだな、これが。

榎本　忘れるんだな、これが。(爆笑)

荻野　控室の研鑽も無駄じゃなかったですね。で、私は慶應義塾大学でフランス語の駄教師をやっているんですが、フランソワ・ラブレーの『ガルガンチュワ物語』を使いました。このラブレーという人は、酔っ払いにクダを巻かせたりとか、名前の羅列、それもヤサイ・キライノスケ、ロクデナシ・ナシキチとか、磯野カツオや則巻アラレちゃんのようなのを二〇〇並べて一章、とかやるんです。第五章なんて、題名が「酔っ払いがクダを巻く」という、まさにそれだけの内容で、「さあ注げ」「一杯やってくれ」

とか「こっちにも回せ」、それだけなんです。誰が言っているのかもわからない、ただ単に「飲むぞ」「永遠に飲むぞ」「喉が渇くのが先か、飲むのが先か」なんてことを何頁も続けている。真面目な人は、何でこんな「村さ来」の酔っ払いおやじの戯れ言みたいなのが文学だって言いますよね。でもそんなのもあっていいんじゃないかというのが私の駄文学で、私がやりつつある螺旋ですね。ラッセンばかりでごめんなさい。チャンチャン。

杉浦　今の並べるのって、江戸の「づくし遊び」ですね。魚の名前だけで手紙を書いて送るとか、それに野菜の名前だけで返事を書くような。

榎本　寿司屋の茶碗。私はあなたと鯉したい。鯉してあいなめいたしましょう。あれですよ。

荻野　鯖サバした関係になりたいとか。

榎本　十一月だ、酒をノメンバーとかね。

荻野　もうこれ以上ダジャレはデッセンバー。

榎本　ジャ、ニヤリーニヤリーしていよう、なんて。もうよしましょう。

「遊びのカタチ　○○からダジャレまで」
日本文化デザイン会議'93山形ダイジェスト

【談後感】　山口昌男さんは学術界では知る人ぞ知る大ダジャレスト。文学界の大江健三郎と双璧と言われる。もう一枚加えるとしたら、英文学者でシェークスピア翻訳者・小田島雄志ということになるのだろうか。しかししかし、私の知る限り、私のダジャレに拮抗し、さらにそれを超える勢いを示したのは、荻野アンナただ一人である。この会議の前日、飢える噛むパーティのある会場までバスで約三十分、会場で一時間半、またバスで三十分、ホテルのバーでさらに一時間半、それでも足りないでホテルの部屋で、さすがに二人ではまずいので近くにいた立花ハジメを拉致して一時間いや一時間半、初めは楽しかったハジメさん、さすがラチあかず途中退散してしまったが、途切れることなくダジャレ合戦に狂じた！（もちろん、手なども握る暇もない！）そのあとの、二日続きのセッションだった。

荻野アンナさんとは『広告批評』の、確か「日本人を笑わせろ!」という特集で、鴻上尚史さんと三人で話したことがある。このときも、荻野バーサス榎本のダジャレ合戦になってしまい、鴻上さんは行司に徹底した。確か二時間ほどで、200以上のダジャレが飛び交った。内容、いや手元に雑誌が見つからないので、再録はしない。年齢の関係からアンナさんは私を「ダジャレの兄」と呼んでくれたが、馬生師匠の弟子で金原亭駒ん奈というれっきとした芸名もあるアンナさんにこそ「ダジャレクイーン」の称号を私は贈りたい。『すばる』(二〇〇七年十月号)に発表されたアンナさんの『殴る女』を読んで、表層言語ではなくすでに文学の深層にまで、ダジャレの構造が堅牢に構築されているのを知り、涙が出るほど嬉しかった。アンナ女は、二人と知らない!

広告表現の局地化(一九九五年)

出席者=田中一光(アートディレクター) 中島信也(CFディレクター)

中島 海外のCMを見せてもらうと、人間に共通したおかしさや悲しみなど、基本的な感情をベースにしていて、面白いものが多いのです。いま海外と同じ広告の土壌で、映像を通した表現をするとき、海外と同じ方法で広告を成立させることは難しくはありますが、日本は閉じこもった世界にいるような感じがしています。

榎本　ですが僕は、今後の表現は局地化していくのではないかと思います。ひとつの状況や風土、環境が生んだものに対して、汎用性のあるもので伝えていくのではなく、非常にセグメントしたものを、特別な変換装置を付けて「それ用」に出していくことで、局地化していく必要があるのではないのかなと思うのです。

田中　それは文化全体にも言えますね。いままでの、誰もが同じようなスタイルのインターナショナル共通項という意味ではなく、まずそれぞれがアイデンティティを確立させ、その中からひとつの共通項を見出す方向に向かっていると思います。

中島　私は「表現の局地化」が、どんなメディアを通じて広告活動をするかということもすごく関わっていると思います。それは映像媒体だけではなく、いろいろな意味でネットワークが進んでいると思うからです。情報ネットワークが進むと、そこから送られてくる情報の価値はどれだけ汎用性があるかではなく、どれだけ届くかになります。ですから対象を絞り込んだほうがいいというあり方も出てくると思うのです。

榎本　実際的には、ポスターの刷られる枚数などおそろしいほど少ないですよ。貼られる場所は駅構内や電車内などに限定されてしまうわけですし、普段電車を利用しない人は見ることのできない世界なわけです。それでも広告が存在していることの意味とは何なのだろうか、というところでのおもしろさがあると思うのです。一枚の紙の裏に潜んでいる人たちの能力や才能、感性などが見えた瞬間、あるいは見えないけれどもそういう存在の力を感じた瞬間に、広告が力を発揮していくのではないかと思いますね。

田中　テレビコマーシャルは、ある種のわかりやすさやポピュラリティを、どこかに持っていないとみんなが見てくれなくなります。けれどもグラフィックは、駅でちょっと見るだけであったりして、非常に偏ってきている気がします。いい意味ではアート化

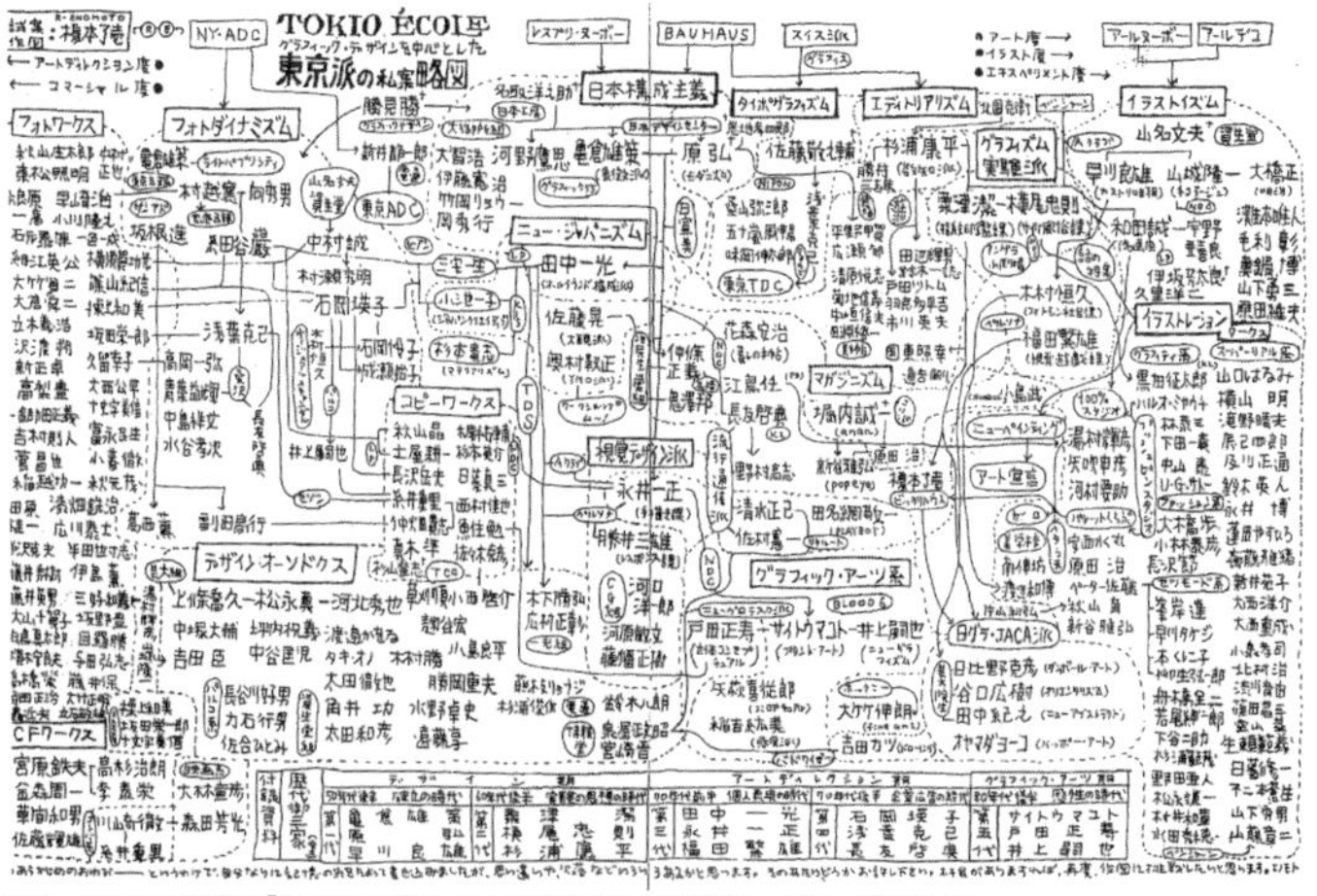

田中一光さんの指名で『たて組ヨコ組』のために作成したデザイナーズマップ（1990）

していることなのだけれども、一般化された言葉にはなっていないように思うのです。

「アート アンド デザイン　広告のシリアスとユーモラス」
『日本文化デザイン会議'95群馬ダイジェスト』

【談後感】真面目で厳格な田中一光さんの雰囲気に、気鋭の中島信也も神妙な語り口。私も公式な席での田中一光さんとのセッションは一度か二度。話の内容からも、いかにもデザイナーらしい、アート化するデザインを批判している。現在のデザイン事情を見たら、きっと一光さんは気絶してしまうのではないだろうか。気絶する前に亡くなったのが幸運なのか、田中一光のような人がいなくなったから、デザイン界がこうなったのか。

変態少女ダンスの世界（一九九六年）

出席者＝黒川紀章（建築家）　香山リカ（精神科医）

榎本　僕は、「珍しいキノコ舞踊団」の初期の作品を見たときの印象がすごく強烈でそれから取り憑かれたようにキノコ探しばかりをしていると言えます。

香山　私は自分があまり身体を使うのが上手じゃないものですから、身体でいろいろ表現できる人に憧れていました。生まれ変わったら、ダンサーになりたいと思っているほどです。

榎本　そうなんですか。そして、もうお一人は黒川紀章さんです。

黒川　仕事がうまくいかなくて、頭に来たときには、一人で踊っています。

榎本　どんなのを踊っているんですか？

黒川　けっこう今公演されたのと似ていると思います。（笑）

榎本　ダンスの構成では、二人一組くらいで同じような動きをする部分もあるけれど大半はバラバラに踊ります。黒川さん、これは共生の思想じゃないでしょうか。

黒川　いや、僕が想像していたのと違って、ダンスがすごく奇麗なので、ちょっとびっくりしたのと、がっかりしたのと両方なんですね。バラバラなんだけれどすごくおもしろいダンスだなと思っていたんですが、まず気がついたのはみんな同じ靴を履いていること。とてもびっくりしました。次に驚いたのは、一つの振り付けの単位が繰り返し出てくること。歌舞伎の型のようにね。それはもちろん成熟しているっ

ていうことなのかもしれないけれど、キノコっていうのはもう少し無茶苦茶だと思っていたので。（笑）

一番良かったのは、疲れたときにイスに腰かけたり、下に寝てるでしょ、あれはいいと思いました。振り付けではなくて、ほんとに疲れた人が適当に休んでるっていうのだったら、もっとおもしろいなと思いながら見ていました。

榎本　数年前のキノコは超学芸会みたいなおもしろさがあったんです。ですから未熟な、へたくそだけれども、ここには舞踊家たちが忘れている何かが潜んでるぞっていうような、ヒントを秘めた舞踊団だったと言えると思うんです。

黒川　全体の芸術、建築も含めて、芸術っていうのは、普通の人には絶対分からない、到底まねもできない、特殊な人がやっていて、それを皆でかしこまって天才たちを鑑賞するっていうのが古典的な時代だったと思うんですね。でももう、素人とプロとの境界線が曖昧になってる時代に我々は生きてると思うのです。キノコもそこがおもしろいのだろうと思います。でも今日見たのは、まねできそうで、やっぱりできない、プロの美しさのようなものがすでにできてきています。でも僕は、例えば食べられるなと思って食べたら死んじゃう毒キノコのように、ちょっと毒があった方がいいですね。

榎本　今日香山さんに登場していただいたのは、ぜひとも彼女たちのダンスを観て、その病状の分析を。

香山　いやいや、そんなこと全然感じなかったです。最初に榎本さんが「変態少女」っておっしゃいましたが、七〇年代から八〇年代にかけて、いわゆる少女論が盛んでしたけど、少女たちの側から提示してくるような芸術って、なかったように思うんですよ。それが今日、いろいろあった少女論の総決算を絵巻物のように見せられていると感じました。

黒川先生から同じ靴はいていると言われていたけれど、制服っぽいような同じものを着たいという気持ちとか、でもバラバラでありたいとか、仲良しのようでいて何かちょっと蹴飛ばしたいような感じがすごくおもしろかったです。

岐阜会議　「珍しいキノコ舞踊団」のステージ（1996）

「珍しいキノコ舞踊団の世界」
『日本文化デザイン会議'96岐阜ダイジェスト』

【談後感】コンテンポラリーダンスなど見たこともない黒川紀章さんにダンスを見せたかった。同じ靴を履いていることを気にするなど、変なことが気になるんだなと思った。「仕事がうまくいかないときは踊っている」「食べられるなと思って食べたら死んじゃう毒キノコ」というコメントもいい。若い香山リカさんはちょっと遠慮した感じ。この日本文化デザイン会議には、江原朋子、菊地純子、勅使川原三郎、美加理といった人たちにパフォーマンスをしてもらっている。キノコのみんなには、二〇〇二年に六本木で開催したデザイン会議のときに、東京メトロの車両の中で踊ってもらったこともあった。言語をよりどころに生きている学者、文化人には、身体性で生きているダンサーが一番誘惑的な存在ではないだろうか。

欲望の鉱脈（一九九八年）

出席者＝西川りゅうじん（マーケティングコンサルタント）

西川　山師というと、一山当てるということばかり強調されていますが、私は鉱脈を探す人という意味にも注目したいんですね。どんな仕事でもポイントというのがあると思いますが、そういうポイントとか鉱脈を探し当てられる人は一山当てて、また次も、その次も当てることができます。一生のうちに一山当てるだけではなく、次が大切なんですね。だから、現代の山師は、鉱脈を探し当てて、山を当て続けられる人が本当の意味で山師なんだと思います。今、難しい時代だと言われますが、そういう時こそ山師がファイトを燃やす時です。でも、最近、何でも不況のせいにする人が多くて……

榎本　この不況者めがっ。（笑）

西川　仕事がうまくいかないのも、夫婦の仲が悪いのも、子供の成績が悪いのさえも、不況のせいにする。これを不況活動（不況の布教）と言います。

榎本　昔の山師の原動力は、自分の欲望を満足させることだったと思います。現代の山師は、一般の人たちの心をくすぐって、みんなの欲望を実現してくれるかもしれないという期待を抱かせることが、大きなポイントではないかと思います。だから、山師が探し当てる鉱脈というのは、みんなの持っている欲望とか、心の奥底で飢えているもののことを言うんだと思うんですね。例えば、島根のたたら製鉄は、中世、戦国時代から近世に至る産業革命を起こしました。その時代の山師は、単に山を掘り当てるということよりも、武器を供給するという大きなニーズに対して、新しいシステムを自分たちが入手できるかどうかという、非常に大きな命題を背負っていたわけですね。今、みんながコンピュータこそ、世界や次世代を大きく変えてくれるシステムになるんじゃないかという思いを抱いているとしたら、やはり大きな欲望の鉱脈になると思います。

「山師の系譜」
『日本文化デザイン会議'98秋田ダイジェスト』

【談後感】このセッションには、三枝成彰さんや、秋田市長の石川錬治郎さんがいた。私や、西川りゅうじんさんは山師と思われているところがある。「一山当てる」という欲望を職業としている風情があるのだろうか。ないものを生み出す錬金術師のようにでも見られるのだろうか。

大阪の若草物語（一九九八年）

出席者＝コシノアヤコ（ファッションデザイナー）　コシノヒロコ（ファッションデザイナー）

榎本　アヤコさんは、世界的なファッションデザイナーを三人も育てて、しかも自らも現役でデザインの仕事をされているということで、これは本当に驚異だと思うんですけど、その子育ての秘訣をうかがえますか。

アヤコ　秘訣なんて全然ないんですよ。この子たちが子供のうちは、私があんまり忙しいものですから、ほったらかしておいたら勝手に育ったんです。それぞれの育った環境の違いが個性として作品ににじみ出て、ほっといたのがよかったんじゃないかなと思います。

ヒロコ　私はいつも、気が付いたら親がいなかったという状況でしたね。残された姉妹三人で何とかしようということになると、ジュンコは私の喧嘩相手で、ライバル意識も強かったんだけど、ミチコは小さくてちょっと可哀そうだった。だから可愛くてしょうがなかったんです。

榎本　お母さんを含めて、この四人組は、大阪の若草物語って感じがしませんか？

アヤコ　そうみたいですね。どこへ行っても、私が長女という感じなんですよ。本当は私は、この人たちには私の仕事をしてほしくはなかったんです。私も辛い思いをしてきてますから、違うことをしてほしかったんですけどね。それに、私は商売が下手で、お客さんからお金をもらえないんですよ。誉めてもらうと、タダであげてしまう。お金をもらうと、自分の芸術が死んでいくように思うんです。

榎本　商売にならないじゃないですか。（笑）

アヤコ　それがコシノ流の気のいいところなんです。うちはみんなそうなんですよ。

ヒロコ　お金をもうけようとか、全然考えたことがないんですよ。やりたいことがあれば、お金がなくてもやりたいわけ。やりたいという目的が一つあるだけで生きていけるんです。でも、あとになって、お金がちゃんと入ってくるんですよ。親がそうだから、子供もみんなそうなっちゃうんですね。

榎本　それが商売の秘訣なのかな。

アヤコ　お金があってもなくても、心だけは豊かなんです。潤ってるんですよ。

榎本　アヤコさん、今、八十いくつ？

アヤコ　八十五歳。でも、本当に健康なんですよね。二週間ほど前にフランスから帰ってきまして、あくる日に小倉へ行って、次に郡山で講演して、それで青森に参りました。
ヒロコ　人から要求されてる時が花ですよ。そういうことが私たちも嬉しいし。私はいたわってあげるのが親孝行だとは思ってないんです。好きなようにどこへでも行ってちょうだいって、いつも言ってるんですよ。
アヤコ　地方へ行くと、みんな、私にパワーを貰いに来るんですよ。パワーというのはあげるほど湧いてくるんだそうです。二十一世紀になったら私は八十八歳になるんですね。そうしたら振り袖を着て、大いに張り切ろうと思ってるんですよ。

「アップルパイ――家族の異話感〈対談〉家族幻奏」
『日本文化デザイン会議'98青森ダイジェスト』

【談後感】コシノ家次女のジュンコさんとは以前から少しお付き合いがあった。うちの息子たちがロンドンに留学するときも、いろいろアドバイスいただいた。でも母上、姉上と同時に会うのは怖かった。お会いしてみると、アヤコさんは肝っ玉おっ母どころか、たおやかなゆったりとした女性だったし、ヒロコさんはまるで50年代のハリウッド女優のように魅力的だった。

ウソも方言（一九九八年）

出席者＝伊奈かっぺい（パーソナリティ）　山上進（津軽三味線奏者）　つボイノリオ（パーソナリティ）

榎本　そう言えば僕は二十歳ぐらいのときに五日ほどこっち（青森県）の知り合いの家に泊まっていたことがありますが、おかしいことに自分の名前を呼ばれてるのに気がつかなかったという。僕は了壱と言うんですけど「了ちゃん、了ちゃん」と呼んでくれてるんですよ。でも「了ちゃん」とは聞こえないんですね。自分の名前を言われてもわからないところというのはすごいなと。そういうことがありました。

山上　了壱でしょ。津軽だらね「りぇっつあ」。

榎本　それですよ。

伊奈　それっくらい短くなんね。

榎本　わからないですよね、それは。特に寝起きですからね、どうしたんだろうと思っても答えようがなかった。

山上　「りぇっつあ、やとおぎろってや。何時まで寝ちゃだいしってや」って。

伊奈　津軽弁は標準語、共通語にない発音があって、それが随所に入ってくるからわかりづらいんじゃないですかね。例えば木造町ってありますけど「きづくりまち」とは言わないんですね。木造の人は「きしんでぃくり」といいます。（笑）東京の人には発音できませんね「きしんでぃくり」は。それに「まみむめも」に濁点するような発音もありますからね。

山上　「早く食べてしまいなさい」は、「はやぐ食ってまゞりや」。

つボイ　こちらでは太宰治さんが有名ですけれど、あの人がペンネームをつくるときに、他にもいろんな説があるんですけれども、やっぱり自分の訛が東京の人に悟られないように太宰としたという話がありますよね。

伊奈　津島修治っつうのは津軽の人にとっては非常に言いにくいんですね、「つすますんず」と。それがイヤで太宰にしたっていう説があります。

山上　津軽弁でね、「何々だざい」って言うんですよ。「何々ですよ」という時「ざい」「だざい」ってつけんです。だで「太宰治です」が「太宰治だざい」ってなんですよ。（笑）

伊奈　私は子供の頃確かに標準語、共通語をしゃべろと言われました。津軽弁はきたない言葉だから言ってはいけないという教育はかすかに受けてるんですよ。受けてるんですが、あの教育は実りのない教育だったっつうのがわかりますね。「おみだつあのな、津軽弁だけはくぃったねえだふぇんでしゃべねでまにやあ」。（笑）こう言われて誰が守る人いんだか、教える先生がしゃべれねんだもんさ。実りのない教育でしたね、あれは。

また医者と患者っつうのはよく間違いがあるんですけどね。同じ「腹痛い」でもいろんな言葉があります。「やむ」とか「いたむ」とか「いで」とかね、「ねやめぐ」とかね。これはもう東京から来た先生なんか理解できませんよ。「どしたんだ」「ねやめぐんだいな。腹ねやめぐ」「痛いんですか」「痛いんでねんだよ、ねやめぐんだよ」って伝わりませんよこれだと。

榎本　どんなんですかその「ねやめぐ」は。

伊奈　だから「ねやめぐ」んです。（笑）説明なんかできるか、んなもなあ。

榎本　訳せないってのがすごいね。

山上　あとはほら、寒気するとかいろいろ言うけど「うんじゃめいて」「うんじゃめぐ」とかね。

「リンゴ・スターのりんご――芸能の異話感ウソも方言」

『日本文化デザイン会議'98青森ダイジェスト』

【談後感】 私はちょっと変わったエンターテイナーが好きである。その代表格がつボイノリオ、伊奈かっぺい。つボイさんの『金太の大冒険』を始めとする発禁レコードと、「夢の遊眠社」時代の野田秀樹のコピー芸、かっぺいさんの各種トークCDは秀逸。こんな人が日本に生きているだけで嬉しくなる。その二人の激突を企画した。山上さんを味方につけて、ホームで戦うかっぺいさんが、アウェーのつボイさんよりやや優勢だったたか。

スカートの中の少女論（一九九八年）

出席者＝荒木経惟（写真家）　サエキけんぞう（作詞家・ミュージシャン）　俵万智（歌人）

荒木　昔から少女の写真を撮ってきたけど、もう全部聖なるものなんだよ。少女は。少女から女に変わっていくあたりで、ちょっとスカートをめくりたくなるよね。やはり、スカートの中に何か入っているんだよ。

榎本　少女というのは大人と子供の中間みたいな感じですかね。その両方がありながら、両方じゃないみたいな。

サエキ　便利な言葉に「ロリータ」というのがありますよね。ナボコフの『ロリータ』という本があって、それからキューブリックの映画もありますけれど。だいたい十三、四歳ぐらいですか。

僕なんかの歌だと、やっぱり十三、十四歳ぐらいでふっと変わっていく瞬間ですね。リトマス試験紙のようにパッと色が変わるじゃないですか。それぐらいのスピードでどんどん変わっていく。歌の世界ではそういう感覚がロリータとして珍重されたりしていますね。

俵　でも少女の定義って難しいなと思いますね。私は、高校で教えていたので、歌の中では高校生ぐらいの女の子も少女として歌っているんですが、たぶん年齢で一様にというわけではないですよね。十代でおばさんみたいな子もいるかもしれないし。

荒木　それは年齢じゃないよ。昔、好きな女性を選んで対談してくれと言われた時に、桐島洋子なんて選んだもんね。合田佐和子とか、詩人の伊藤比呂美とか。そういう少女性を持っている人は素敵ですよ。少女がずーっとおばあちゃんまで続いている女性が素晴らしい。

榎本　例えば少女性というのはどんなことがあるんですか。ちょっとわがままっぽいとか、大人になりきっていないとか。

俵　ぶりっことは違いますよね。

サエキ　何とも言えないキラッとしたものがありますよね。以前、合田さんのご自宅にお邪魔したことがあるんですけれども、夕暮れ時に帽子を被られて、座っているだけでシルエットが少女っていう感じがありましたね。帽子が妙に似合ったりするのが少女っぽいというのもありますよね。

その合田さんが、とれたばかりのお魚を料理して皆にふるまってくれたんですよ。自分で魚をさばいて血なんか流れていて、それもまた似合ったりするという。妙に生々しいところもありますよね。

俵　ちょっと残酷っていうのもあるんじゃないですか、少女には。

榎本　俵さんは高校の先生をやっていらしたから、思春期というか、アンビバレントな少女たちといっぱい付き合って、どうでしたか。

俵　そうですね、難しい年頃ですよね。最近秋田県に取材で行きまして、秋田美人というのは本当にいるんだろうかという話になったんです。地元の人に聞きましたら、角館南高校という、藤あや子を筆頭に美人が続出している女子高があると。だったら、そこに行って「秋田おばこ」をいっぱい写真に撮ろうという話になりまして、下校の時に校門の外で待っていたんですね。確かに肌がきれいだし、久しぶりに純な女の子たちを見て心が洗われるような感じがして。内側から現れて来るものがすごく素朴でいい感じだったんですね。だから地域性というのもあるのかなと思ったんですけれども。

その時、ちょっとかわいい女の子に声をかけて、「写真撮らせて欲しいから、友達でかわいい子を連れて来て」と頼んだんですね。そうすると必ず自分よりかわいくない子をいっぱい連れて来るんですよ。

（笑）

サエキ　それは不滅の「アレ」ですね。

俵　本当にびっくりしました。かわいい子って言って、取材の趣旨も伝えているのに。だから少女って恐いなと思いましたね。

荒木　そうだね。そういう手強さというのが魅力的なんだよね。必ず反撃に来るぞっていう奴が好きだね。だって私の写真の場合はね、こっちからチョコチョコッとちょっかい出して、反撃に出るのをいただくという。だから私の写真は女性を撮れば皆少女に写るんだよ。

「ビッグアップル――都市の異話感
スカートの中の少女論」
『日本文化デザイン会議'98青森ダイジェスト』

【談後感】　もちろんこのセッションのタイトルは、上野千鶴子さんの『スカートの下の劇場』からのいただき。俵万智さんは、私が寺山修司と仕事をしていたことなどからか、多少好意的にセッションに出てきてくれる回数が多かった。二〇〇〇年の京都会議のとき、俵さんの提案で、万智さんと私が大将となって「落」をテーマに「歌合わせ」という短歌合戦をした。最後の決戦は、

落合を通過するときあの夏に
二人で食べたしょう油ラーメン　　万智

肋骨のほくろを噛めば火のごとし
雪虫の落ちて遠きサイレン　　了壱

審査員は、黒川紀章、芳賀徹、佐伯順子の三人。結果は二対一でなんと！私が勝ってしまった。平成の大歌人俵万智からの一勝は一生の誇りである。このことが、二〇〇一年から始める俳句作りの遠因にもなっているのではと、今頃になって思う。

色白美人とガングロ少女（一九九九年）

出席者＝鈴木その子（美容研究家・料理研究家）　中尊寺ゆつこ（漫画家）　原島博（東大教授・顔学者）

鈴木　美白について皆さん、聞きたいでしょうから。

榎本　ぜひ、話してください。

鈴木　「色白」は、昔から女の人の憧れでした。なぜかというと、黒いと不美人なんです。私がもし色が黒かったら、とても皆様の前には出られないブスだと思います。でも「白」でごまかせる。色が白いと弱々しいと思われるでしょうが、そんなことはないんですよ。色を白くするには、直射日光を避ける、肌をいじめない、よく寝るなどいろいろな条件があります。ですから、健康になろうとすることと色を白くしようとすることは、イコールな点がとても多いんですね。

まあ、ガングロがいいという方はどうぞお焼きになればいいと思うし、色白がいいなと思う方は色白になるように考えたらいかがでしょうか。でも榎本さん、お色が白いのね、すごく。

榎本　そうなんです。

鈴木　美白だわ。男の人でこんなに白い方っていらっしゃるんですね。今度、モデルになってもらおうかしら。

榎本　（笑）ぜひお願いします。

中尊寺　今、「ヤマンバギャル」が流行ってますよね。彼女たちの肌を拡大してみると、シミ、シワだらけなんです。こういうのはもう、良くないですよね。肌なんか十代だったら何にもしなくてもきれいなのに、それを焼いてしまいお化粧もする。やっぱり、若い子にはあんまりしてほしくないですね。

原島　ガングロの人も日焼けをやめると、またすぐ白くなるとは思います。けれども一回ガングロをやってしまうと、それが肌の奥に沈殿してしまい、ある年齢を過ぎるとまた出てくるんですよ。だから、くれぐれも注意していただきたい。

榎本　皮膚癌になりやすいという話もありますね。

原島　必要以上の日焼けは火傷ですからね。「若いうちは大丈夫」と思うと、それが危ない。恐ろしいことになる。

榎本　ガングロは、なぜ同時多発で出てきたのか。本来持っているものを打ち消して新しい種族を作り、そこに共有意識を持つという意味で、若い人にとって重要なんでしょうか。

原島　基本的に、高校生からガングロが出てきた。それはなぜかというと、学校の規律が厳し過ぎたからだと思うんです。化粧の判断は口紅なので、リップクリームを塗る。リップクリームに似合う肌は日焼けです。日焼けは、学校的には化粧とは見なされないんですね。ですから、過度な規律があありうスタイルを生み出したんだと僕は思います。

榎本　僕は、ガングロの人たちは自分の主体性とか個性を、全く別のものにチェンジしていく、自分をトランスフォームしていくという行為をしてるんだと思うんですよ。これはけっこう、根の深い問題ではないですか。遊びかもしれないけれど、ある意味では自分の否定でもあるわけでしょう。仮面を被り、顔が持つ最も大切なものをやめて、類型的なものに近づけていこうとする。その背景は何でしょうね。

原島　ある意味では「安心感」ですよね。皆と同じ顔をしていた方が安心だ、という側面があると思います。

「顔面心理解読術入門　顔は心の一部です」
『日本文化デザイン会議'99鹿児島ダイジェスト』

【談後感】　**会場に入った瞬間、通路までもを埋め尽くした観客から嬌声が湧き上がり、それはまるで**

マレーネ・ディートリヒがやってきたかと思うほど騒然とした。鈴木その子さんにはそんな人気があった。それはもうあの独特のフェイスと、ヴォイスと、ファッションで、超人的な雰囲気をいやが応でも漂わせているモンスターだった。中尊寺ゆつこさんはといえば、こちらもプリンセス天功的な幻惑的な雰囲気があった。その子さんはここで出会ったゆつこさんを大変気に入られて、あの御殿のようなお宅にも招かれた。しかしその子さんは八八億円の遺産を残して二〇〇〇年十二月五日に、ゆつこさんは二児を残して四十二歳の若さで二〇〇五年一月三十一日に亡くなってしまう。ゆつこさんの死がネットで流れた午後、街へ出ていた私のケータイが何人もの人からコールされた。

世紀末遊びの王国（二〇〇〇年）

出席者＝香山リカ（精神科医）　**森村泰昌**（美術家）

榎本　森村さんは、結構ポジティブな想像力を働かせていますね。

森村　それは、幸いにも芸術というものに出会っているからだと思うんです。空想は、誰でもやっていることだと思うんですよ。それが心にどんどん溜まると大変なので、適当にガスを抜いていくんですね。そうしないと空想って腐っていくんです。そして毒素として人の中を回るんですね。その時に人って心を病むのかな。病む前に爆発させてしまうケースもあります。実は私も、空想を溜めこんでました。それを爆発させる場として芸術があったんです。まさに「芸術は爆発だ！」なんですね。

一同　（笑）

森村　しかし、芸術に巡り合わない場合もある。その時に、世の中にいろいろな爆発させる場所があるとちょうどいいんですが、今は、あれもあかん、これもあかんで、それが少ない。だから、一番てっとりばやい犯罪に走ってしまうんですよ。たまたま僕は芸術というものに出会って、うまく風穴が開いたのかなと思うんですね。

香山　でも悲しいかな、誰もが芸術をできるわけじゃないんですよね。溜まったものをいい形でぶちまけられるのか、ただの汚物としてぶちまけるか……

榎本　僕の場合はかなり空想するチャンスは多くて、でも日常的にはほとんどしていない。仕事という負荷が課せられた時に、答えを出すために空想が始まっていくことが非常に多いですね。

香山　遊びじゃないんですね。

榎本　うん。「課せられた」という仕事のストレスをいかにおもしろがって遊びに変えていけるかなんです。

森村　榎本さんや私は、やっぱり幸せなんでしょうね。私は、学生の時は絵を描くのは趣味なんだと思っていたんですが、それが今は自分の仕事になっているんですね。するとね、例えば今、履歴書を書く時に趣味の欄が空欄になってくるんですよ。

榎本　空想とは書けないからね。

森村　ねえ。ですから、趣味が仕事に移行する、趣味と仕事の境界が曖昧なのは幸せなことですよ。でも、皆さんがそうだとは限らないですよね。だから、「遊びたい」という状態になるんじゃないでしょうか。

香山　今、携帯電話やネットの普及で、仕事の合間でもメールやウェブサイトをちょっと見たりして、いろいろな情報に触れることができるじゃないですか。ですから、仕事をしている時間の中に、小さな遊びが小石のようにバラ撒かれているような時代だと思うんですね。仕事中にも小さな遊びのウィンドウが幾つもある。それは、一つの空想を突き詰めるオタク的な遊びではなくて、とても今的な新しい遊びの形だと思うんです。

「遊びの王国　世紀末 遊びすぎれば彼岸花」
『日本文化デザイン会議2000京都ダイジェスト』

【談後感】芸術家、特に現代美術の作家たちは、一九六〇年代のミニマルアートや、コンセプチュアルアートの台頭で、変に理屈っぽい難解の隘路に迷い込んでしまった。この強烈な後遺症が、未だにコンテンポラリーアートの風土病として君臨している。アーティストは風土病に罹ることで、その土地にとどまるか、その病気を嫌って他の領域（メディア）に逃れるか。森村泰昌という人は、まったく独自の病気を発病することで、芸術の風土病に感染することなく生きている。

香山リカさんのここ数年の書籍出版数は例を見ないほど凄まじい。そのほとんど（?）を送っていただいているが、たいていきちんと読む。そして現代がともかくとても病気であることがよくわかる。表現の世界で残るとしたら、ピカソのように大量に描くか、フェルメールのように少数であるか、いずれしかないのかもしれない。

あとがき

東京モンスターランド

かいぶつ達は吼えたか

20世紀カルチャーのメガロポリスで

寺山修司と黒川紀章　イラストレーション＝榎本了壱

二〇〇〇年頃にリニューアルした、私の事務所アタマトテ・インターナショナルのホームページに、「すべてのカルチャーは『サブカル』のニコゴリである?」というコンテンツで、『自叙伝的・東京サブカル記』という文章を書き出していた。つまりあらゆる文化は、その出発点では先鋭的な対抗文化(カウンターカルチャー)、ないしはお遊びのような副文化(サブカルチャー)だが、それがやがて時間とともに認知されて文化に定着していく。私が体験してきたサブカルの時代も、今や文化の領域で語られるようにもなってきている、といった趣旨からの書き出しだった。あとがきに序文というのも変なものだが、それをコピーペーストしてみる。私はその頃どうしたことか、言葉遊びの「伝言ゲーム」に凝っていて、類似音の重複で意味不明な言語遊びを繰り返すそれが導入部となっている。

——例えば、こんな遊びをやってみた。伝言ゲームである。

私がAの耳元で「シブカル」とささやくと、うなずいたAは、Bにむかって自信ありげに「サブカル」と伝える。するとBはふんふんと、Cに「寒ガル」と言付ける。ああそうと、CはDに、「SUNガール」だってと歌うように言った。以下は、E、F、Gと繋がっていく伝言の記述である。↓ カンガルー ↓ 考エル ↓ 癌ガ減ル ↓ ガンガンヘルシ ↓ 雁ガ屁スルシー ↓ 頑固シースルー ↓ 閑古シ留守ネ ↓ 観光地スルメ ↓ 阿寒湖ニ沈メ ↓ 夜間ココニ集メ ↓ 股間ココニ埋メ ↓ ドカントソコニ生メ ↓ オ燗トソコノ梅 ↓ オカント外デ嵌メ ↓ 遺憾ト袖デ駄目 ↓ セカンド総出デ止メ ↓ 痴漢ト相当揉メ ↓ テコンドー総統メモ ↓ 手、今度ソット綿棒 ↓ デ、千頭ヤット泥棒 ↓ 船頭ヤッホート、リンボー ↓ 銭湯ガ流行ッタト淋病 ↓ 千駄ヶ谷ヘト探訪 ↓ 死ンダガヤト電報 ↓ 死ンダカラト香典ヲ ↓ 芯、ダカラ買ウテンヨ ↓ 済ンダカラ帰エッテヨ ↓ 棲ンダカラ替エル ↓ 寸デニ変エル ↓ 巣ニ孵ル ↓ すると、Xは江戸っ子だったからか、Yに注意深くこう言った。「詩ニ還ル」だぜ。Yは神経質そうな顔をして、「シニカル」って分かるよね、とZに伝える。と、Zは首をかしげながら、私にこう言った。「シブカル」って何？（なんと、こんな奇跡があるものか！）

あるいは、こんな言葉が聞こえてくる。

「シブカルー？　ウソッ！　シブカジでしょ？」

「シブカジ」という言葉はある。正確にはあった。いまはもう蒸発してしまった。「イタカジ」がイタリアン・カジュアルで、「ハマトラ」がヨコハマ・トラッドであったように、シブヤ・カジュアルの短略語だった。世界は今すべてが短略的になっている。

渋谷はＪＲのほかに地下鉄銀座線、半蔵門線、新玉川線（現在は田園都市線）があり、私鉄東急東横線と京王井の頭線の発着駅でもある。（二〇〇八年現在では、副都心線も開通した。）沿線には小中高大の学校が群立していて、ターミナル駅としての渋谷には沢山の学生が乗り降りする。その学生たちの間で一時期流行ったファッションが「シブカジ」だった。しかしここでは、ファッションの話をするのが目的ではない。いや「シブカジ」も「シブカル」の一部ではあるのだけれど。

「シブカル」は、「シブヤ・カルチャー」の短略語である。それも、「サブカル」と言われるサブカルチャー（副文化）、流行や風俗に関わるもの、瑣末な取るにたらない（と思われていた）出来事をさしている。渋谷周辺はもともと学生たちの多く集まる場所であったから、「シブカル」の潜在的な温床ではあった。それが、あるきっかけでフツフツと沸騰しだす。そしてずっと沸騰している。「コギャル」「チーマー」「エンコウ」「プリクラ」「ルーズソックス」「スカウト」「フェロモン系」「ヴィジュアル系」……　最近沸騰したのが「ガングロ山姥族」だった。しかしもうじき煮凝り出し、きっと蒸発を待つばかりだ。

ふっと気がつくと、たいていのサブカルは蒸発してしまった。しかし、煮凝ったサブカルはほとんどの場合、カルチャーに変容する。つまり、今のカルチャーのほとんどが、もとはといえばみんなサブカルだったとも言える。それが蒸発せずニコゴリとなり、定番化したものだけがカルチャーとして生き残る。

冒頭の伝言ゲームは、語感の連鎖反応のイメージゲームだ。語感を連鎖させながら互換していき、意味を跳躍させる。破壊する。間違っていかないと面白くない。それはどこに行ってしまうか分からない、結末のとんでもなさがよいのだが、今回はちょっとテクニックを使ってもとの言葉に戻してみた。

しかし、私の生きてきたその軌道を振り返ると、なんだか伝言ゲームのようにも思えるのだ。「ガリ版同人誌」「天井桟敷」「アングラ映画」「キンバク」「パルコ」「パロディ」「ビックリハウス」「テクノ」「日グラ」「博覧会」……語感こそ繋がってないが、この脈絡のない語彙の連鎖。ズルズルと間違えだらけの伝言ゲームを繰り返してきたのではないだろうか。だとしても、ひとつながりのゲームであることには間違いない。

ほとんどの語彙はもうとっくに蒸発してしまったが、そのいくつかが虫食い算の四角ように、ゼリー状のニコゴリとなって転がっている。たぶんそれがサブカル、しかも「シブカル」と呼んでもいいニコゴリである。私はそのカケラを少しづつレンジに入れて、チン（解凍）しようと思う。それは、甘く、しょっぱく、ほろ苦く、甘酢っぱい日々、さてさてあなたのお口に合いますものやら。――

ちょっと長い転記になったが、そこには、記憶の煮こごりを解凍しながら、青春を回想する作業が始まっており、本文の「パビリオン6」、「団鬼六と芳賀書店社長」の稿までが掲載されていた。私の記憶では、あと二、三章分を書き上げていたと思うのだけれど、アップはしていない。忙しさにかまけて続きも書かず、そのままずいぶんと長い間放っておいた。

二〇〇七年七月二十七日、青山のスパイラルでホール開催されていた京都造形芸術大学主催の展覧会「混沌から躍り出る星たち2007」のオープニングに出かけたとき、一人の男性に声をかけられた。

「ホームページに書かれているあの原稿は、本にされる予定はあるんですか?」

私にとってはそれがすぐに『東京サブカル記』であることさえも思い出せないほど時間がたっていた。その男性は名刺を出した。

晶文社　副編集長　倉田晃宏

「あと、二、三章は書いていると思いますが、本にしていただけるのでしたら、書きます」

私が答えると、倉田さんは「本にしましょう!」ときっぱり言った。

それから翌二〇〇八年五月、ゴールデンウィークあけまでの十ヶ月程を、暇を見つけては文章を書く日々が続いた。しかし話は私の二十代、三十代のことである。三十年、四十年と時間がたっている。書き出すと記憶が確かではないことにしばしば遭遇する。けれども私は案外メモ魔であったようで、自宅、事務所を合わせて二十回ほどの引っ越しにもかかわらず、細かに書き込んだ手帳やノートが結構保存されていた。とはいっても、実際には思い違いや、誤った記憶もあるのではと思う。巻末ではありますがご容赦ください。また、『ビックリハウス』や「日グラ」の資料も、それをやっていたエンジンルームを解散するとき、私が引き継いで保管していたものだから、整理箱などをひっくり返すと、思わぬ品々がマジックのように出てきたりした。その一部を今回は図版として出している。けれどもどうしても出てこないものもあった。事務所や家を、もっと徹底捜査すれば出てきたかも知れないが、適当なところであきらめた。

話は書くに連れて、サブカルを巡る青春回想記から、私の出会ったモンスター達の記述へと中心が変わっていった。そのため、先に書いていた部分を幾分削除、加筆修正した。書き進めながら、この本を「モンスターランド」という、一章ごとをひとつのパビリオンとして構成する架空のテーマパーク仕立てにすることも思いついた。これは私がいくつかの博覧会の仕事をしたことに起因する。本文でも記述したように、同人誌から始まる私の「かいぶつ遍歴」から、モンスターにこだわってみたが、しかし昨今モンスターといえば、「モンスター・ペアレンツ」

などと、きわめて評判がよろしくない。けれどもどう考えても、私が描こうという人物たちは、一癖も二癖もある、ユニークでチャーミングなモンスターである。もちろん、今だからこそ、そう思えるわけだけれど。『東京サブカル記』は、こうして『東京モンスターランド』として、再整備されていった。

このかいぶつ列伝中での最も重要な人物は、もちろん粟津潔である。この本では軽くしか触れてはいないが、この人との出会いによって私の人生の八〇パーセント以上が決まってしまったのではないかと、今でも思う。そして寺山修司を紹介され、萩原朔美につながり、増田通二に遭遇していく。ここでの『ビックリハウス』に始まるさまざまな仕事と、人脈(本文170ページ「ビックリハウス系マップ」参照)が、私の現在を決定づけている。

一方、粟津潔に推薦されて入った日本文化デザイン会議(のち、日本文化デザインフォーラム)で、黒川紀章に出会い、それがまた多くの人々を知るきっかけとなっていった。この三十年間でデザイン会議も大きく様変わりしたが、それでも、私や、河原敏文、伊東順二、マリ・クリスティーヌといった連中は、今思えばまるで「黒川チルドレン」と呼んでもいいほど、黒川紀章に私淑し、影響も恩恵も受けてきた。この本を書き進めるのと同時に、黒川紀章最後の聖戦(本文288ページ)が、終末を迎えようとしていた。必然このリアルタイムな体験には多くのページをさき、結果、実質的な終章となった。その後、細部の手直しに時間を使い、「パビリオン20」の「20世紀モンスターサミット」を構成することで、時代の雰囲気を補足しようと考えた。

それは、二十一世紀に入ってから社会で、二十世紀の七〇年代、八〇年代に注目が集まり出していたからだ。バブル崩壊の直前まで、若い人たちには経験のない二十世紀文化の黄金時代でも見るような、熱心な好奇心すらを感じることがある。そうであったかどうかは別として、私の経験したその時代は、確かにエキサイティングな楽しい日々の連続だった。こうして記述しておきたいという気持ちも、そんな激しい楽しい記憶に励まされてのことであることは間違いない。

もうひとつ、章を書き進むに連れて気づいたことがあった。それは、わが心のモンスター達の死だった。大げさに言えば、私の心のなかでは、バタバタと音を立てて倒れていくような印象すらあった。尊敬と、畏怖と、憧憬と、脅威の入り交じったような感覚を抱きながら、それでも眼の離せないモンスター達。それが呆れるほどドサンと大仰に、あるいはスーッと見事に姿を消した。熱い実感のこもった嬉しい記憶と、冷え冷えとした無常観が、同時に私を襲い続けた。この『東京モンスターランド』は、今でも凄まじく咆哮するかいぶつ達のテーマパークであると同時に、時代を華々しく創造した、忘れることのできないかいぶつ達のメモリアルパークでもある。生と死は、過去と現在は、同じ土地、同じ時間の上にある。

最後に、表紙カバーの写真に触れる。大山デブコを模したジャイアント・ベイビー（渋川育由・作）の立つ渋谷・天井棧敷館一階の喫茶店である。その奥には、寺山修司と東由多加が向かい合って座っている。その間、わかりにくいが後ろ姿の男が、「パビリオン5」に登場する、五十歳で自死したA氏だ。もうこの三人はこの世にはいないが、私の心の中には今でも生き生きと存在している。失ったもの、通過していった時間、そういう人や事をこの本で、私は記述したかったのだろうと思う。この稿に登場したすべてのモンスターと、記述するチャンスがなかったけれど、私に大きな影響を与えた多くのモンスター達に、あらためて、感謝を申し上げたい。

私にとってあなたに会えたことが、どんなに幸運であったか。それだけがこの本を書く勇気になりました。ありがとうございました。

二〇〇八年九月十日

榎本了壱

図版・資料提供

株式会社パルコ
パルコ出版
日本文化デザインフォーラム
テラヤマ・ワールド
フィルムアート社
株式会社リクルート
粟津デザイン室
黒川紀章建築都市設計事務所
ヒビノ・スペシャル
AaTRooM
アタマトテ・インターナショナル

編集進行

蛭田恵実（アタマトテ・インターナショナル）

本書に登場する人々
（抜粋）

愛川欽也
赤坂サリ
あがた森魚
赤羽良剛
芥正彦
朝倉摂
明智伝鬼
浅田彰
浅葉克己
厚木凡人
阿部知代
荒木経惟
嵐山光三郎
荒俣宏
粟津潔
安藤紘平・千賀子
飯村隆彦・昭子
李御寧
池田満寿夫
池辺晋一郎
池宮信夫・中夫
石井和紘
石岡瑛子
石川福夫
石橋貴明
井田由美
泉麻人
市川雅
糸井重里
伊東順二
伊藤ノブ
伊藤ミカ
伊奈かっぺい
薄奈々美
宇佐美昌一
内田繁
内田春菊
宇野亜喜良
梅原猛
H・アール・カオス
江原朋子
大島渚
大瀧詠一
大槻ケンジ
大林宣彦
岡田徹
岡本太郎・敏子
荻野アンナ
おすぎとピーコ
小渕恵三
片山貞美
加藤正一
亀倉雄策
鴨沢祐仁
香山リカ
川崎徹
かわなかのぶひろ
河原敏文
神田陽子
菊地純子

キース・へリング
岸本周平
北野たけし
北村明子
木梨憲武
金原亭世之介
九條今日子（映子）
葛井欣士郎
窪田僚
熊本初子
倉田晃宏
黒川紀章
黒田育世
コシノアヤコ
コシノヒロコ
コリン・ウィルソン
今野雄二
斎藤淳子
斎藤正治
斉藤ゆう子（祐子）
サエキけんぞう
三枝成彰
堺屋太一
佐々木英明
笹尾光
笹目浩之
鮫肌文珠
沢渡朔
三遊亭楽太郎
椎名誠
C・W・ニコル
ジェームズ・ワインズ
J・A・シーザー
志賀美也子
ジゼール・シルド
柴田恭兵
渋川育由
篠田正浩
島田順子
島田雅彦
下馬二五七
ジャック・ラング
春風亭昇太
白取切
杉浦日向子
鋤田正義
杉山佳寿子
鈴木いづみ
鈴木慶一
鈴木その子
鈴木嘉子（渡辺）
瀬川拓男
妹尾寿信
園田美男
千住博
高内秀剛
高城剛
高取英
高橋章子
高橋克己
高橋源一郎
高橋進
高橋ひとみ

高橋三千綱
高橋悠治
高松伸
高円宮憲仁親王殿下
高見恭子
竹中直人
竹永茂生
竹山聖
田中一光
田中圭介・瞳
田中竹翁
田中優子
田中未知
田中泯
谷川晃一
田部長右衛門
タモリ（森田一義）
俵万智
団鬼六
團紀彦
中尊寺ゆつこ

つかこうへい
つボイノリオ
堤清二
ティモシー・リアリー
デーモン小暮
手塚治虫
手塚眞
寺山修司
東野芳明
冨田勝
富山加津江
永井一正
中沢新一
中島信也
中原佑介
中平卓馬
永瀧達治
名古屋忠利
奈良義巳
ナンシー関
新高恵子

西川りゅうじん
西村道一
蜷川有紀
乗越たかお（本多未知鷹）
野呂昌子（鈴木）
芳賀章
芳賀徹
萩原稲子・葉子・明子
萩原朔美
橋本治
鳩山由紀夫
花柳伊千兵衛
花柳徳兵衛
花輪洋治
林静一
原島博
原田治
原田泰治
坂内宏
ピエール・クレマンティ
東由多加

土方巽
日比野克彦
平岡斗南夫
ヒロ・ヤマガタ
広瀬久美子
ビル・レイシー
福田繁雄
藤原新也
古沢俊美
ペーター佐藤
細川護熙
本間順子
増田通二
松井友子（小林）
松井雅美
松岡正剛
松田英子
マッド・アマノ
松本小四郎
松本俊夫
松坂慶子
マリ・クリスティーヌ
マリアス・アドニス
マリリン
丸亀敏邦（黒川俊郎）
みうらじゅん
三浦雅士
三上宥起夫（北上亜矢）
道下匡子
南伸坊
宮川純一
三宅理一
宮田佳
美輪明宏（丸山）
珍しいキノコ舞踊団
迎康子
森崎（寺山）偏陸
森村泰昌
矢野義幸（盛岡純一郎）
山上進
山口智子
山口はるみ
山口昌男
山崎博
山田宏一
山田五郎
山本寛斎
山本益博
油井昌由樹
横江和憲
横尾忠則
横澤彪
横山やすし
吉田光邦
吉原幸子
蘭妖子
林檎童子
Y・M・O
若尾文子
渡辺和博
渡辺孝・朱美・元

（敬称略）

著者について

榎本了壱（えのもと・りょういち）

一九四七年東京生まれ。武蔵野美術大学造形学部卒業。フリーランス・デザイナーとして、草月アートセンター、演劇実験室・天井棧敷等にかかわる。一九七五年萩原朔美と『ビックリハウス』を創刊。七七年より『季刊ビックリハウスSUPER』編集長。同年より「JPC展」「日本グラフィック展」「オブジェTOKYO展」「URBANART」「東京コンペ」などを〇六年までプロデュース。八九年「世界デザイン博＝住友館」総合プロデュース、「横浜博」広報・アートディレクション。九一年「日本文化デザイン会議・島根」議長。〇一年「うつくしま未来博＝なぜだろうのミュージアム」（グッドデザイン賞受賞）展示演出、「九州博覧祭＝TOTOミラクルマジック館」（北九州市長賞受賞）総合プロデュース。〇二年丸ビル・オープニングイベントプロデュース。〇三年「日本ダンスフォーラム」創設。〇六年アートの情報サイト「コムコム.com」配信開始。〇七年「黒川紀章キーワードライヴ」（国立新美術館）企画プロデュース。〇八年「まつやまEPOX」（松山市）など、プロデュースや、アートディレクション、編集企画等の仕事を幅広く展開している。

主な著書、『ダサイズムの逆襲』（パルコ出版・一九八五年）、『アートウイルス』（パルコ出版・一九九〇年）、『アーバナートメモリアル』（パルコ出版・二〇〇〇年）、『榎本了壱のアイディアノート・脳業手技』（マドラ出版・二〇〇〇年）、『「おくのほそ道」裏譚』（新風舎・二〇〇二年）、『タタラ風の町』（頭手舎・二〇〇五年）、『春の画集』（新風舎・二〇〇七年）ほか。

株式会社アタマトテ・インターナショナル代表、京都造形芸術大学教授・情報デザイン学科長、日本文化デザインフォーラム（〇二年代表幹事）、日本ダンスフォーラムボードメンバー、全国税理士共栄会文化財団理事、かいぶつ句会同人。

東京モンスターランド
実験アングラ・サブカルの日々

二〇〇八年一〇月三〇日初版

著者　榎本了壱

発行者　株式会社晶文社

東京都千代田区外神田二―一―一二

電話東京（〇三）三二五五―四五〇一（代表）・四五〇三（編集）

URL http://www.shobunsha.co.jp

ダイトー印刷・ナショナル製本

ISBN978-4-7949-6733-6　Printed in Japan